핵심
경제수학 노트

구영완

박기홍

박영사

머리말

수학은 우리 주변의 일상과 사회 곳곳에 깊숙이 뿌리내린 학문입니다. 특히, 현대 경제학의 수리적 접근 방법은 경제학 문제를 이론적으로 분석하고 예측하는 데 있어 핵심적인 역할을 하고 있습니다. 따라서 경제학에서 사용되는 중요한 수학적 개념들과 수학적으로 표현된 경제 모형들을 직관적으로 이해하고 해석하기 위해서는 경제학의 수학적 기초에 대한 이해가 필수적입니다.

이 책은 기초 경제수학을 다룬 이론서입니다. 경제수학은 학생들이 수학적 도구를 사용하여 다양한 경제학적 개념을 이해하고 복잡한 경제 현상을 수학적으로 분석하는 데 도움을 주는 과목입니다. 이 책에서는 학생들이 경제학을 학습하는 데 기초적이고 핵심적인 수학적 개념들과 기법들을 쉽고 체계적으로 학습할 수 있도록 구성하였습니다.

이 책은 경제학과 관련된 모든 수학적 내용과 도구들을 담고 있지는 않습니다. 하지만 학부 수준의 경제학을 이해하는 데 필수적인 수학적 개념과 경제학적 응용 사례들을 구체적으로 제시하기 위해 노력하였습니다. 따라서 경제수학의 핵심적인 흐름을 제시하는 데 있어서 다소 방해가 될 수 있는 세부적인 수학적 내용은 과감하게 생략하였습니다. 특히, 각 단원은 이전 단원에서 다루었던 기초적인 핵심 개념들을 확장하는 방식으로 전개하였고, 이는 학생들이 점진적으로 심화문제를 해결해 나가는 데 도움이 될 것입니다.

또한, 이 책은 경제학을 처음 접하는 학생들뿐만 아니라, 이미 배웠던 다양한 경제학 기본 개념들을 복습하거나 전공에 대해 보다 깊이 있는 이해를 원하는 경제학전공 학부 학생들에게 유용할 것입니다.

경제수학을 학습하는 과정을 통해 학생들이 단순히 수학적인 계산을 익히는 단계를 넘어 경제학의 더 넓은 세상과 소통하기를 바랍니다. 나아가 이 책이 학생들의 합리적이고 논리적인 경제학적 사고 능력과 창의적인 문제 해결 능력을 키울 수 있는 기회를 제공하기를 희망합니다.

마지막으로, 이 책이 출간되도록 도와주신 박영사 안종만 회장님과 안상준 대표님 그리고 마케팅팀의 김한유 과장님과 편집팀의 조보나 님 이하 여러 분에게 깊이 감사드립니다.

2025년 4월
박기홍

목차

PART

01

함수

CHAPTER 01

함수 기초

경제학은 현실에 나타난 두 변수 간의 일정한 관계를 표현하기 위하여 함수를 자주 이용한다. 본 장에서는 함수의 개념을 집합(set)과 관련하여 생각해 보고, 정의역(domain)과 공변역(codomain)의 관계에 따른 함수의 정의와 몇 가지 특정 유형의 함수들을 소개한다.

1.1 함수의 정의

1. 함수의 개념

함수는 두 변수 간의 관계를 명확하게 보여주는 방법이다. 구체적으로 두 집합(sets) X와 Y가 주어졌을 때 X의 각 원소(element)에 Y의 원소가 하나씩 대응하는 관계(relation) 혹은 규칙(rule)을 집합 X에서 집합 Y로의 함수(function of X into Y)라 한다.

집합 X에서 집합 Y로의 함수 f에서 X의 모든 원소 x에 대하여 적어도 한 개의 Y의 원소 y의 짝이 있어야 한다. 이를 기호로 표시하면 다음과 같다.

$$f : X \to Y \ \text{또는} \ X \xrightarrow{f} Y$$

이러한 함수의 정의는 다음과 같이 표현할 수 있다.
(1) 임의의 $x \in X$에 대하여 $y = f(x)$를 만족하는 $y \in Y$가 존재한다.
(2) 임의의 $x_1, x_2 \in X$에 대하여 $x_1 = x_2$이면 $f(x_1) = f(x_2)$이다.

따라서 집합 X의 한 원소에 집합 Y의 원소가 두 개 이상 대응하는 경우는 함수가 아니다. 즉, 집합 X에서 집합 Y로의 함수 f란 집합 X의 모든 원소 x에 대하여 집합 Y의 유일한 (unique) 원소 y를 대응시키는 규칙을 말한다. 이때 x에 대응되는 y를 $f(x)$로 표현하기도 한다.

2. 정의역, 공변역, 치역

함수에는 정의역(domain), 공변역(codomain), 치역(range)에 해당하는 집합이 있다. 구체적으로 집합 X에서 Y로의 함수 $f : X \to Y$가 있을 때 집합 X를 f의 정의역, 집합 Y를 함수 f의 공변역이라고 한다. 또한 정의역 X의 임의의 원소 $x \in X$에 짝으로 대응하는 공변역의 원소 $y = f(x)$를 모아둔 집합 $\{f(x)|x \in X\} \in Y$는 f의 치역이 된다. 이때, 정의역의 원소 $x \in X$에 짝으로 대응되는 공변역의 원소 $f(x)$를 x의 함숫값(function value)이라고 한다. 또한, 치역에 속하는 모든 원소가 공변역에 속하기 때문에 치역은 공변역의 부분집합(subset)이다.

일반적으로 집합 X에서 집합 Y로의 함수 $f : X \to Y$가 정의되었을 때, $x \in X$를 독립변수 (independent variable)라 하고, $x \in X$에 따라 정의된 함수 f에 의해 종속적으로 변하는 $y = f(x) \in Y$를 종속변수(dependent variable)라고 부른다. 이는 변수 x가 독립적으로 변화하면 변수 y는 변수 x의 변화에 맞추어 종속적으로 변화한다는 것을 의미한다. 즉, 독립변수 x의 변화는 종속변수 y의 변화를 설명한다는 것을 의미한다. 따라서 함수는 독립변수와 종속변수 사이의 일정한 관계 혹은 규칙을 설명하는 수학 개념으로도 이해할 수 있다.

참고로 독립변수는 설명변수(explanatory variable), 종속변수는 피설명변수(explained variable)라고 불리기도 한다.

1.2 정의역과 공변역의 관계에 따른 함수의 정의

1. 단사함수

정의역의 서로 다른 원소를 공변역의 서로 다른 원소로 대응시키는 함수를 단사함수 (injection function)라고 한다. 단사함수는 일대일 함수(one-to-one function)라고도 한다. 이를 수식으로 표현하면 함수 $f : X \to Y$에서 정의역 X의 임의의 두 원소가 $x_1 \neq x_2$이면 $f(x_1) \neq f(x_2)$가 성립할 때 이 함수 f를 단사함수 혹은 일대일 함수라고 한다. 따라서 단사함수는 정의역의 서로 다른 원소가 각각 다른 함숫값을 가진다고 할 수 있다.

2. 전사함수

함수의 공변역과 치역이 동일한 경우는 그 함수를 전사함수(surjection function)라고 한다. 전사함수는 '위로의 함수(onto function)'라고도 한다. 이를 수식으로 표현하면, 함수 $f : X \rightarrow Y$ 에서 정의역 $f(X) = Y$가 성립할 때 이 함수 f를 전사함수라고 한다. 따라서 전사함수는 치역과 공변역이 같은 함수를 의미한다.

3. 전단사함수

단사함수이면서 동시에 전사함수가 되는 함수를 전단사함수(bijection function)라고 한다. 또한 함수가 단사적(injective)이면서 동시에 전사적(surjective)일 때 그 함수를 쌍사적(bijective)이라고 하며, 전단사함수는 쌍사함수(bijection function)라고도 한다.

정의역의 임의의 한 원소에 공변역의 원소가 단 하나만 대응하고 공변역의 임의의 한 원소에도 정의역의 원소가 단 하나만 대응할 때 일대일 대응(one-to-one correspondence)이라고 한다. 단사함수이면서 동시에 전사함수인 전단사함수는 정의역의 모든 원소와 치역의 모든 원소가 정확하게 일대일 대응이 된다. 따라서 집합 X에서 Y로의 전단사함수는 집합 X에서 Y위로의 일대일 대응이라고 부르기도 한다.

[그림 1.1]을 보면 단사함수(일대일 함수), 전사함수, 전단사함수(일대일 대응)를 쉽게 이해할 수 있다. [그림 1.1]의 (a)의 경우 단사함수이지만 전사함수가 아니다. (b)는 단사함수도 아니고 일대일 대응도 아니지만 전사함수이다. (c)는 단사함수이고 동시에 전사함수이므로 일대일 대응이다. 따라서 전단사함수가 된다.

그림 1.1 함수의 종류

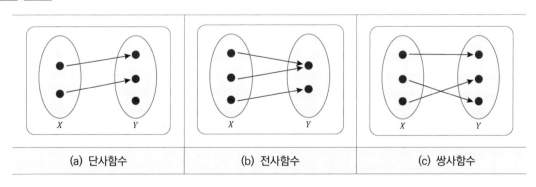

| (a) 단사함수 | (b) 전사함수 | (c) 쌍사함수 |

1.3 함수의 개수

정의역인 집합 X의 원소가 m개, 공변역인 집합 Y의 원소가 n개 있는 경우를 생각해 보자.

① 집합 X에서 집합 Y로의 가능한 함수의 개수는 다음과 같다.

$$n^m$$

[증명] 집합 X의 한 원소가 집합 Y의 개별 원소 n개에 대응할 수 있다. 마찬가지로 집합 X의 원소 m개가 각각 집합 Y의 n개에 각각 대응하므로 함수의 개수는 $n \times n \times n \cdots = n^m$이 된다.

② $m \leq n$인 경우 집합 X에서 집합 Y로의 일대일 함수의 개수는 다음과 같다.

$$n(n-1)(n-2)\cdots(n-(m-1))$$

[증명] 집합 X의 첫 번째 원소는 집합 Y의 n개의 원소에 대응하고, 집합 X의 두 번째 원소는 집합 Y의 $(n-1)$개의 원소에 대응하고, 집합 X의 마지막 m개의 원소는 집합 Y의 $(n-(m-1))$에 대응한다. 따라서 위와 같은 순열(permutation)이 된다.

🔆 **생각 열기**

'함수의 이름은 좌측에 위치한 종속변수(피설명변수)의 명칭을 따른다.'
경제학은 경제 현상을 함수를 이용하여 관계식으로 만드는 경우가 많다. 이 경우 함수 이름은 일반적으로 종속변수의 이름을 따른다. 예를 들면, 종속변수가 각각 수요량과 공급량인 함수의 이름은 각각 수요함수와 공급함수이다. 따라서 함수를 이해하기 위해서는 종속변수와 독립변수가 무엇인지 구별하는 것이 중요하다.

다음의 사례를 보고 좌측 및 우측에 어떤 변수가 오는지 생각해 보자.

(1) 수요함수
수요함수(demand function)란 소비자의 수요에 영향을 미치는 요인들과 수요량 간의 관계를 나타내는 함수이다. 재화의 가격을 제외한 모든 변수들이 불변이라고 가정한다면 종속변수인 수요량 Q_d는 독립변수인 가격 p의 함수로 나타낼 수 있다.

$$Q_d = D(p)$$

(2) 공급함수

공급함수(supply function)는 공급량과 공급량에 영향을 미치는 재화의 가격, 다른 재화들의 가격, 자본과 노동, 기술수준 등과의 관계를 나타내는 함수이다. 재화 가격 이외의 모든 변수들이 불변이라고 가정한다면 종속변수인 공급량 Q_s는 독립변수인 가격 p의 함수로 나타낼 수 있다. $Q_s = S(p)$

(3) 정규분포

정규분포(normal distribution)의 식은 다음과 같이 나타낼 수 있다.

$$p = f(x) = \frac{1}{\sqrt{2\pi\sigma^2}} \exp\left[\frac{-(x-\mu)^2}{2\sigma^2}\right]$$

단, $-\infty < x < \infty$. 정규분포도 함수이므로 변수로 설명할 수 있다. 여기서 p는 종속변수로 분포를 나타내며, x는 독립변수이다. 그 외의 값은 모두 상수이다.

(4) 표준정규분포

표준정규분포(standard normal distribution)에서 정규분포의 x는 다음처럼 변환되어 표시할 수 있다.

$$Z = \frac{x-\mu}{\sigma} \sim N(0,1)$$

표준정규분포도 함수이므로 변수로 설명할 수 있다. 위 식에서 z는 종속변수이고, x는 독립변수이다. 그 외의 값은 상수이다.

1.4 함수의 종류

1. 다항함수

$y = f(x)$에서 $f(x)$가 x에 대해 다항식(polynomial)일 때 다항함수(polynomial function)라고 한다. 즉, 임의의 상수값 $a_0, a_1, a_2, \cdots, a_n$에 대하여 $f(x) = a_0 + a_1 x + a_2 x^2 + \cdots + a_n x^n$과 같이 다항식으로 정의되는 함수를 다항함수라고 한다.

만약 최고차항 $a_n \neq 0$이라면, 최고차항의 차수(degree)에 따라 상수함수, 일차함수, 이차함수, n차함수 등으로 분류될 수 있다. 예를 들어 $f(x) = 1 + 4x + 6x^2 + \cdots + 9x^n$는 다항함수이고 n차함수이다. 유사하게 $y = x^3 + x + 3$은 삼차함수인 다항함수이다.

2. 상수함수

다항함수 $f(x) = a_0 + a_1 x + a_2 x^2 + \cdots + a_n x^n$에서 최고차항의 차수가 0인 경우$(n=0)$ $f(x)$ $= a_0$를 상수함수(constant function)라고 한다. 즉, X에서 Y로의 함수 $y = f(x)$가 정의되었을 때, x의 값에 관계없이 항상 동일한 y값이 나오는 함수를 말한다.

일반적으로 실수에서 정의된 상수함수는 $f(x) = c$ 혹은 $y = c$의 형태로 나타낸다. 예를 들어 실수에서 정의된 함수 $f(x) = 1$은 x의 값에 관계없이 항상 동일한 y값인 1이 나오는 상수함수 를 말한다.

3. 일차함수

다항함수 $f(x) = a_0 + a_1 x + a_2 x^2 + \cdots + a_n x^n$에서 최고차항의 차수가 1인 경우$(n=1)$ $f(x)$ $= a_0 + a_1 x$를 일차함수(linear function)라고 한다.

일반적으로 실수에서 정의된 일차함수는 $f(x) = ax + b$ 혹은 $y = ax + b$의 형태로 나타내 며, $y = ax + b$의 그래프는 기울기 a와 y절편 $(0, b)$에 의해 유일하게 결정되는 직선을 의미한 다. 예를 들어 $f(x) = 2x + 1$은 함수 f가 x의 일차식으로 표현된 함수를 말한다.

참고로 그래프가 직선으로 표현될 때 함수 $f(x)$를 선형함수(linear function)라고 하며, 그래 프의 형태가 직선이 아닌 경우를 비선형함수(non-linear function)라고 한다. 따라서 비선형함수 는 입력변수와 출력변수 간의 관계가 직선(선형)이 아님을 알 수 있다.

4. 멱함수

$f(x) = ax^n$과 같이 단항식으로 구성되어 있으며 상수와 x의 거듭제곱의 곱으로 되어 있는 함수를 멱함수(power function)라고 한다. 즉, 멱함수는 거듭제곱의 지수(exponent) n을 고정하 고 밑(base)을 x를 변수로 하는 함수이다.

5. 유리함수

유리함수(rational function)는 일반적으로 다항식을 다항식으로 나눈 유리식으로 정의되는 함수이다. 구체적으로 $f(x)$, $g(x)$가 다항함수인 경우 $r(x) = f(x)/g(x)$로 정의되는 함수가 유리함수이다. 단 $g(x) \neq 0$이어야 한다. 예를 들어 $f(x) = \dfrac{1}{x+1}$과 같은 직각쌍곡선(rectangular hyperbola)도 유리함수이다.

6. 무리함수

무리식(root) 또는 무리식으로 구성된 함수를 무리함수(irrational function)라고 한다. 만약 함수 $f(x)$를 어떠한 유리함수로도 나타낼 수 없다면 $f(x)$는 무리함수이다. 예를 들어 $y = \sqrt{2x}$ 와 $y = \sqrt{2x} + x$는 모두 무리함수에 속한다.

7. 지수함수

$f(x) = a^x$과 같이 어떤 실수 a의 x 거듭제곱으로 표현된 함수를 지수함수(exponential function)라고 한다. 이때 독립변수 x를 지수(exponent)라 하고 실수 a를 밑수(base)라고 한다. 지수함수 $f(x) = a^x$는 멱함수 $g(x) = x^a$와 유사한 특징을 가진다.

만약 e를 $e = \lim\limits_{n \to \infty} (1 + \dfrac{1}{n})^n \approx 2.71828182 \cdots$로 정의된 무리수라고 한다면, 밑수 $a = e$이면 $f(x) = e^x$를 자연지수함수(natural exponential function)라고 부른다. 지수함수에 대한 구체적인 내용은 이후에 소개하기로 한다.

참고로 e는 자연상수 혹은 오일러 수(Euler's number)라고 불리고 무리수로서 약 2.718... 정도의 값을 가진다.

8. 로그함수

상수 $a \neq 1$에 대하여 $a^{f(x)} = x$인 관계가 있을 때, $f(x)$는 a를 밑으로 하는 x의 로그함수 (logarithmic function)라고 한다.

만약 밑수 $a = 10$이면 $f(x) = \log_{10} x$를 상용로그함수(common logarithmic function)라 하고, 밑수 $a = e$이면 $f(x) = \log_e x$를 자연로그함수(natural logarithmic function)라 부른다. 자연로그함수는 때때로 $f(x) = \ln x$로 나타낸다.

앞서 소개했던 지수함수에 역함수를 취하면 로그함수가 된다. 실제 지수함수 $y = a^x$에서 x 와 y를 교환함으로써 지수함수 $y = a^x$의 역함수 $x = a^y$가 구해지면 로그함수 $y = \log_a x$은 단순히 y를 x의 함수로 나타낸 다른 방식의 표현일 뿐이다. 역함수와 로그함수에 대한 구체적인 내용은 이후에 소개하기로 한다.

9. 다변수 함수

함수 f가 두 개 이상의 독립변수를 가지는 함수를 다변수 함수라고 한다. 함수 f의 독립변수의 수가 2개인 경우 이 함수를 이변수 함수(two-variable function)라고 하며 $y = f(x_1, x_2)$로 표시한다. 유사하게, 독립변수가 3개 이상일 경우 일반적으로 다변수 함수(multi-variable function)라고 하며 $y = f(x_1, x_2, x_3, \cdots, x_n)$로 표시한다.

함수의 성질

본 장에서는 단조함수, 역함수, 동차함수와 같은 함수의 몇 가지 일반적인 성질들과 용어에 대해 소개한다. 이어서 함수 두 개를 연속해서 결합하는 합성함수의 개념과 함수연산에 대해 살펴본다.

2.1 단조함수

1. 단조함수의 개념

함수 $f(x)$에서 정의역에 속한 원소 a, b가 $a < b$일 때 $f(a) \le f(b)$가 성립하면 함수 $f(x)$를 단조증가함수(monotonic increasing function), $f(a) \ge f(b)$가 성립하면 함수 $f(x)$를 단조감소함수(monotonic decreasing function)라고 하며, 이들을 합쳐 단조함수(monotonic function)라고 한다. 즉, 함수가 항상 증가하든가 또는 항상 감소하든가 둘 중의 하나일 경우들을 합쳐서 단조함수라고 부른다.

원소 a, b가 $a < b$일 때 $f(a) < f(b)$ 또는 $f(a) > f(b)$가 성립하면 함수 $f(x)$를 강단조증가함수(strictly monotonic increasing function) 또는 강단조감소함수(strictly monotonic decreasing function)라고 하며, 이들을 합쳐 강단조함수(strictly monotonic function)라고 한다.

아래의 [그림 2.1]에서 (a)는 강단조증가함수(strictly monotonic increasing function) 그래프를, (b)는 강단조감소함수(strictly monotonic decreasing function)의 그래프를 각각 나타낸다. 마

지막으로 (c)는 단조함수가 아닌 경우를 나타낸다. 즉, 증가하다가 감소하고 다시 증가하기도 하는 함수의 그래프이다.

그림 2.1 단조함수와 단조함수가 아닌 함수

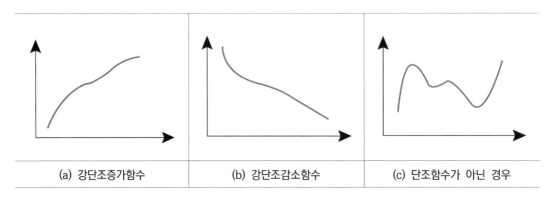

| (a) 강단조증가함수 | (b) 강단조감소함수 | (c) 단조함수가 아닌 경우 |

2. 단조함수는 어떤 때에 사용되는가?

단조함수는 정의역과 치역이 결정되는 경우 최댓값 혹은 최솟값을 구하는 데 유용하다. 예를 들어 단조증가함수이면 독립변수의 값이 증가 시 종속변수의 값이 감소하지 않는다. 따라서 정의역의 구간이 정해지면 독립변수의 최소 및 최댓값이 종속변수의 최소 및 최댓값과 연결된다. 다음의 사례들을 생각해 보자.

사례 1 ▸ 우리나라의 특징 중 하나는 지나치다고 할 정도의 교육열(education fever)이다. 특히 고등학교 때 좋은 대학을 가기 위해 열심히 공부하거나, 대학 때 높은 학점을 받기 위해 열심히 공부하는 경우가 많다. 학생들이 고등학교와 대학교 때에 이렇게 열심히 공부하는 이유는 무엇일까? 다양한 이유가 있겠지만 가장 중요한 이유 중의 하나는 미래 기대소득(expected income)이다. 이를 함수로 표현하면 $y = f(x)$에서 y는 미래 기대소득이 되고 x는 시험 성적이 된다. 따라서 $y = f(x)$가 단조함수라고 가정하면 많은 사람들이 일반적으로 생각하는 것처럼 공부를 열심히 하면 미래 기대소득이 증가한다. 물론 여기에서 더 중요한 것은 $y = f(x)$가 볼록함수(convex function)인지 오목함수(concave function)인지 확인하는 것이다. 볼록함수와 오목함수에 대해서는 나중에 자세히 다루기로 한다.

사례 2 ▸ 수학적으로 단조증가는 함수의 진행 방향이 일정함을 의미한다. 경제학에서 다루는 효용함수는 일반적으로 단조성을 가진다. 여기서 단조성이란, 예를 들어 재화(goods)의 소비량이 증가할수록 효용이 증가한다는 특성을 뜻한다. 어떤 재화가 단조성을 가진다고 가정할 때, 소비를 할수록 효용이 감소하는 재화, 즉 음(−)의 효용을 주는 재화를 비재화(bads)라고 한다.

예제

정의역 원소들의 값이 음수가 아닌 실수들의 집합$(x \in R | x \geq 0)$인 경우 다음 함수의 치역을 구하시오.

(1) $f(x) = \dfrac{4}{4x + 3}$

(2) $f(x) = 3(x - 2)^2$

(3) $f(x) = \sqrt{2x + 5}$

풀이

(1) 정의역의 범위는 $x \geq 0$이고 단조감소함수이므로 치역은 $x = 0$인 경우가 최댓값이 되고 x가 ∞에 근접할수록 y는 0의 값에 근접한다. 따라서 치역은 다음과 같이 정의된다.

$$f(x) = \left\{ y \in R | 0 < y \leq \frac{4}{3} \right\}$$

(2) 정의역의 범위는 $x \geq 0$이고 $f(x)$는 이차함수이므로 치역은 이차함수의 최솟값이 $x = 2$에 해당하는 $y = 0$이 된다. 따라서 치역은 다음과 같이 정의된다.

$$f(x) = \{ y \in R | y \geq 0 \}$$

(3) 정의역의 범위는 $x \geq 0$이고 단조함수이므로 치역은 단조함수의 최소점인 $\sqrt{5}$ 이상이 된다. 따라서 치역은 다음과 같이 정의된다.

$$f(x) = \{ y \in R | y \geq \sqrt{5} \}$$

2.2 역함수

일대일 대응에서 정의역과 공변역을 바꾼 새로운 전단사함수가 존재하는데 이를 역함수(inverse function)라고 한다. 함수 $f : X \to Y$가 X와 Y사이에 일대일 대응이라면 역함수는 다음과 같이 표기한다.

$$f^{-1} : Y \to X \text{ 혹은 } f^{-1}(y) = x$$

여기서 f^{-1}를 f의 역함수라고 한다.

한편, 함수 $f : X \to Y$의 역함수 $f^{-1} : Y \to X$가 존재하기 위해서는 반드시 함수 f는 일대일 대응(전단사함수)이 되어야 함에 유의해야 한다.

일반적으로 전단사함수 f의 역함수는 다음과 같은 순서로 구한다.

[1단계] $y = f(x)$를 x에 대하여 정리하면 $x = f^{-1}(y)$이 된다.

[2단계] $x = f^{-1}(y)$에서 x와 y를 서로 바꾸어 주면 다음과 같은 역함수 $y = f^{-1}(x)$가 된다.

이때, f의 정의역은 역함수인 f^{-1}의 치역이 되고, f의 치역은 역함수인 f^{-1}의 정의역이 된다. 단, 역함수는 일대일함수가 되어야 하며 원함수 공변역의 범위가 역함수 정의역의 범위와 같아져야 한다.

예제

정의역 원소들의 값이 음수가 아닌 실수들의 집합 $\{x \in R \mid x \geq 0\}$인 경우 다음 함수의 역함수를 구하시오.

(1) $y = 3x + 4$

(2) $y = 2(x+1)^2 - 2$

(1) 역함수를 구하는 순서 [1단계]에 대해 정리하면

$$x = \frac{y-4}{3}$$

[2단계] x와 y를 서로 바꾸어 주면 역함수는 다음과 같이 구해진다.

$$y = \frac{x-4}{3}$$

단, 역함수도 일대일함수가 되어야 하며, 원함수 공변역의 범위와 역함수 정의역의 범위가 같아야 한다. 따라서 역함수 정의역의 범위는 $x \geq 4$가 된다.

(2) 역함수를 구하는 순서 [1단계]에 대해 정리하면

$$x = \sqrt{\frac{y+2}{2}} - 1$$

[2단계] x와 y를 서로 바꾸어 주면 역함수는 다음과 같이 구해진다.

$$y = \sqrt{\frac{x+2}{2}} - 1$$

단, 역함수도 일대일함수가 되어야 하며, 원함수 공변역의 범위와 역함수 정의역의 범위가 같아야 한다. 따라서 역함수 정의역의 범위는 $x \geq 0$이 된다.

2.3 동차함수

어떤 함수의 독립변수 x에 0보다 큰 값인 t를 곱할 때 그 함수의 값 F가 t^r만큼 변하면 이 함수를 r차 동차함수(homogeneous degree of r)라 한다. 이를 식으로 표시하면 다음과 같다.

$$t^r F(x_1, x_2) = F(tx_1, tx_2)$$

$r = 1$이면 1차 동차함수(homogeneous of degree one)이며 이 경우 독립변수가 t만큼 변하면

종속변수도 t만큼 변한다. $r > 1$(혹은 $r < 1$)이면 독립변수가 t만큼 변하는 경우 종속변수는 t 보다 더 크게(혹은 작게) 증가한다. 즉, 함수에 따라서 독립변수를 t배 늘리면 종속변수는 t배 이상 증가할 수도 있으며 t배보다 작게 증가할 수도 있다.

경제학에서 규모에 대한 수익(return to scale)이란 생산요소의 투입과 산출량의 규모 간의 관계를 의미한다. 이때 규모에 대한 수익 불변(constant return to scale)은 생산요소의 투입량을 t배로 늘릴 때, 산출량도 t배로 증가하는 상황을 말한다. 이와 유사하게, 규모에 대한 수익 체감(decreasing return to scale)은 생산요소의 투입량을 t배로 늘릴 때, 산출량이 t배보다는 적게 증가하는 상황을, 규모에 대한 수익 체증(increasing return to scale)은 생산요소의 투입량을 t배로 늘릴 때, 산출량이 t배보다 크게 증가하는 상황을 각각 말한다.

다음과 같은 함수를 생각해보자.

$$(x,y) = x^{\frac{2}{3}} y^{\frac{1}{3}}$$

독립변수를 t배하면 다음과 같다.

$$f(tx,ty) = (tx)^{\frac{2}{3}} (ty)^{\frac{1}{3}} = t^{\frac{3}{3}} \left(x^{\frac{2}{3}} y^{\frac{1}{3}} \right) = t^1 f(x,y)$$

따라서 $r = 1$이 되어 $f = (x,y)$는 규모에 대한 수익이 불변(constant returns to scale)인 함수가 된다.

경제학에서 가장 많이 사용되는 함수 중의 하나인 다음과 같은 콥-더글러스 생산함수(Cobb-Douglas production function)를 이용하여 r차 동차함수로 이루어진 생산함수를 생각해보자.

$$y = f(x_1, x_2) = A x_1^k x_2^{1-k} (0 < k < 1)$$

독립변수인 생산요소에 0보다 큰 값인 t를 곱해주고 정리하면 다음과 같은 식이 도출된다.

$$\begin{aligned} f(tx_1, tx_2) &= A(tx_1)^k (tx_2)^{1-k} \\ &= t^k t^{1-k} \cdot A x_1^k x_2^{1-k} = t^{(k+1-k)} \cdot A x_1^k x_2^{1-k} \\ &= tf(x_1, x_2) \end{aligned}$$

이와 같이 생산요소가 t배 증가하는 경우 생산량 y도 t배 증가하므로 이 함수는 1차 동차함수가 된다. 즉, $f(tx_1, tx_2) = tf(x_1, x_2)$가 되어 $f = (x,y)$는 1차 동차함수이다.

1. $Y = f(L, K)$는 노동(L)과 자본(K)으로 이루어진 1차 동차 생산함수이다. $Y = f(L, K)$를 1인당 생산함수로 나타내시오.

2. 다음 생산함수들이 몇 차 동차함수인지 증명하고 규모와 관련된 특성에 따라 분류하시오.

   (1) $f(x, y) = 3x^{\frac{1}{2}} y^{\frac{1}{2}}$

   (2) $f(x, y) = 2x^{\frac{2}{3}} y^{\frac{1}{5}}$

   (3) $f(x, y) = 5xy$

   (4) $f(x, y) = 5x^{\frac{1}{3}} y^{\frac{1}{3}}$

풀이 😊

1. $Y = f(L, K)$가 1차 동차 생산함수이므로 다음과 같이 나타낼 수 있다.

$$\frac{1}{L} Y = f\left(\frac{L}{L}, \frac{K}{L}\right) = f\left(1, \frac{K}{L}\right)$$

따라서 다음과 같이 표시할 수 있다.

$$\frac{Y}{L} = f\left(1, \frac{K}{L}\right) = g(k)$$

단, $k = \dfrac{K}{L}$이다. 함수 f를 함수 g로 바꾸어 준 것은 독립변수가 달라졌기 때문이므로 g로 표기되는 새로운 함수라고 할 수 있다.

2.
(1) 1차 동차 생산함수인 콥-더글러스 생산함수의 형태이다. 1차 동차함수이므로 규모 수익은 변하지 않는다.

(2) $f(tx, ty) = 2(tx)^{\frac{2}{3}}(ty)^{\frac{1}{5}} = t^{\frac{13}{15}} f(x, y)$이므로 $k < 1$이 되어 $f(x, y)$는 규모의 수익이 감소하는 특성을 갖는다.

(3) $f(tx, ty) = 5t^2xy$이므로 $f(tx, ty) > tf(xy)$가 되어 $f(x, y)$는 규모의 수익이 증가하는 특성을 갖는다.

(4) $f(tx, ty) = 5(tx)(ty) = t^{\frac{2}{3}}(5x^{\frac{1}{3}}y^{\frac{1}{3}})$이므로 $f(tx, ty) < tf(x, y)$가 되어 $f(x, y)$는 규모의 수익이 감소하는 특성을 갖는다.

2.4 합성함수

1. 합성함수의 개념

두 함수 $f : X \rightarrow Y$와 $g : Y \rightarrow Z$가 주어졌을 때, 함수 $f(x)$의 임의의 원소 x에 $g(y)$의 원소 z를 대응시키는 새로운 함수를 합성함수(composite function)라 하고 다음과 같이 표기한다.

$$g \circ f = g \circ f(x) = g(f(x))$$

이는 함수 f와 함수 g의 합성함수는 함수 f와 함수 g에 의해 생성된 X에서 Z로의 새로운 함수인 $g \circ f : X \rightarrow Z$임을 알 수 있다. 일반적으로 합성함수의 표현 $(g \circ f)$는 두 번째 함수(g)를 먼저 쓰고 첫 번째 함수(f)를 뒤에 쓴다.

우리는 경제 현상을 분석할 때 많은 집합과 집합이 연결되어 있음을 알 수 있다. 예를 들어 원자재 z를 투입하여 중간재 x를 만드는 함수 $x = f(z)$가 있고, 다시 중간재 x를 투입하여 최종재 y를 만드는 함수 $y = g(x)$가 있다고 할 경우, 이 두 개의 생산함수를 합하여 하나의 합성함수로 표시하면 $y = g(f(z))$의 형태가 된다. 이 합성함수를 통하여 원자재의 가격이 상승하는 경우 최종재 생산이 어떻게 변하는지를 분석할 수 있다.

예제

$f(x) = x^2$, $g(x) = \dfrac{1}{x} + 1$일 때, $(f \circ g)(x) = f(g(x))$을 구하시오.

$g(x) = \dfrac{1}{x} + 1$ 이고 $f(g(x))$ 이므로 $f(\dfrac{1}{x} + 1)$ 이다.

따라서 $(f \circ g)(x) = f\left(\dfrac{1}{x} + 1\right) = \left(\dfrac{1}{x} + 1\right)^2$

2. 함수연산

함수 f 와 함수 g 가 모두 동일한 정의역 X 를 가진다고 할 때, 이들 두 함수를 결합하면 다음과 같이 새로운 함수가 정의된다.

(1) $(f + g)(x) = f(x) + g(x)$

(2) $(f - g)(x) = f(x) - g(x)$

(3) $(f \circ g)(x) = f(g(x))$

(4) $(\dfrac{f}{g})(x) = \dfrac{f(x)}{g(x)}$ (단, $g(x) \neq 0$)

예제

1. $f(x) = 2x$, $g(x) = \dfrac{1}{x} + 1$ 일 때 다음 합성함숫값을 구하시오.

   (1) $(f \circ f)(x)$

   (2) $(f \circ g)(x)$

   (3) $(g \circ g)(x)$

   (4) $(g \circ f)(x)$

2. $f(x) = x^2 + 2$, $g(x) = 3x - 2$ 일 때 다음 합성함숫값을 계산하시오.

   (1) $(f \circ g)(3)$

   (2) $(f \circ f)(2)$

   (3) $\left(\dfrac{f}{g}\right)(1)$

3. 함수 $y = f(x)$를 달리 표현하면 $f : X \rightarrow Y$라고 표시할 수 있고 함수 $y = f(x)$의 역함수를 $f^{-1} : Y \rightarrow X$라고 표시할 수 있다. 이 경우 합성함수 $(f^{-1} \cdot f)(x)$와 $(f \cdot f^{-1})(y)$를 구하시오.

4. S전자는 휴대폰을 독점으로 생산하여 판매하고 있다. 휴대폰의 수요량 $D(p)$와 휴대폰 가격 p와의 관계인 수요함수는 $D(p) = 60 - p$로 주어졌다.
   (1) S전자의 총수입(total revenue)을 판매량 Q로 표시하시오.
   (2) 휴대폰 생산비용이 $TC(Q) = 50 + 10Q$라고 한다면, S전자의 총이윤(total profit)을 총수입함수와 생산비용함수의 합성함수로 표시하고 판매량 Q로 나타내시오.

5. 스마트 손목시계를 생산하는 L기업의 비용함수는 생산량에 관계없이 5,000원의 비용이 소요되며, 시계 1개당 총 5원의 비용이 들어간다. 스마트 손목시계의 판매량을 x라 하고, 스마트 손목시계의 가격을 p라고 하자.
   (1) 비용함수를 x의 함수로 나타내시오.
   (2) 스마트 손목시계에 대한 수요함수가 $x = 100(40 - p)$라고 주어졌다. 수요함수를 이용하여 수입함수를 p의 함수로 표시하시오.
   (3) 이윤함수를 수입함수와 비용함수의 합성함수인 p의 함수로 표시하시오.

풀이

1.

(1) $(f \cdot f)(x) = 2(2x) = 4x$

(2) $(f \cdot g)(x) = 2\left(\dfrac{1}{x} + 1\right) = \dfrac{2}{x} + 2$

(3) $(g \cdot g)(x) = \dfrac{1}{\dfrac{1}{x} + 1} + 1 = \dfrac{2x + 1}{x + 1}$

(4) $(g \cdot f)(x) = \dfrac{2x + 1}{2x}$

2.

(1) $(f \cdot g)(3) = (3x-2)^2 + 2 = 9^2 - 12x + 6 = 51$

(2) $(f \cdot f)(2) = (x^2+2)^2 + 2 = x^4 + 4x^2 + 4 + 2 = 38$

(3) $\left(\dfrac{f}{g}\right)(1) = \dfrac{(x^2+2)}{3x-2} = 3$

3. $(f^{-1} \cdot f)(x) = f^{-1}(f(x)) = f^{-1}(y) = x$
$(f \cdot f^{-1})(y) = f(f^{-1}(y)) = f(x) = y$

이는 함수 f와 그 역함수 f^{-1}의 합성함수는 항등함수라는 것을 의미한다.

4.

(1) $Q = 60 - p$의 역수요함수를 구해야 한다. 역수요함수는 종속변수가 가격인 p의 함수로 역함수가 아니다. 역수요함수는 다음과 같다.

$$p = 60 - Q$$

따라서 총수입함수 $TR(Q)$은 다음과 같다.

$$TR(Q) = p \cdot Q = (60 - Q)Q = 60Q - Q^2$$

(2) 총 이윤함수 $\pi(Q) = TR(Q) - TC(Q)$는 다음과 같다.

$$\pi(Q) = (60Q - Q^2) - (50 + 10Q) = -Q^2 + 50Q - 50$$

5.

(1) 비용함수: $TC(x) = 5{,}000 + 5x$

(2) 수입함수: $TR = xp = [100(40-p)]p = 4{,}000p - 100p^2$

(3) 비용함수: $TC(p) = 5{,}000 + 5[100(40-p)] = -500p + 25{,}000$

이윤함수: $\pi(p) = TR - TC = 4{,}000p - 100p^2 + 500p - 25{,}000$
$= -100p^2 + 4{,}500p - 25{,}000 = -100(p^2 - 45p + 250)$

PART

02

선형대수

CHAPTER
03

행렬

행렬(matrix)은 이론적으로 매우 명쾌하며, 기호적으로도 간결하기 때문에 그 응용의 폭이 넓은 특징이 있다. 본 장에서는 행렬(matrix)의 개념과 정방행렬(square matrix), 단위행렬(identity matrix), 전치행렬(transpose), 역행렬(inverse matrix) 등 행렬의 종류에 대해 살펴보고 행렬의 연산과 연산법칙에 대해 소개한다.

3.1 행렬

1. 행렬의 개념

행렬(matrix)이란 수 또는 변수 등을 사각형 모양의 순서로 배열해 놓고 괄호로 묶은 것을 말한다. 예를 들면 다음과 같다.

$$\begin{bmatrix} 1 & 2 & 3 & 4 \\ 9 & 2 & 1 & -1 \\ 5 & 2 & -2 & 0 \end{bmatrix}$$

괄호 안의 숫자들을 행렬의 원소(element) 또는 성분(entry)이라고 한다. 가로 줄은 행(row)이고 세로 줄은 열(column)이라 한다.

위의 예는 3행 4열로 구성된 행렬이다. i번째 행과 j번째 열이 교차하는 위치에 있는 행렬의 원소를 그 행렬의 (i,j)원소라고 한다. 예를 들어 숫자 0은 $(3,4)$원소에 해당한다.

행렬의 크기(size)는 차원(dimension)으로 표시하며 (행의 개수)×(열의 개수) 형태로 나타낸다. 아래 행렬 A는 $m \times n$ 행렬이다. 이때 $m \times n$을 행렬 A의 차원 또는 크기라고 하며 일반적으로 '$m\,by\,n$'이라고 읽는다.

$$
A = \begin{bmatrix}
a_{11} & a_{12} & \cdots & a_{1j} & \cdots & a_{1n} \\
a_{21} & a_{22} & \cdots & a_{2j} & \cdots & a_{2n} \\
\vdots & \vdots & \vdots & \vdots & \vdots & \vdots \\
a_{i1} & a_{i2} & \cdots & a_{ij} & \cdots & a_{in} \\
\vdots & \vdots & \vdots & \vdots & \vdots & \vdots \\
a_{m1} & a_{m2} & \cdots & a_{mj} & \cdots & a_{mn}
\end{bmatrix}
$$

행렬의 차수(rank)는 행렬의 차원(dimension)과 유사한 개념이나 약간의 차이가 있다. 행렬의 차원은 행렬의 형태인 행과 열의 수를 의미하고, 행렬의 차수는 일반적으로 행렬의 독립적인 행 또는 열의 최대 개수를 나타낸다. 행렬의 차수는 행 공간(row space)과 열 공간(column space)의 차원을 의미하기도 한다. 행렬의 차수에 대한 구체적인 내용은 본서에서 다루지 않기로 한다.

2. 행벡터와 열벡터

$m \times n$을 행렬 A에서 행의 차수를 m이라 하고 열의 차수를 n이라고 하는 경우, $1 \times n$ 행렬은 n차원 행벡터(row vector), $m \times 1$ 행렬은 m차원 열벡터(column vector)라고 한다. 예를 들어, $1 \times m$ 행벡터와 $1 \times n$ 열벡터를 표시하면 다음과 같다.

$$
A = \begin{bmatrix} a_1 a_2 \cdots a_m \end{bmatrix}, \quad B = \begin{bmatrix} b_1 \\ b_2 \\ \vdots \\ b_n \end{bmatrix}
$$

따라서 위 행렬 A에서 임의의 $i = 1, 2, \cdots, m$과 $j = 1, 2, \cdots, n$에 대하여 $1 \times n$ 행렬 $[a_{i1}, a_{i2}, \cdots, a_{in}]$을 i번째 행벡터(i-th row vector)라고 하고, $m \times 1$ 행렬 $\begin{bmatrix} a_{1j} \\ a_{2j} \\ \vdots \\ a_{mj} \end{bmatrix}$을 j번째 행벡터

(j-th row vector)라고 한다.

3. 행렬의 상등

차원(크기)이 같은 두 행렬 A와 B에 있어서 서로 대응하는 원소가 모두 같을 때, 행렬 A와 B는 '서로 같다'고 하며 이때 A와 B를 상등이라고 한다. 즉, 행렬의 상등이란 모든 임의의 $i = 1, 2, \cdots, m$과 $j = 1, 2, \cdots, n$에 대하여 두 행렬의 (i, j) 성분이 같음을 의미한다.

두 행렬 A와 B가 상등일 경우 $A = B$로 표현한다. 유사하게, 두 행렬 A와 B가 서로 동일하지 않다면 $A \neq B$로 표현한다.

4. 스칼라, 벡터, 행렬

스칼라(scalar)는 행렬과 대비하여 하나의 숫자를 의미한다. 앞서 살펴본 바와 같이 벡터(vector)는 스칼라를 한 줄로 배열한 것이고(행벡터 또는 열벡터), 행렬(matrix)은 벡터를 행과 열로 직사각형(rectangle)의 모양의 2차원적 배열을 한 것이다. 더 나아가서 스칼라를 3차원의 모습으로 배열하여 공간을 만든 것을 텐서(tensor)라고 한다.

직관적인 이해를 위해 다음의 [그림 3.1]을 참조하자.

그림 3.1 점, 선, 면, 공간

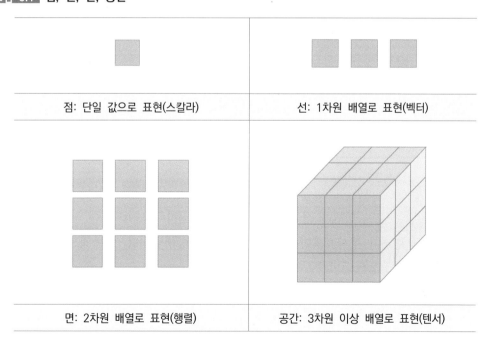

점: 단일 값으로 표현(스칼라)	선: 1차원 배열로 표현(벡터)
면: 2차원 배열로 표현(행렬)	공간: 3차원 이상 배열로 표현(텐서)

[1] 대수학

대수학(algebra)은 숫자 대신 기호와 문자를 사용하여 수의 구조와 관계, 즉 수학의 법칙을 간명하게 나타내는 수학의 한 분야이다. 예를 들어, 숫자는 $1, 2, 3$과 같이 상수로 표기하는 경우도 있지만, x, y, z와 같이 미지수로 표현할 수도 있다. 유사하게, $1 + 2 = 3$처럼 숫자로 식을 쓰기도 하지만 $x + y = z$와 같이 미지수로 표기할 수도 있다. 이 경우 미지수로 방정식을 푸는 것이 대수학에 해당한다. 즉, 대수학의 주된 목표는 수와 기호를 활용하여 주어진 문제를 해결하고, 수학적 법칙의 일반적인 구조와 패턴을 이해하는 분야이다. 본 장에서 주로 다루고 있는 분야는 여러 개의 숫자를 마치 하나의 숫자로 취급하면서 계산하는 행렬대수 (matrix algebra)이며 선형대수(linear algebra)라고 부르기도 한다. 행렬대수는 대수학과 마찬가지로 원소가 행렬이고 행렬의 연산을 다루는 분야이다.

[2] 해석학

해석학(analysis)은 실수와 복소수의 함수와 그들의 성질을 분석하여 수학적 해석과 근본적인 원리를 이해하는 수학의 한 분야이다. 주로 함수의 극한, 연속성, 미분, 적분 등을 연구한다. 해석학은 경제학에서 가장 많이 이용되는 수학의 분야 중의 하나로, 경제학에서 다루는 해석학은 미분과 적분을 기초로 연속 함수의 성질 (극값 등) 등을 주로 다룬다.

경제학에서의 해석학 분야를 단순하게 말한다면, 다음과 같은 미분과 적분 두 가지 분야이다. 미분과 적분에 대한 소개는 이후에 자세히 다루기로 한다.

$$미분: \frac{df(x)}{dx}$$

$$적분: \int f(x)\,dx$$

3.2 행렬의 종류

1. 정방행렬

같은 수의 행과 열을 갖는 행렬을 정방행렬(square matrix)이라고 한다. 즉, $m \times n$ 행렬 A에서 $m = n$인 경우 그 형태가 정사각형이 되면 행렬 A는 정방행렬이다. 일반적으로 n차 정방행렬이라고 부른다.

정방행렬의 반복적 곱셈은 다음과 같이 표현한다.

$$A^2 = AA = A \times A, \; A = AAA^3 = A \times A \times A, \; A^n = \overbrace{AAA \cdots A}^{n\text{개}} = \overbrace{A \times A \times \cdots \times A}^{n\text{개}}$$

2. 영행렬

모든 원소가 0인 행렬을 영행렬(null matrix; zero matrix)이라고 한다. 알파벳 대문자 O로 나타낸다. 예를 들어 2×3 영행렬은 다음과 같다.

$$O = \begin{bmatrix} 0 & 0 & 0 \\ 0 & 0 & 0 \end{bmatrix}$$

$n \times n$ 영행렬 O, $n \times n$ 항등행렬 O, $n \times n$ 행렬 A에 대해 다음이 성립한다.

(1) 덧셈에 대한 항등원: $O + A = A + O = A$

(2) 덧셈에 대한 역원: $(-A) + A = A + (-A) = O$

(3) $AO = OA = O$

(4) $AI = IA = A$

3. 삼각행렬

정방행렬 중 왼쪽 위에서 오른쪽 아래로의 주 대각선 아래의 모든 원소들 또는 위의 모든 원소들이 0인 행렬을 삼각행렬(triangular matrix)이라고 한다. 예를 들면 다음과 같다.

$$A = \begin{bmatrix} 1 & 9 & \cdots & 10 \\ 0 & 8 & \cdots & 0 \\ \vdots & \vdots & \vdots & \vdots \\ 0 & 0 & \cdots & 2 \end{bmatrix} \qquad B = \begin{bmatrix} 2 & 0 & \cdots & 0 \\ 6 & 1 & \cdots & 0 \\ \vdots & \vdots & \vdots & \vdots \\ 3 & 5 & \cdots & 6 \end{bmatrix}$$

위 행렬 A와 같이 정방행렬 주 대각선 아래의 모든 원소들이 모두 0인 경우를 상위삼각행렬(upper triangular matrix)이라고 한다. 유사하게, 위 행렬 B와 같이 정방행렬 주 대각선 위의 모든 원소들이 모두 0인 경우를 하위삼각행렬(lower triangular matrix)이라고 한다.

4. 대각행렬

정방행렬 중 대각선상에 있는 원소들을 제외하고 나머지 모든 원소가 0인 행렬을 대각행렬(diagonal matrix)이라고 한다. 즉, 행렬의 임의의 $i = 1, 2, \cdots, m$과 $j = 1, 2, \cdots, n$에 대하여

$i \neq j$인 모든 원소에 대해 $a_{ij} = 0$이면 대각행렬이다. 예를 들면 다음과 같다.

$$A = \begin{bmatrix} 5 & 0 & \cdots & 0 \\ 0 & 7 & \cdots & 0 \\ \vdots & \vdots & \vdots & \vdots \\ 0 & 0 & \cdots & 2 \end{bmatrix}$$

5. 단위행렬

대각행렬 중 주 대각선상의 모든 원소가 1이고 그 밖의 원소는 모두 0인 $n \times n$ 정방행렬을 단위행렬(identity matrix)이라고 한다. 단위행렬은 항등행렬이라고도 하며, I_n으로 표기할 수 있다. 단위행렬은 다음과 같다.

$$I_n = \begin{bmatrix} 1 & 0 & \cdots & 0 \\ 0 & 1 & \cdots & 0 \\ \vdots & \vdots & \vdots & \vdots \\ 0 & 0 & \cdots & 1 \end{bmatrix}$$

6. 전치행렬

$m \times n$ 행렬 A의 전치행렬(transpose)은 행렬 A의 행과 열을 서로 뒤바꾸어 놓은 $n \times m$ 행렬을 의미한다. 행렬 A의 전치행렬은 A^T 또는 A'로 표기한다. 예를 들면 다음과 같다.

$$A = \begin{bmatrix} 1 & 2 & 3 \\ -1 & -2 & -3 \end{bmatrix} \text{이면 } A^T = \begin{bmatrix} 1 & -1 \\ 2 & -2 \\ 3 & -3 \end{bmatrix}$$

임의의 행렬 A와 B에 대해 $A + B$, A가 정의된다면, 전치행렬은 임의의 스칼라 값 k에 대해 다음과 같은 성질을 가진다.

(1) $(A^T)^T = A$

(2) $(A + B)^T = A^T + B^T$

(3) $(kA)^T = kA^T$

(4) $(AB)^T = B^T A^T$

7. 대칭행렬

행렬 A의 대칭행렬(symmetric matrix)은 행렬 A의 원소들이 주 대각원소(a_{ij}, $i=j$)를 기준으로 대칭인 행렬이다. 즉, 대칭행렬은 정방행렬 중에서 성질 $A^T = A$을 만족하는 행렬이다. 예를 들면 다음과 같다.

$$A = \begin{bmatrix} 1 & 4 & 5 \\ 4 & 2 & 6 \\ 5 & 6 & 3 \end{bmatrix} = A^T$$

행렬 A와 B가 동일차원의 대칭행렬인 경우 $(AB)^T = B^T A^T = BA$가 성립한다.

8. 멱등행렬

멱등행렬(idempotent matrix)이란 정방행렬에 자신을 곱하였을 때 결과 값이 변하지 않는 행렬을 말한다. 예를 들면 다음과 같다.

$$A = \begin{bmatrix} 2 & -2 \\ 1 & -1 \end{bmatrix}, \ A^2 = AA = \begin{bmatrix} 2 & -2 \\ 1 & -1 \end{bmatrix} \begin{bmatrix} 2 & -2 \\ 1 & -1 \end{bmatrix} = \begin{bmatrix} 2 & -2 \\ 1 & -1 \end{bmatrix} = A$$

9. 직교행렬

행렬 A에 전치행렬 A^T를 곱하였을 때 결과가 단위행렬이 된다면 행렬 A를 직교행렬(orthogonal matrix)이라고 한다. 예를 들면 다음과 같다.

$$C = \begin{bmatrix} \dfrac{1}{\sqrt{2}} & -\dfrac{1}{\sqrt{2}} \\ \dfrac{1}{\sqrt{2}} & \dfrac{1}{\sqrt{2}} \end{bmatrix}, \ CC' = \begin{bmatrix} \dfrac{1}{\sqrt{2}} & -\dfrac{1}{\sqrt{2}} \\ \dfrac{1}{\sqrt{2}} & \dfrac{1}{\sqrt{2}} \end{bmatrix} \begin{bmatrix} \dfrac{1}{\sqrt{2}} & \dfrac{1}{\sqrt{2}} \\ -\dfrac{1}{\sqrt{2}} & \dfrac{1}{\sqrt{2}} \end{bmatrix} = \begin{bmatrix} 1 & 0 \\ 0 & 1 \end{bmatrix} = I$$

$A = \begin{bmatrix} 1 & 2 \\ 2 & 3 \end{bmatrix}$, $B = \begin{bmatrix} -1 & 1 \\ 4 & 3 \end{bmatrix}$, $C = \begin{bmatrix} 2 & -2 \\ 1 & 2 \end{bmatrix}$ 일 때 다음이 성립하는지 보이시오.

(1) $A + C = C + A$

(2) $(B + C)A = BA + CA$

(3) $A(B + C) = AB + AC$

(4) $A + (B + C) = (A + B) + C$

풀이

(1) $A + C = C + A$

$$A + C = \begin{bmatrix} 1 & 2 \\ 2 & 3 \end{bmatrix} + \begin{bmatrix} 2 & -2 \\ 1 & 2 \end{bmatrix} = \begin{bmatrix} 3 & 0 \\ 3 & 5 \end{bmatrix}$$

$$C + A = \begin{bmatrix} 2 & -2 \\ 1 & 2 \end{bmatrix} + \begin{bmatrix} 1 & 2 \\ 2 & 3 \end{bmatrix} = \begin{bmatrix} 3 & 0 \\ 3 & 5 \end{bmatrix}$$

(2) $(B + C)A = \begin{bmatrix} 1 & -1 \\ 5 & 5 \end{bmatrix}\begin{bmatrix} 1 & 2 \\ 2 & 3 \end{bmatrix} = \begin{bmatrix} -1 & -1 \\ 15 & 25 \end{bmatrix}$

$$BA + CA = \begin{bmatrix} 1 & 1 \\ 10 & 17 \end{bmatrix} + \begin{bmatrix} -2 & -2 \\ 5 & 8 \end{bmatrix} = \begin{bmatrix} -1 & -1 \\ 15 & 25 \end{bmatrix}$$

(3) $A(B + C) = \begin{bmatrix} 1 & 2 \\ 2 & 3 \end{bmatrix}\begin{bmatrix} 1 & -1 \\ 5 & 5 \end{bmatrix} = \begin{bmatrix} 11 & 9 \\ 17 & 13 \end{bmatrix}$

$$AB + AC = \begin{bmatrix} 7 & 7 \\ 10 & 11 \end{bmatrix} + \begin{bmatrix} 4 & 2 \\ 7 & 2 \end{bmatrix} = \begin{bmatrix} 11 & 9 \\ 17 & 13 \end{bmatrix}$$

(4) $A + (B + C) = \begin{bmatrix} 1 & 2 \\ 2 & 3 \end{bmatrix} + \begin{bmatrix} 1 & -1 \\ 5 & 5 \end{bmatrix} = \begin{bmatrix} 2 & 1 \\ 7 & 8 \end{bmatrix}$

$$(A + B) + C = \begin{bmatrix} 0 & 3 \\ 6 & 6 \end{bmatrix} + \begin{bmatrix} 2 & -2 \\ 1 & 2 \end{bmatrix} = \begin{bmatrix} 2 & 1 \\ 7 & 8 \end{bmatrix}$$

1. $A = \begin{bmatrix} a & 1 \\ -1 & b \end{bmatrix}$ 이고, $A^3 = \begin{bmatrix} 1 & 0 \\ 0 & 1 \end{bmatrix}$ 일 때, 이것을 이용하여 다음 문제의 행렬을 계산하시오.

   (1) A^{100}

   (2) $A^{99} \begin{bmatrix} x \\ y \end{bmatrix} = \begin{bmatrix} -1 \\ 1 \end{bmatrix}$ x와 y값을 구하시오.

2. 정방행렬 A가 $A = \begin{bmatrix} 1 & 2 \\ -2 & 4 \end{bmatrix}$ 로 정의되는 경우, 다음을 구하시오.

   (1) $f(A) = A^2 - 4A + 5I$
   (2) $g(A) = 2A^2 + 3A + 3I$

풀이 ⊗

1.

(1) $A^{100} = (A^3)^{33} A = I \cdot A = \begin{bmatrix} 1 & 0 \\ 0 & 1 \end{bmatrix} \begin{bmatrix} a & 1 \\ -1 & b \end{bmatrix} = \begin{bmatrix} a & 1 \\ -1 & b \end{bmatrix}$

(2) $A^{99} = \begin{bmatrix} 1 & 0 \\ 0 & 1 \end{bmatrix} \Rightarrow \begin{bmatrix} 1 & 0 \\ 0 & 1 \end{bmatrix} \begin{bmatrix} x \\ y \end{bmatrix} = \begin{bmatrix} -1 \\ 1 \end{bmatrix} \Rightarrow x = -1, y = 1$

2.

(1) $f(A) = \begin{bmatrix} 1 & 2 \\ -2 & 4 \end{bmatrix} \begin{bmatrix} 1 & 2 \\ -2 & 4 \end{bmatrix} - 4 \begin{bmatrix} 1 & 2 \\ -2 & 4 \end{bmatrix} + 5I$

$= \begin{bmatrix} -3 & 10 \\ -10 & 12 \end{bmatrix} - \begin{bmatrix} 4 & 8 \\ -8 & 16 \end{bmatrix} + \begin{bmatrix} 5 & 0 \\ 0 & 5 \end{bmatrix} = \begin{bmatrix} -2 & 2 \\ -2 & 1 \end{bmatrix}$

(2) $g(A) = 2 \begin{bmatrix} 1 & 2 \\ -2 & 4 \end{bmatrix} \begin{bmatrix} 1 & 2 \\ -2 & 4 \end{bmatrix} + 3 \begin{bmatrix} 1 & 2 \\ -2 & 4 \end{bmatrix} + 3I$

$= \begin{bmatrix} -6 & 20 \\ -20 & 24 \end{bmatrix} + \begin{bmatrix} 3 & 6 \\ -6 & 12 \end{bmatrix} + \begin{bmatrix} 3 & 0 \\ 0 & 3 \end{bmatrix} = \begin{bmatrix} 0 & 26 \\ -26 & 39 \end{bmatrix}$

3.3 역행렬

1. 역행렬의 개념

역행렬(inverse matrix)은 숫자 곱셈의 역원(inverse)인 역수의 역할을 하는 행렬을 의미한다. 즉, 역행렬은 행렬 곱셈의 역원이라고 할 수 있다. 따라서 주어진 $n \times n$인 정방행렬 A에 대하여 $AB = BA = I_n$을 만족시키는 $n \times n$ 행렬 B가 존재할 때 행렬 B를 행렬 A의 역행렬이라고 한다. 기호로는 $B = A^{-1}$로 표시한다.

$$AB = AA^{-1} = I$$

예를 들어 다음과 같은 2×2인 A행렬을 살펴보자.

$$A = \begin{bmatrix} a_{11} & a_{12} \\ a_{21} & a_{22} \end{bmatrix}$$

행렬의 역행렬을 A^{-1}라고 표기하고 다음과 같이 정의하자.

$$A^{-1} = \begin{bmatrix} x_{11} & x_{12} \\ x_{21} & x_{22} \end{bmatrix}$$

이 경우 역행렬의 정의에 의해서 $AA^{-1} = I_2$가 다음과 같이 성립한다.

$$\begin{bmatrix} a_{11} & a_{12} \\ a_{21} & a_{22} \end{bmatrix} \begin{bmatrix} x_{11} & x_{12} \\ x_{21} & x_{22} \end{bmatrix} = \begin{bmatrix} 1 & 0 \\ 0 & 1 \end{bmatrix}$$

행렬의 곱셈에 의하여 다음 식 4개가 도출된다.

$$a_{11}x_{11} + a_{12}x_{21} = 1 \qquad a_{11}x_{11} + a_{12}x_{22} = 0$$
$$a_{21}x_{11} + a_{22}x_{21} = 0 \qquad a_{21}x_{12} + a_{22}x_{22} = 1$$

식 4개에 미지수 4개인 연립방정식의 해를 구하면 미지수 x_{ij}를 다음과 같이 구할 수 있다.

$$x_{11} = \frac{a_{22}}{a_{11}a_{22} - a_{12}a_{21}}, \qquad x_{12} = \frac{-a_{12}}{a_{11}a_{22} - a_{12}a_{21}}$$

$$x_{21} = \frac{-a_{21}}{a_{11}a_{22} - a_{12}a_{21}}, \qquad x_{22} = \frac{a_{11}}{a_{11}a_{22} - a_{12}a_{21}}$$

따라서 행렬 A의 역행렬은 다음과 같이 정리된다.

$$A^{-1} = \frac{1}{a_{11}a_{22} - a_{12}a_{21}} \begin{bmatrix} a_{22} & -a_{12} \\ -a_{21} & a_{11} \end{bmatrix}$$

(단, 여기서 $a_{11}a_{22} - a_{12}a_{21} \neq 0$)

위의 예와 같이 행렬 A가 역행렬을 가지면 행렬 A를 가역적(invertible)이라고 하고, A를 가역행렬(invertible matrix)이라고 한다.

행렬 A의 역행렬 A^{-1}에서 분수 분모 $a_{11}a_{22} - a_{12}a_{21}$가 0이 되면 역행렬 A^{-1}은 정의되지 않는다. 이처럼 역행렬의 존재 여부를 결정해 주는 식을 행렬식(determinant)이라고 하며, 행렬 A의 행렬식은 $\det(A)$ 혹은 $|A|$로 표시한다. 이때 $|\ |$는 절대값이 아님에 유의하자. 행렬식에 대한 소개는 다음 장에서 다루기로 한다.

2. 역행렬의 성질

A와 B를 $n \times n$ 가역행렬이라고 할 때, 즉 A와 B의 역행렬 A^{-1}과 B^{-1}이 존재할 때 다음의 성질을 만족한다.

(1) $(A^{-1})^{-1} = A$ 즉, 역행렬의 역행렬은 자신이 된다.

(2) $(AB)^{-1} = B^{-1}A^{-1}$

(3) $(ABC)^{-1} = C^{-1}B^{-1}A^{-1}$

(4) $(A^{-1})^T = (A^T)^{-1}$ 즉, 역행렬의 전치행렬은 전치행렬의 역행렬과 같다.

(5) A의 역행렬 A^{-1}는 유일하다. 즉, 역행렬은 단 하나뿐이다.

A를 $n \times n$ 가역행렬이라고 할 때, $AA^{-1} = A^{-1}A = I_n$이 성립한다. 따라서 A^{-1}를 행렬의 곱셈에 대한 역원(inverse element for multiplication)이라고 한다.

1. 행렬 $\begin{bmatrix} (x-2) & 8 \\ 3 & (x-4) \end{bmatrix}$가 역행렬을 갖지 않을 조건을 구하시오.

2. 행렬 $\begin{bmatrix} 4 & 10 \\ 1 & 2 \end{bmatrix}$의 역행렬을 구하시오.

풀이 😊

1. 앞에서 본 것처럼 2차 정방행렬의 경우, $a_{11}a_{22} - a_{12}a_{21} = 0$이라면 역행렬이 존재하지 않는다. 따라서 다음과 같다.

$$(x-2)(x-4) - [8 \times 3] = x^2 - 6x - 16 = (x-8)(x+2) = 0$$

따라서 $x = 8$ 혹은 -2인 경우, 역행렬이 존재하지 않는다.

2. $\dfrac{1}{a_{11}a_{22} - a_{12}a_{21}} \begin{bmatrix} a_{22} & -a_{12} \\ -a_{21} & a_{11} \end{bmatrix} = -\dfrac{1}{2} \begin{bmatrix} 2 & -10 \\ -1 & 4 \end{bmatrix} = \begin{bmatrix} -1 & 5 \\ \dfrac{1}{2} & -2 \end{bmatrix}$

3.4 행렬의 연산

1. 행렬의 덧셈과 뺄셈

행렬의 덧셈과 뺄셈은 차원이 같은 행렬끼리의 덧셈과 뺄셈을 의미한다. 행렬의 덧셈과 뺄셈은 다음과 같이 $m \times n$ 행렬 A와 $m \times n$ 행렬 B의 행과 열의 차원이 모두 각각 m과 n으로 같아야 한다. 예를 들어 $A = \begin{bmatrix} a_{11} & a_{12} \\ a_{21} & a_{22} \end{bmatrix}$와 $B = \begin{bmatrix} b_{11} & b_{12} \\ b_{21} & b_{22} \end{bmatrix}$인 경우 행렬의 덧셈과 뺄셈은 각각 같은 위치의 원소끼리 더하거나 빼는 것으로 다음과 같이 표현된다.

$$A + B = \begin{bmatrix} a_{11} + b_{11} & a_{12} + b_{12} \\ a_{21} + b_{21} & a_{22} + b_{22} \end{bmatrix}$$

$$A - B = \begin{bmatrix} a_{11} - b_{11} & a_{12} - b_{12} \\ a_{21} - b_{21} & a_{22} - b_{22} \end{bmatrix}$$

2. 스칼라 곱

행렬 A가 주어져 있을 때 다음과 같이 나타낼 수 있다.

$$A + A = 2A, \quad A + A + A = 3A$$

이때 수는 행렬과 구분하기 위해 스칼라(scalar)라고 부른다. 스칼라 k와 행렬 A의 곱을 kA 로 나타내고 스칼라 배(scalar multiple)라고 한다.

행렬 A에 스칼라 k를 곱한다는 것은 행렬 A의 각 원소 값에 스칼라 k를 곱하는 것을 의미 한다. 예를 들면 아래와 같다.

$$A = \begin{bmatrix} a_{11} & a_{12} \\ a_{21} & a_{22} \end{bmatrix}$$

$$kA = \begin{bmatrix} ka_{11} & ka_{12} \\ ka_{21} & ka_{22} \end{bmatrix}$$

3. 내적

벡터(vector)끼리의 곱셈은 여러 가지 방식으로 정의할 수 있다. 그 중 가장 널리 사용되는 방식은 벡터를 마치 수처럼 곱하는 개념인 내적(inner product)이다.

두 벡터의 내적은 다음과 같이 각 벡터의 원소를 순서대로 짝지어서 서로 곱한 후 전체를 더해주면 된다. 참고로 내적의 기호는 다음과 같이 가운데 점(•)을 찍어 표시한다.

$$(u_1, u_2, \cdots, u_n) \bullet (v_1, v_2, \cdots, v_n) = u_1 v_1 + u_2 v_2 + \cdots + u_n v_n$$

벡터끼리의 내적은 행렬의 덧셈과 동일하게 두 벡터의 차원이 동일해야 한다. 또한 벡터의 내적의 결과 값은 벡터가 아닌 스칼라이다.

4. 행렬의 곱셈

행렬끼리의 곱셈이 성립하려면 앞에 곱해진 행렬의 열과 뒤에 곱해진 행렬의 행의 차원이 같아야 한다(적합성 조건). 즉, 두 행렬 A와 B의 곱 AB가 정의되기 위해서는 행렬 A의 열의 수와 행렬 B의 행의 수가 같아야 한다. 이때 $m \times n$ 행렬 A와 $n \times k$ 행렬 B를 곱한 결과는 m개의 행과 k개의 열을 갖는 $m \times k$ 행렬이 된다.

예를 들어 아래의 3×4 행렬 A와 4×2 행렬 B의 곱의 경우, 행렬 A의 열과 행렬 B의 행 차원이 모두 4로 같으므로 곱셈이 정의될 수 있다. 이 경우 두 행렬 A와 B의 곱 AB는 3×2 차원의 행렬이 된다.

$$A = \begin{bmatrix} a_{11} & a_{12} & a_{13} & a_{14} \\ a_{21} & a_{22} & a_{23} & a_{24} \\ a_{31} & a_{32} & a_{33} & a_{34} \end{bmatrix} \quad B = \begin{bmatrix} b_{11} & b_{12} \\ b_{21} & b_{22} \\ b_{31} & b_{32} \\ b_{41} & b_{42} \end{bmatrix}$$

$$AB = \begin{bmatrix} a_{11}b_{11} + a_{12}b_{21} + a_{13}b_{31} + a_{14}b_{41} & a_{11}b_{12} + a_{12}b_{22} + a_{13}b_{32} + a_{14}b_{42} \\ a_{21}b_{11} + a_{22}b_{21} + a_{23}b_{31} + a_{24}b_{41} & a_{21}b_{12} + a_{22}b_{22} + a_{23}b_{32} + a_{24}b_{42} \\ a_{31}b_{11} + a_{32}b_{21} + a_{33}b_{31} + a_{34}b_{41} & a_{31}b_{12} + a_{32}b_{22} + a_{33}b_{32} + a_{34}b_{42} \end{bmatrix}$$

2×3 행렬 A와 4×2 행렬 B의 경우, 행렬 A의 열과 행렬 B의 행차원이 모두 3으로 같다. 이 경우의 곱셈도 같은 방식으로 다음과 같이 계산된다.

$$\begin{bmatrix} 1 & 2 & 3 \\ 3 & 4 & 5 \end{bmatrix} \begin{bmatrix} 2 & 1 & 1 & 0 \\ 0 & 2 & 3 & 3 \\ 1 & 2 & 5 & 2 \end{bmatrix} = \begin{bmatrix} 5 & 11 & 22 & 12 \\ 11 & 21 & 40 & 22 \end{bmatrix}$$

$1 \times n$ 행벡터 A와 $n \times 1$열벡터 B의 경우, 벡터의 행 개수와 열벡터의 열 개수가 일치하므로 행렬의 곱셈 AB가 정의될 수 있으며, 결과는 1×1차원이 된다. 행렬의 곱셈 BA역시 정의될 수 있으며, 결과는 $n \times n$차원이 된다.

$$A = \begin{bmatrix} a_1 a_2 \cdots a_n \end{bmatrix}, \quad B = \begin{bmatrix} b_1 \\ b_2 \\ \vdots \\ b_n \end{bmatrix}$$

$$AB = \begin{bmatrix} a_1 a_2 \cdots a_n \end{bmatrix} \begin{bmatrix} b_1 \\ b_2 \\ \vdots \\ b_n \end{bmatrix} = a_1 b_1 + a_2 b_2 + \cdots + a_n b_n$$

$$BA = \begin{bmatrix} b_1 \\ b_2 \\ \vdots \\ b_n \end{bmatrix} \begin{bmatrix} a_1 & a_2 & \cdots & a_n \end{bmatrix} = \begin{bmatrix} a_1b_1 & a_2b_1 & \cdots & a_nb_1 \\ a_1b_2 & a_2b_2 & \cdots & a_nb_2 \\ \vdots & \vdots & \ddots & \vdots \\ a_1b_n & a_2b_n & \cdots & a_nb_n \end{bmatrix}$$

여기서 우리는 두 행렬 A와 B의 곱에 있어서 $AB \neq BA$라는 것을 알 수 있다. 행렬의 곱에서 $AB \neq BA$인 것은 다음 절에서 구체적으로 다루기로 한다.

예제

1. $A = \begin{bmatrix} 2 & 3 & 4 \\ 0 & -1 & 2 \end{bmatrix}$, $B = \begin{bmatrix} 1 & 3 & 5 \\ -2 & -3 & 0 \end{bmatrix}$의 경우 다음을 계산하시오.

   (1) $A + B$　　　(2) $A - B$　　　(3) AB

2. 다음을 계산하시오.

   (1) $A = \begin{bmatrix} 1 & 2 & 3 \end{bmatrix}$, $B = \begin{bmatrix} 1 \\ 2 \\ 3 \end{bmatrix}$일 때 AB는?

   (2) $A = \begin{bmatrix} 1 & 2 & 3 \end{bmatrix}$, $B = \begin{bmatrix} 1 \\ 2 \\ 3 \end{bmatrix}$일 때 BA는?

   (3) $A = \begin{bmatrix} 1 & 0 \\ 2 & -1 \end{bmatrix}$, $B = \begin{bmatrix} -1 & 2 & 0 \\ 4 & -3 & 2 \end{bmatrix}$일 때 AB는?

   (4) $A = \begin{bmatrix} 1 & 0 & 1 \\ 0 & 1 & 2 \\ 3 & -2 & -1 \end{bmatrix}$, $B = \begin{bmatrix} 2 & 1 & 0 \\ -2 & 0 & 4 \\ -1 & 3 & 1 \end{bmatrix}$일 때 AB는?

   (5) $k = 3$, $A = \begin{bmatrix} 1 & 2 \\ 3 & 4 \\ -1 & -2 \end{bmatrix}$일 때 kA는?

3. 다음 등식을 만족하는 a, b, c, d를 구하시오.

   $$\begin{bmatrix} 4a+1 & 2c \\ -a & d+4 \end{bmatrix} = \begin{bmatrix} 5 & 3c+1 \\ 3b-1 & 6 \end{bmatrix}$$

4. $A = \begin{bmatrix} 1 & 0 \\ 0 & 1 \end{bmatrix}$ $B = \begin{bmatrix} 1 & 1 \\ 1 & 1 \end{bmatrix}$일 때 행렬 $\begin{bmatrix} 4 & 4 \\ 4 & 4 \end{bmatrix}$을 실수 x와 y를 이용하여 두 행렬의 가중합인

   $xA + yB = \begin{bmatrix} 4 & 4 \\ 4 & 4 \end{bmatrix}$의 형태로 나타내시오.

1.

(1) $A+B = \begin{bmatrix} 2+1 & 3+3 & 4+5 \\ 0-2 & -1-3 & 2+0 \end{bmatrix} = \begin{bmatrix} 3 & 6 & 9 \\ -2 & -4 & 2 \end{bmatrix}$

(2) $A-B = \begin{bmatrix} 2-1 & 3-3 & 4-5 \\ 0+2 & -1+3 & 2-0 \end{bmatrix} = \begin{bmatrix} 1 & 0 & -1 \\ 2 & 2 & 2 \end{bmatrix}$

(3) A와 B 모두 2×3행렬이기 때문에 AB는 정의되지 않는다.

2.

(1) $AB = \begin{bmatrix} 1 & 2 & 3 \end{bmatrix} \begin{bmatrix} 1 \\ 2 \\ 3 \end{bmatrix} = 14$

(2) $BA = \begin{bmatrix} 1 & 2 & 3 \\ 2 & 4 & 6 \\ 3 & 6 & 9 \end{bmatrix}$

(3) $AB = \begin{bmatrix} 1 & 0 \\ 2 & -1 \end{bmatrix} \begin{bmatrix} -1 & 2 & 0 \\ 4 & -3 & 2 \end{bmatrix} = \begin{bmatrix} -1 & 2 & 0 \\ -6 & 7 & -2 \end{bmatrix}$

(4) $AB = \begin{bmatrix} 1 & 0 & 1 \\ 0 & 1 & 2 \\ 3 & -2 & -1 \end{bmatrix} \begin{bmatrix} 2 & 1 & 0 \\ -2 & 0 & 4 \\ -1 & 3 & 1 \end{bmatrix} = \begin{bmatrix} 1 & 4 & 1 \\ -4 & 6 & 6 \\ 11 & 0 & -9 \end{bmatrix}$

(5) $3 \begin{bmatrix} 1 & 2 \\ 3 & 4 \\ -1 & -2 \end{bmatrix} = \begin{bmatrix} 3 & 6 \\ 9 & 12 \\ -3 & -6 \end{bmatrix}$

3. 같은 행렬에 위치한 값은 서로 같으므로 총 4개의 식을 방정식으로 도출할 수 있다. 미지수 역시 4개이므로 연립하여 풀면 모든 미지수 값을 얻을 수 있다.

$4a+1=5$에서 $a=1$, $2c=3c+1$에서 $c=-1$, $-a=3b-1$에서 $b=0$,

그리고 $d+4=6$에서 $d=2$가 된다. 따라서 $a=1, b=0, c=-1, d=2$가 된다.

4. $\begin{bmatrix} 4 & 4 \\ 4 & 4 \end{bmatrix} = x \begin{bmatrix} 1 & 0 \\ 0 & 1 \end{bmatrix} + y \begin{bmatrix} 1 & 1 \\ 1 & 1 \end{bmatrix} \Rightarrow \begin{bmatrix} 4 & 4 \\ 4 & 4 \end{bmatrix} = \begin{bmatrix} x+y & y \\ y & x+y \end{bmatrix}$ 따라서 $x+y=4, y=4$의 방정식을 풀면 $x=0, y=4$가 도출된다.

3.5 행렬의 연산법칙

행렬 A, B, C가 모두 덧셈, 곱셈에 관한 적합성 조건을 충족할 때, 즉 행과 열이 모두 m, n으로 같을 때 다음의 기본적인 연산법칙이 성립한다.

(1) 덧셈의 교환법칙: $A + B = B + A$

(2) 덧셈의 결합법칙: $(A + B) + C = A + (B + C) = A + B + C$

(3) 곱셈의 결합법칙: $(AB)C = A(BC)$

(4) 분배법칙: $A(B + C) = AB + AC$: $(B + C)A = BA + CA$

또한 임의의 실수 l, k와 행렬 A, B에 대하여 다음의 법칙이 성립한다.

(1) 결합법칙: $(kl) = k(lA)$

(2) 분배법칙: $(k + l)A = kA + lA$, $k(A + B) = kA + kB$

생각 열기

행렬의 기본적인 연산법칙에서 두 행렬 A와 B의 덧셈에서의 교환법칙이 성립한다고 하였다. 그렇다면 행렬의 곱셈에서의 교환법칙은 성립할까? 결론부터 말하면 행과 열의 크기가 다른 두 행렬 간의 곱셈의 교환법칙은 성립하지 않는다.

예를 들어 행과 열의 크기가 같은 정방행렬 A와 B를 가정하여 행렬의 곱셈에 있어서 교환법칙의 성립여부를 살펴보자. 행렬 AB는 행렬 A의 각 행(i)의 원소와 행렬 B의 각 열(j)의 원소를 곱하여 만든 행렬이다. 행렬 BA는 행렬 B의 각 행(적합성 조건)의 원소와 행렬 A의 각 열(j)의 원소를 곱하여 만든 새로운 행렬이다. 따라서 서로 다른 원소의 곱으로 이루어진 행렬 AB와 행렬 BA는 다르다. 즉, $AB \neq BA$가 된다.

그렇다면 행렬에서 나눗셈은 성립할까? 두 행렬 A, B가 있을 때 A를 B로 나눈다는 것은 AB^{-1} 혹은 $B^{-1}A$의 형태로 곱한다는 것과 같다. 곱셈의 교환법칙이 성립하지 않으므로 AB^{-1} 혹은 $B^{-1}A$가 동일하지 않기에 행렬의 나눗셈은 일반적으로 고려하지 않는다. 또한 AB^{-1}에서 행렬 B의 역행렬(inverse matrix)을 구할 수 있는 경우만 나눗셈이 가능하다. 따라서 역행렬이 존재하기 위해서는 무엇보다도 행렬식이 '0'이 되지 않아야 한다. 행렬식이 0이 된다는 의미에 대해서는 다음 장에서 자세히 다루기로 한다.

CHAPTER
04

행렬식

본 장에서는 행렬과 밀접하게 관련된 행렬식(determinant)의 기본 개념과 행렬식을 구하는 방법, 그리고 행렬식의 주요 성질에 대해서 알아본다. 행렬식을 배우는 가장 중요한 이유 중의 하나는 복잡한 식을 간단한 행렬대수로 표시할 수 있다는 것이고 다른 하나는 행렬대수를 이용하여 미지수를 구할 수 있다는 것이다. 또한 행렬식을 평가함으로써 연립방정식모형이 유일한 해(unique solution)를 갖는지의 여부를 검증할 수 있다.

4.1 행렬식

1. 행렬식의 개념

행렬식(determinant)이란 정방행렬을 수에 대응시키는 함수이다. 즉, 주어진 정방행렬에 대한 행렬식은 하나의 값으로 주어지는 일종의 스칼라(수)이다. 앞 장에서 간략하게 설명한 바와 같이 행렬식은 역행렬의 존재 여부를 결정해주는 중요한 식이다.

행렬식은 정방행렬에 대해서만 정의되며 $\det(A)$ 혹은 $|A|$로 표시한다. 이때 | |는 절대값이 아님에 유의하자. 행렬식 $|A|$를 다음과 같이 행렬의 원소 값들을 표기하여 나타내기도 한다.

$$\det(A) = |A| = \begin{vmatrix} a_{11} & a_{12} & \cdots & a_{1j} & \cdots & a_{1n} \\ a_{21} & a_{22} & \cdots & a_{2j} & \cdots & a_{2n} \\ \vdots & \vdots & \vdots & \vdots & \vdots & \vdots \\ a_{i1} & a_{i2} & \cdots & a_{ij} & \cdots & a_{in} \\ \vdots & \vdots & \vdots & \vdots & \vdots & \vdots \\ a_{m1} & a_{m2} & \cdots & a_{mj} & \cdots & a_{mn} \end{vmatrix}$$

예를 들어 다음과 같은 2×2 정방행렬 A를 고려하자.

$$A = \begin{bmatrix} a_{11} & a_{12} \\ a_{21} & a_{22} \end{bmatrix}$$

A의 행렬식은 좌측 위에서 우측 아래로 곱한 주 대각원소 곱에서 다른 주 대각원소인 우측 위에서 좌측 아래로 곱하는 주 대각행렬의 곱을 빼서 구할 수 있다. 이를 식으로 나타내면 다음과 같다.

$$\det(A) = |A| = \begin{vmatrix} a_{11} & a_{12} \\ a_{21} & a_{22} \end{vmatrix} = (a_{11})(a_{22}) - (a_{21})(a_{12})$$

행렬식은 독일의 수학자인 라이프니찌(Leibniz, G)가 연립방정식의 해법을 연구하면서 고안해 낸 것이다. 다음의 간단한 예를 살펴보자.

$$a_1 x + b_1 y = 0 \qquad (1)$$
$$a_2 x + b_2 y = 0 \qquad (2)$$

식 (1)에서 y에 대해 정리한 후 식 (2)에 대입하면 다음과 같은 식으로 변환된다.

$$(a_1 b_2 - a_2 b_1)x = 0 \qquad (3)$$

따라서 식 (3)에서 $x \neq 0$이라면 $a_1 b_2 - a_2 b_1 = 0$이 된다.

연립방정식의 계수를 행렬식으로 표시하면 다음과 같다.

$$\begin{vmatrix} a_1 & b_1 \\ a_2 & b_2 \end{vmatrix} = (a_1 b_2 - a_2 b_1) = 0$$

행렬식은 정방행렬에만 존재하고 행 또는 열의 최대 개수를 행렬의 차수(rank)라고 한다.

$A = \begin{bmatrix} 2 & 3 \\ 1 & 4 \end{bmatrix}, B = \begin{bmatrix} 4 & 9 \\ 0 & 1 \end{bmatrix}$ 일 때, A와 B의 행렬식을 구하시오.

풀이 😊

$|A| = 2(4) - 3(1) = 5, \ |B| = 4(1) - 9(0) = 4$

2. 3차원 행렬의 행렬식

다음과 같은 3×3 정방행렬 A의 행렬식을 구하는 방법을 살펴보자.

$$\det(A) = \det \begin{vmatrix} a_{11} & a_{12} & a_{13} \\ a_{21} & a_{22} & a_{23} \\ a_{31} & a_{32} & a_{33} \end{vmatrix}$$

3차 정방행렬의 행렬식을 구하는 방법에는 두 가지가 있다. 첫째, 단순하게 같은 방향의 대각원소 간의 곱을 통해서 구하는 단순법과 둘째, 3×3을 몇 개의 2×2 행렬식으로 전개하는 라플라스 전개(Laplace expansion) 방법이 있다. 본 절에서는 단순법에 대해 살펴보고 라플라스 전개를 이용한 방법은 다음 절에서 자세히 다루기로 하자.

3×3인 행렬 A의 행렬식은 다음과 같이 대각원소의 곱을 통하여 간단히 도출할 수 있다.

$$\det(A) = \det \begin{vmatrix} a_{11} & a_{12} & a_{13} \\ a_{21} & a_{22} & a_{23} \\ a_{31} & a_{32} & a_{33} \end{vmatrix}$$

$$= a_{11}a_{22}a_{33} + a_{21}a_{32}a_{13} + a_{12}a_{23}a_{31} - a_{13}a_{22}a_{31} - a_{21}a_{12}a_{33} - a_{11}a_{32}a_{23}$$

이를 직관적으로 살펴보기 위해 아래 [그림 4.1]로 나타내면 다음과 같다.

Sarrus의 법칙을 적용하기 위해, 첫 번째 열과 두 번째 열을 행렬의 오른쪽에 한번 더 복사하여 다음과 같은 확장된 행렬을 만든다.

그림 4.1 3×3 행렬식의 계산

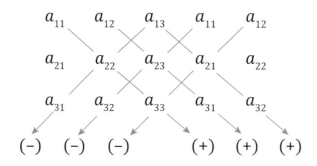

그런 다음, 왼쪽 위에서 오른쪽 아래로 내려가는 세 개의 대각선(\)을 따라 곱한 값을 더하고, 오른쪽 위에서 왼쪽 아래로 내려가는 세 개의 대각선(/)을 따라 곱한 값을 빼면 행렬식을 구할 수 있다.

4.2 라플라스 전개

라플라스 전개(Laplace expansion)는 $n \times n$ 정방행렬의 행렬식을 구하는 문제들을 $(n-1)$계 소행렬식(minor determinant)을 계산하는 문제로 변환해준다. 즉, $n \times n$ 정방행렬의 행렬식은 라플라스 전개를 반복적으로 적용함으로써 행렬의 차수를 3×3 혹은 2×2로 축소하여 구한다. 라플라스 전개 방법을 반복하여 적용하면 결국 모든 n차 정방행렬 행렬식은 2차 혹은 3계차 행렬식을 계산하는 문제로 단순하게 전환되므로 상대적으로 쉽게 행렬식을 계산할 수 있다는 의미이다.

$n \times n$ 정방행렬의 행렬식을 구하는 일반적인 방법에 대해 소개하기 위해 우선 소행렬(minor)의 개념을 살펴보자. 예를 들어 $n \times n$ 정방행렬 A에서 i번째 행과 j번째 열을 지우면 $(n-1) \times (n-1)$ 정방행렬이 된다. 이 행렬을 A_{ij}라고 표현하고 원래의 행렬 A의 차원 $n \times n$보다 크기가 작아졌으므로 소행렬(minor)이라고 부른다. 이때 소행렬 A_{ij}의 행렬식을 소행렬식(minor determinant)이라고 부르고, M_{ij}로 표기한다. 즉, $M_{ij} = \det(A_{ij})$이다.

한편, 소행렬식을 기호 Σ(시그마)를 이용해 간단하게 나타내기 위해 여인수(cofactor)의 개념을 도입해보자. 여인수는 소행렬식 M_{ij}에 관련 원소를 곱한 것과 같은 개념이다. C_{ij}로 표기되는 여인수는 소행렬식 M_{ij}에 지정된 부호인 (+) 혹은 (−)를 붙인 것이다. 즉, 여인수 C_{ij}는 소행렬식 M_{ij}에서 두 하첨자 i, j의 합이 짝수이면 (+)를, 홀수이면 (−)를 붙이는 것이다.

여인수 C_{ij}를 소행렬식 M_{ij}를 이용하여 수식으로 정의해보면 다음과 같다.

$$C_{ij} = (-1)^{i+j} M_{ij}$$

이제 $n \times n$ 정방행렬 A의 행렬식을 구하는 방법을 시그마와 여인수를 통해 나타내면 다음과 같다.

$$A = \begin{bmatrix} a_{11} & a_{12} & \cdots & a_{1n} \\ a_{21} & a_{22} & \cdots & a_{2n} \\ \vdots & \vdots & \cdots & \vdots \\ a_{n1} & a_{n2} & \cdots & a_{nn} \end{bmatrix}$$

$$|A| = \sum_{j=1}^{n} a_{1j} C_{1j} \qquad \text{[첫 번째 행에 대한 전개]}$$

$$|A| = \sum_{i=1}^{n} a_{i2} C_{i2} \qquad \text{[두 번째 열에 대한 전개]}$$

$$|A| = \sum_{i=1}^{n} a_{i3} C_{i3} \qquad \text{[세 번째 열에 대한 전개]}$$

예를 들어 $n \times n$ 정방행렬 A에서 i번째 행을 기준으로 선택하여 A의 행렬식을 다음과 같이 소행렬식을 이용하여 다음과 같이 전개할 수 있다. 이를 라플라스 전개라 한다.

$$|A| = (-1)^{i+1} a_{i1} M_{i1} + (-1)^{i+2} a_{i2} M_{i2} + \cdots + (-1)^{i+j} a_{ij} M_{ij} + \cdots + (-1)^{i+n} a_{in} M_{in}$$

라플라스 전개 시 어느 특정 행 또는 특정 열에 대해 전개하여도 같은 값이 나온다. 따라서 라플라스 전개를 통하여 행렬식을 계산할 때, 전개하기 쉽도록 (i) 0과 1을 많이 포함하고 있는 행이나 열을 기준 행이나 기준 열로 선택하고 (ii) 각 원소에 대응하는 소행렬식을 구하여 행렬의 차수를 점차 줄여나가면서 전개하는 것이 유용하다.

앞 절에서 소개한 3차 정방행렬의 행렬식을 라플라스 전개를 통해 구해보면 다음과 같다.

$$\det(A) = \det \begin{vmatrix} a_{11} & a_{12} & a_{13} \\ a_{21} & a_{22} & a_{23} \\ a_{31} & a_{32} & a_{33} \end{vmatrix}$$

[1단계] 행 혹은 열의 각 원소에 해당하는 소행렬을 구한다. 행렬 A의 한 원소 a_{ij}에 해당하는 소행렬식은 행렬 A에서 i행과 j번째 열을 제거한 2×2 행렬식으로 M_{ij}라고 표기한다. 예를 들어, 3×3의 행렬에서 첫 번째 행을 제거하면, 첫 번째 행의 각 원소에 해당하는 다음과 같

은 3개의 2×2 소행렬이 구해진다.

$$M_{11} = \begin{bmatrix} a_{22} & a_{23} \\ a_{32} & a_{33} \end{bmatrix}, \; M_{12} = \begin{bmatrix} a_{21} & a_{23} \\ a_{31} & a_{33} \end{bmatrix}, \; M_{13} = \begin{bmatrix} a_{21} & a_{22} \\ a_{31} & a_{32} \end{bmatrix}$$

[2단계] 소행렬식 M_{ij}에서 두 하첨자 i, j의 합이 짝수면 $(+)$를 홀수면 $(-)$를 소행렬식 앞에 다음과 같이 붙인다. 이를 첫째 행을 이용하여 구하면 다음과 같다.

$$M_{11} - M_{12} + M_{13}$$

[3단계] 다음과 같이 소행렬식에 해당 원소 a_{ij}를 곱하여 행렬 A의 행렬식을 구한다.

$$\det(A) = |A| = a_{11}M_{11} - a_{12}M_{12} + a_{13}M_{13}$$

$$= a_{11}a_{22}a_{33} - a_{11}a_{32}a_{23} + a_{12}a_{23}a_{31} - a_{12}a_{21}a_{33} + a_{13}a_{21}a_{32} - a_{13}a_{22}a_{31}$$

라플라스 전개를 이용하여 구한 3차 정방행렬의 행렬식의 계산은 앞 절에서 같은 방향의 대각원소 간의 곱을 통해서 구하는 단순법에 의한 계산과 동일함을 알 수 있다.

예제

1. 행렬 A가 아래와 같을 때 $\det(A)$를 구하시오.

(1) $A = \begin{bmatrix} 2 & 7 & -1 \\ 4 & 3 & 1 \\ 5 & -2 & -8 \end{bmatrix}$

(2) $A = \begin{bmatrix} 2 & 7 & -1 \\ 0 & 4 & 2 \\ 5 & -2 & -8 \end{bmatrix}$

(3) $A = \begin{bmatrix} 0 & 4 & 2 \\ 4 & 3 & 1 \\ 5 & -2 & -8 \end{bmatrix}$

2. 행렬 A가 아래와 같을 때 네 번째 열을 구성하는 원소들의 소행렬식을 이용하여 $\det(A)$를 구하시오.

$$A = \begin{bmatrix} 2 & 7 & -1 & 0 \\ 0 & 4 & 2 & 6 \\ 4 & 3 & 1 & 2 \\ 5 & -2 & -8 & 0 \end{bmatrix}$$

풀이 ⊗

1.

(1) $\begin{vmatrix} 2 & 7 & -1 \\ 4 & 3 & 1 \\ 5 & -2 & -8 \end{vmatrix} = 238$

(2) $\begin{vmatrix} 2 & 7 & -1 \\ 0 & 4 & 2 \\ 5 & -2 & -8 \end{vmatrix} = 34$

(3) $\begin{vmatrix} 0 & 4 & 2 \\ 4 & 3 & 1 \\ 5 & -2 & -8 \end{vmatrix} = 102$

2. $\det|A| = (-1)a_{14}M_{14} + (+)a_{24}M_{24} + (-1)a_{34}M_{34} + (+1)a_{44}M_{44}$

$= 0 + (6)\begin{vmatrix} 2 & 7 & -1 \\ 4 & 3 & 1 \\ 5 & -2 & -8 \end{vmatrix} - (2)\begin{vmatrix} 2 & 7 & -1 \\ 0 & 4 & 2 \\ 5 & -2 & -8 \end{vmatrix} + 0$

$= (6)(238) - (2)(34) = 1,360$

1. 행렬 $\begin{bmatrix} 2 & -3 & 1 \\ 2 & -2 & 0 \\ -1 & 4 & 1 \end{bmatrix}$ 의 행렬식을 단순법으로 구하시오.

2. $A = \begin{bmatrix} 8 & 0 & -2 \\ 3 & 4 & 1 \\ -5 & -2 & -6 \end{bmatrix}$ 에서 첫 번째 열에 대한 소행렬을 이용하여 행렬식을 구하시오.

3. $A = \begin{bmatrix} 2 & 7 & -1 \\ 4 & 3 & 1 \\ 5 & -2 & -8 \end{bmatrix}$ 에서 두 번째 열에 대한 소행렬을 이용하여 행렬식을 구하시오.

4. 라플라스 전개에 의하여 행렬 $\begin{bmatrix} 1 & 1 & 3 \\ 2 & 0 & 4 \\ 1 & 1 & 5 \end{bmatrix}$ 의 행렬식을 구하시오.

풀이 😊

1. $(2)(-2)(1) + (2)(4)(1) + (-3)(0)(-1) - (1)(-2)(-1) - (-3)(2)(1) - (2)(0)(4) = 8$

2. $M_{11} = \begin{vmatrix} 4 & 1 \\ -2 & -6 \end{vmatrix} = -22$

   $M_{21} = \begin{vmatrix} 0 & -2 \\ -2 & -6 \end{vmatrix} = -4$

   $M_{31} = \begin{vmatrix} 0 & -2 \\ 4 & 1 \end{vmatrix} = 8$

   $\det A = (+1)a_{11}M_{11} + (-1)a_{21}M_{21} + (+1)a_{31}M_{31}$

   $\qquad = (8)(-22) - (3)(-4) + (-5)(8) = -204$

3. $\det|A| = (-1)a_{12}M_{12} + (+1)a_{22}M_{22} + (-1)a_{32}M_{32}$

   $\qquad = (-7)\begin{vmatrix} 4 & 1 \\ 5 & -8 \end{vmatrix} + (3)\begin{vmatrix} 2 & -1 \\ 5 & -8 \end{vmatrix} - (-2)\begin{vmatrix} 2 & -1 \\ 4 & 1 \end{vmatrix}$

   $\qquad = 259 - 33 + 12 = 238$

4. 첫 번째 행에 대하여 전개하여 구하면 다음과 같다.

$$|A| = a_{11}M_{11} - a_{12}M_{12} + a_{13}M_{13}$$

$$= a_{11}|C_{11}| + a_{12}|C_{12}| + a_{13}|C_{13}| = \sum_{j=1}^{3} a_{1j}|C_{1j}|$$

$$= 1\begin{vmatrix} 0 & 4 \\ 1 & 5 \end{vmatrix} - 1\begin{vmatrix} 2 & 4 \\ 1 & 5 \end{vmatrix} + 3\begin{vmatrix} 2 & 0 \\ 1 & 1 \end{vmatrix}$$

$$= -4 - 6 + 6 = -4$$

두 번째 열에 대하여 전개해도 같은 결과가 나온다.

$$= -1\begin{vmatrix} 2 & 4 \\ 1 & 5 \end{vmatrix} + 0\begin{vmatrix} 1 & 3 \\ 1 & 5 \end{vmatrix} - \begin{vmatrix} 1 & 3 \\ 2 & 4 \end{vmatrix} = -6 + 0 + 2 = -4$$

4.3 행렬식에 관한 정리

1. 행렬식의 주요 성질

본 절에서는 행렬식 계산을 좀 더 효율적으로 할 수 있는 여러 가지 유용한 정리들(propositions)에 대해 소개한다. 단, 각 정리들에 대한 증명은 생략한다.

(1) $n \times n$ 정방행렬 A의 한 행이나 열의 모든 성분이 0이라면 $|A| = 0$이다.

(2) $n \times n$ 정방행렬 A의 한 행이나 열이 상수 k의 배수이면 A의 행렬식 $|A|$도 k의 배수이다.

(3) 행렬 A의 한 행이나 열에 스칼라 k를 곱하면 원행렬식에 k를 곱한 값과 같다. 즉, 행렬 A의 한 행이나 열에 스칼라 k를 곱한 행렬을 B라고 하면 B의 행렬식은 $|B| = k|A|$가 된다.

(4) $n \times n$ 정방행렬 A에 스칼라 k를 곱한 kA의 행렬식은 A의 행렬식에 k^n을 곱한 값인 $k^n|A|$이다.

(5) $n \times n$ 정방행렬 A의 i번째 행과 j번째 행 또는 i번째 열과 j번째 열을 서로 교환하여 얻어진 행렬이 B라면 $|B| = -|A|$ 또는 $|A| = -|B|$이다. 즉, 임의의 두 행 또는 열을 서로 바꾼 행렬을 B라고 하면, B의 행렬식은 $|B| = -|A|$가 된다.

(6) $n \times n$ 정방행렬 A의 임의의 두 행 또는 두 열이 동일하면 $|A| = 0$이다.

(7) $n \times n$ 정방행렬 A의 한 행 또는 열이 다른 행 또는 열의 상수배(스칼라 곱)라면 $|A| = 0$ 이다.

(8) $n \times n$ 정방행렬 A의 한 행 또는 열의 상수배(스칼라 곱)를 A의 다른 행 또는 열에 더한 행렬의 행렬식은 $|A|$와 동일하다.

(9) 두 행렬 A와 B의 곱 AB가 정의될 경우, AB의 행렬식은 각 행렬식의 곱과 같다. 즉, $|AB| = |A||B|$이다.

(10) 전치행렬의 행렬식은 원행렬의 행렬식과 동일하다. 즉, $|A| = |A^T|$이다.

(11) 원행렬이 역행렬이 존재하는 가역행렬(invertible matrix)일 경우, 역행렬의 행렬식은 1을 원행렬의 행렬식으로 나눈 값과 같다. 즉, $|A^{-1}| = \dfrac{1}{|A|}$이다. (단, $|A| \neq 0$)

2. 행과 열의 치환

행렬식은 행과 열을 치환하여도 행렬식 값의 숫자는 변하지 않고 부호만 바뀐다. 예를 들어 2×2 정방행렬인 A와 B를 살펴보자.

$$A = \begin{bmatrix} a_1 & b_1 \\ a_2 & b_2 \end{bmatrix} \qquad B = \begin{bmatrix} b_1 & a_1 \\ b_2 & a_2 \end{bmatrix}$$

두 행렬은 열을 바꾸어 놓은 행렬이지만 행렬식의 값은 다음과 같다.

$$|A| = a_1 b_2 - b_1 a_2 = -|B|$$

3×3 행렬 C와 행렬 C의 첫 번째 행과 세 번째 행을 바꾸어준 행렬 D의 행렬식을 각각 구해보면 다음과 같다.

$$C = \begin{bmatrix} c_{11} & c_{12} & c_{13} \\ c_{21} & c_{22} & c_{23} \\ c_{31} & c_{32} & c_{33} \end{bmatrix} \qquad D = \begin{bmatrix} c_{31} & c_{32} & c_{33} \\ c_{21} & c_{22} & c_{23} \\ c_{11} & c_{12} & c_{13} \end{bmatrix}$$

$$|C| = c_{11}c_{22}c_{33} + c_{21}c_{32}c_{13} + c_{12}c_{23}c_{31} - c_{13}c_{22}c_{31} - c_{21}c_{12}c_{33} - c_{11}c_{32}c_{23} = -|D|$$

3. $n \times n$ 행렬의 역행렬

$n \times n$ 정방행렬 A가 가역행렬이면 다음이 성립한다.

$$A^{-1} = \frac{1}{|A|} adjA = \frac{1}{\det(A)} adjA \quad (\text{단, } |A| \neq 0)$$

여기서 $adjA$는 행렬 A의 수반행렬(adjoint matrix)을 의미하며 다음과 같이 정의된다. 아래 행렬 B를 행렬 A의 여인수(cofactor)들로 구성된 $n \times n$ 행렬이라고 하자.

$$B = \begin{bmatrix} c_{11} & c_{12} & \cdots & c_{1n} \\ c_{21} & c_{22} & \cdots & c_{2n} \\ \vdots & \vdots & \cdots & \vdots \\ c_{n1} & c_{n2} & \cdots & c_{nn} \end{bmatrix}$$

이때 아래 행렬 B^T를 행렬 A의 수반행렬이라고 하고, $adjA$라고 나타낸다.

$$B^T = \begin{bmatrix} c_{11} & c_{21} & \cdots & c_{n1} \\ c_{12} & c_{22} & \cdots & c_{n2} \\ \vdots & \vdots & \cdots & \vdots \\ c_{1n} & c_{2n} & \cdots & c_{nn} \end{bmatrix}$$

4.4 행렬식 0의 의미

2×2 행렬로 표현되는 다음의 두 방정식을 살펴보자.

$$ax + by = e$$
$$cx + dy = f$$

두 방정식을 계수행렬이 (2×2)인 정방행렬로 표시하면 다음과 같은 행렬대수가 된다.

$$\begin{bmatrix} a & b \\ c & d \end{bmatrix} \begin{bmatrix} x \\ y \end{bmatrix} = \begin{bmatrix} e \\ f \end{bmatrix} \quad \Rightarrow \quad AX = E$$

계수행렬 A의 행렬식을 구하면 $\det(A) = ad - bc$가 된다.

이제 연립방정식의 기울기를 이용하여 $\det(A)$의 의미를 살펴보자.

(1) 행렬식이 0이 아닌 경우: $ad - bc \neq 0$

두 직선 (1)과 (2)의 기울기는 각각 $-\dfrac{a}{b}$와 $-\dfrac{c}{d}$이다. 따라서 기울기가 서로 다르다면 $\dfrac{a}{b} \neq \dfrac{c}{d}$가 된다. 이 경우 균형점은 1개 존재한다. 따라서 두 방정식을 만족하는 해가 1개 존재하는 조건은 계수행렬 A의 행렬식이 $ad - bc \neq 0$이다.

직관적인 이해를 위해 그림으로 살펴보면 다음 [그림 4.2]와 같은 경우이다.

그림 4.2 **두 직선이 한 점에서 만나는 경우: 유일한 해**

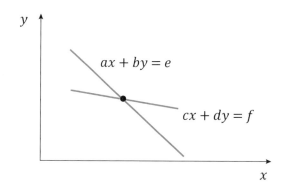

일반적으로 연립일차방정식이 유일한(unique) 해를 가지기 위해서는 일차방정식들이 서로 모순(inconsistent)되지 않고 독립적이어야 한다. 따라서 '행렬식이 0이 아니다'라는 정의는 유일한 해를 가지기 위한 조건이 된다.

(2) 행렬식이 0인 경우: $ad - bc = 0$

계수행렬 A의 행렬식 $ad - bc = 0$인 경우, 두 직선의 기울기가 같아서 두 방정식이 접하거나 혹은 두 방정식이 평행하여 겹치지 않는 경우이다. 따라서 미지수 x와 y의 해가 무한히 많거나(부정) 해가 존재하지 않게(불능) 된다.

직관적인 이해를 위해 그림으로 살펴보면 다음 [그림 4.3] 및 [그림 4.4]와 같은 경우이다.

그림 4.3 두 직선이 평행한 경우: 해가 없음(불능)

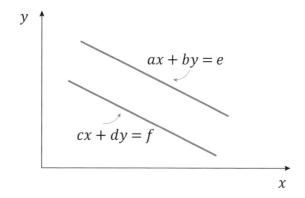

그림 4.4 두 직선이 일치하는 경우: 무한히 많은 해(부정)

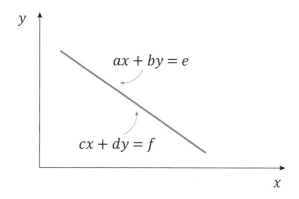

CHAPTER
05

행렬과
연립일차방정식

선형방정식체계는 규모가 아무리 크더라도 간결한 행렬의 형태로 나타낼 수 있으며 그러한 방정식 체계는 행렬식을 이용하여 풀 수 있다. 본 장에서는 행렬 및 행렬식 이용하여 1차 연립방정식(system of linear equations)의 미지수 값을 구하는 방법과 그 응용에 대해 소개한다.

5.1 연립일차방정식

1. 연립일차방정식의 개념

일차방정식(linear equation)이란 n개의 변수 $x_1, x_2, \cdots, x_n$과 상수 $a_1, a_2, \cdots, a_n, b$를 이용하여 다음과 같이 일차결합 또는 선형 결합(linear combination)으로 표현된 방정식을 의미한다.

$$a_1 x_{1+} a_2 x_2 + \cdots + a_n x_n = b$$

여기서 $a_1, a_2, \cdots, a_n, b$는 실수이고 $a_1, a_2, \cdots, a_n$ 중 적어도 하나는 0이 아니다.

참고로 선형 결합이란 벡터공간(vector spaces)을 정의하는 두 연산인 덧셈(axioms for addition)과 스칼라 곱(axioms for scalar multiplication)을 동시에 사용하여 만든 벡터들의 결합을 의미한다. 벡터와 벡터공간에 대한 자세한 소개는 본서에서 다루지 않기로 한다.

한편, 일차방정식에 나타나는 변수 $(x_1, x_2, \cdots, x_n)$를 미지수(unknows)라고 부른다. 미지수는 모형 내에서 결정되므로 내생변수(endogenous variable)라고도 부른다. 미지수 $(x_1, x_2, \cdots, x_n)$를 $(s_1, s_2, \cdots, s_n)$로 대체하였을 때 일차방정식이 만족한다면, $(s_1, s_2, \cdots, s_n)$를 일차방정식의 해(solution) 또는 근(root)이라고 한다.

연립일차방정식(system of linear equations)이란 간단하게 말해서 유한개의 일차방정식의 모임을 의미한다. n개의 변수와 m개의 일차방정식을 갖는 연립일차방정식은 다음과 같이 나타낼 수 있다.

$$\begin{cases} a_{11}x_1 + a_{12}x_2 + \cdots + a_{1n}x_n = b_1 \\ a_{21}x_1 + a_{22}x_2 + \cdots + a_{2n}x_n = b_2 \\ \quad\quad\quad\quad \vdots \\ a_{m1}x_1 + a_{m2}x_2 + \cdots + a_{mn}x_n = b_n \end{cases}$$

여기서 a_{ij}는 i번째 방정식에 j번째 미지수의 계수(coefficients)를 의미한다. 또한 계수 a_{ij}와 b_i를 함께 모수(parameter)라고 한다.

2. 연립일차방정식의 해법

연립일차방정식에서 미지수의 값들 $(x_1, x_2, \cdots, x_n)$를 $(s_1, s_2, \cdots, s_n)$로 대체하였을 때 m개의 일차방정식이 만족한다면 이 $(s_1, s_2, \cdots, s_n)$는 일차방정식의 해(solution)가 된다.

연립일차방정식의 풀이 방법은 크게 4가지로 구분할 수 있으며 각각의 장·단점은 간략하게 소개하면 다음과 같다.

(1) 변수소거법: 직관적이지만 복잡한 문제에서 비실용적이다.

(2) 계수행렬의 역행렬 이용: 행렬의 차원이 커질 경우 역행렬의 계산이 어려우므로 활용에 제한이 있다.

(3) 가우스-조단 소거법(Gaussian-Jordan elimination method): 행렬의 크기가 큰 경우 연립방정식의 해를 구하는 데 많이 활용되지만 복잡하므로 활용이 많지는 않다.

(4) 크래머 공식(Cramer's rule): 행렬의 크기가 작은 경우 행렬식만을 이용하기 때문에 쉽게 활용할 수 있다.

본 장에서는 행렬대수(matrix algebra)를 이용하여 연립일차방정식의 해를 구하는 방법을 중심으로 설명한다. 행렬을 이용하면 대규모의 연립일차방정식을 간결하게 표현할 수 있을 뿐만 아니라 앞서 언급한 가우스-조단 소거법이나 크래머 공식을 이용하여 해를 손쉽게 구할 수 있기 때문이다.

5.2 계수행렬의 역행렬 이용

본 절에서는 행렬대수를 이용한 연립일차방정식의 해를 구하는 방법을 구체적으로 살펴보기에 앞서 계수행렬의 역행렬을 이용하여 연립일차방정식의 해를 구하는 방법에 대해 간략하게 소개한다.

앞 절에서 n개의 변수와 m개의 일차방정식을 갖는 연립일차방정식은 다음과 같이 나타낼 수 있다고 하였다.

$$\begin{cases} a_{11}x_1 + a_{12}x_2 + \cdots + a_{1n}x_n = b_1 \\ a_{21}x_1 + a_{22}x_2 + \cdots + a_{2n}x_n = b_2 \\ \quad\quad\quad\quad\vdots \\ a_{m1}x_1 + a_{m2}x_2 + \cdots + a_{mn}x_n = b_n \end{cases}$$

위 연립일차방정식은 다음과 같이 계수행렬 A, b와 미지수 행렬 x를 이용하여 $Ax = b$와 같이 행렬의 관계식으로 간단하게 표현할 수 있다. 이때, A, b, x는 각각 다음과 같다.

$$A = \begin{bmatrix} a_{11} & a_{12} & \cdots & a_{1j} & \cdots & a_{1n} \\ a_{21} & a_{22} & \cdots & a_{2j} & \cdots & a_{2n} \\ \vdots & \vdots & \vdots & \vdots & \vdots & \vdots \\ a_{i1} & a_{i2} & \cdots & a_{ij} & \cdots & a_{in} \\ \vdots & \vdots & \vdots & \vdots & \vdots & \vdots \\ a_{m1} & a_{m2} & \cdots & a_{mj} & \cdots & a_{mn} \end{bmatrix} \quad b = \begin{bmatrix} b_1 \\ b_2 \\ \vdots \\ b_m \end{bmatrix} \quad x = \begin{bmatrix} x_1 \\ x_2 \\ \vdots \\ x_n \end{bmatrix}$$

만약 계수행렬 A가 역함수를 갖는 가역행렬(invertible matrix)이면 유일한 해(unique solution)를 갖는다. 이는 $x = A^{-1}b$로 구할 수 있다.

구체적으로, $Ax = b$의 양변에 계수행렬 A의 역함수 A^{-1}를 곱하면 $A^{-1}(Ax) = A^{-1}b$가 되며, $A^{-1}(Ax) = (A^{-1}A)x = I_nx = x$이므로 $x = A^{-1}b$가 됨을 알 수 있다.

5.3 가우스–조단 소거법

행렬대수를 이용하여 연립일차방정식의 해를 구하는 방법에는 크게 기본행 연산(elementary row operation)을 반복적으로 적용하여 해를 구하는 가우스-조단 소거법(Gaussian-Jordan elimination method)과 행렬식을 사용하여 해를 구하는 크래머 공식(Cramer's rule) 두 가지가 있다. 본 절에서는 가우스-조단 소거법에 대해 소개한다.

1. 확대행렬

가우스-조단 소거법을 이해하기 위해서는 확대행렬(augmented matrix), 기본행 연산(elementary row operation), 기약 행 사다리꼴 행렬(reduced row echelon form matrix)에 대한 개념 이해가 필수적이다.

앞 절에서 n개의 변수와 m개의 일차방정식을 갖는 연립일차방정식은 계수행렬 A, b와 미지수 행렬 x를 이용하여 $Ax = b$와 같이 행렬의 관계식으로 간단하게 표현할 수 있었다. 이때 $Ax = b$의 확대행렬(augmented matrix)은 다음과 같이 나타낼 수 있으며, $(A:b)$와 같이 표기한다.

$$(A:b) = \begin{bmatrix} a_{11} & a_{12} & \cdots & a_{1j} & \cdots & a_{1n} & b_1 \\ a_{21} & a_{22} & \cdots & a_{2j} & \cdots & a_{2n} & b_2 \\ \vdots & \vdots & \vdots & \vdots & \vdots & \vdots & \vdots \\ a_{i1} & a_{i2} & \cdots & a_{ij} & \cdots & a_{in} & b_i \\ \vdots & \vdots & \vdots & \vdots & \vdots & \vdots & \vdots \\ a_{m1} & a_{m2} & \cdots & a_{mj} & \cdots & a_{mn} & b_m \end{bmatrix}$$

2. 기본 행 연산

$m \times n$ 행렬 A에 대한 기본 행 연산(elementary row operation)이란 행렬 A에 대하여 다음의 3가지 연산의 조합을 행하는 것을 의미한다.
(1) 행렬 A의 임의의 두 행을 교환한다.
(2) 행렬 A의 임의의 한 행에 0이 아닌 상수를 곱한다.
(3) 행렬 A의 임의의 한 행에 0이 아닌 상수를 곱한 후 이를 임의의 또 다른 행에 더한다.

3. 기약 행 사다리꼴 행렬

우선, $m \times n$ 행렬 A가 다음의 3가지 성질을 모두 만족하면 행렬 A를 행 사다리꼴 행렬(row echelon matrix)이라고 한다.
(1) 모든 원소가 0으로 구성된 행이 존재한다면 행렬의 아래쪽에 위치해야 한다.
(2) 0이 아닌 각 행의 첫 번째 요소인 선행 성분(leading entry)은 1이어야 한다. 이때 선행성분이 1이라면 이를 선행 1(leading 1)이라고 한다.
(3) 선행 1의 위치는 아래쪽 행일수록 오른쪽 열이 있어야 한다.

행 사다리꼴 행렬의 몇 가지 예는 다음과 같다.

$$\begin{bmatrix} 1 & 5 & 3 \\ 0 & 1 & 4 \\ 0 & 0 & 1 \end{bmatrix}, \quad \begin{bmatrix} 1 & 3 & 7 \\ 0 & 1 & 3 \\ 0 & 0 & 1 \end{bmatrix}, \quad \begin{bmatrix} 1 & 2 & 3 & 7 \\ 0 & 1 & 2 & 7 \\ 0 & 0 & 0 & 0 \end{bmatrix}$$

기약 행 사다리꼴 행렬(reduced row echelon form)이란 행 사다리꼴 행렬이 만족해야 하는 위 3가지 성질 이외에 '선행 1이 포함된 열에서 선행 1을 제외한 모든 요소는 0'이라는 추가적인 성질을 만족하는 행렬을 말한다.

기약 행 사다리꼴 행렬의 몇 가지 예는 다음과 같다.

$$\begin{bmatrix} 1 & 0 & 5 \\ 0 & 1 & 2 \end{bmatrix}, \quad \begin{bmatrix} 0 & 1 & 0 \\ 0 & 0 & 1 \\ 0 & 0 & 0 \end{bmatrix}, \quad \begin{bmatrix} 1 & 0 & 0 & 5 \\ 0 & 0 & 1 & 4 \\ 0 & 0 & 0 & 0 \end{bmatrix}$$

다음의 예는 행 사다리 꼴 행렬이지만 기약 행 사다리꼴 행렬이 아닌 경우이다.

$$\begin{bmatrix} 1 & 5 & 0 \\ 0 & 1 & 0 \\ 0 & 0 & 0 \end{bmatrix}$$

4. 가우스-조단 소거법

가우스-조단 소거법은 계수행렬과 상수항 벡터를 이용하여 확대된 새로운 (확대)행렬을 만든 후, 행렬의 기본연산을 통해 계수행렬 부분을 항등행렬로 만드는 연산과정을 거쳐서 주어진 방정식을 푸는 방법이다.

연립일차방정식 $Ax = b$의 해를 구하기 위한 가우스-조단 소거법은 다음의 절차를 따른다.

[1단계] 확대행렬$(A:b)$를 구성한다.

[2단계] 기본 행 연산을 연속적으로 사용하여 1단계에서 구성한 확대행렬을 행 사다리꼴 행렬로 변환한다.

[3단계] 2단계로부터 구한 행 사다리꼴 행렬의 각 행에 대응하는 방정식을 선행변수에 대해 풀어 해를 구한다.

가우스-조단 소거법을 이용하여 다음 연립방정식의 해를 구해보자.

$$x + y + z = 4$$
$$x + 3y + z = 1$$
$$x + y + 2z = 3$$

[1단계] 위의 방정식을 확대행렬로 만들면 다음과 같다.

$$\begin{bmatrix} 1\,1\,1 &:& 4 \\ 1\,3\,1 &:& 1 \\ 1\,1\,2 &:& 3 \end{bmatrix}$$

여기서 ' : '는 가독성을 위해 넣은 부호일 뿐 아무 역할을 하지 않음에 유의하기 바란다.

[2~3단계] 이제 계수행렬 A부분에 조작(operation)을 가해 항등행렬로 만들기 위한 기본 행 연산을 반복적으로 적용해 보자.

우선, 1번째 행에 (-1)을 곱한 것을 2번째 행에 더한다.

$$\begin{bmatrix} 1\,1\,1 &:& 4 \\ 0\,2\,0 &:& -3 \\ 1\,1\,2 &:& 3 \end{bmatrix}$$

다시, 1번째 행에 (-1)을 곱한 것을 3번째 행에 더한다.

$$\begin{bmatrix} 1\,1\,1 &:& 4 \\ 0\,2\,0 &:& -3 \\ 0\,0\,1 &:& -1 \end{bmatrix}$$

다시, 3번째 행에 (-1)을 곱한 후 1번째 행에 더한다.

$$\begin{bmatrix} 1\,1\,0 &:& 5 \\ 0\,2\,0 &:& -3 \\ 0\,0\,1 &:& -1 \end{bmatrix}$$

다시, 2번째 행은 단순히 $\dfrac{1}{2}$을 곱한다.

$$\begin{bmatrix} 1\,1\,0 &:& 5 \\ 0\,1\,0 &:& -\dfrac{3}{2} \\ 0\,0\,1 &:& -1 \end{bmatrix}$$

2번째 행에 (-1)을 곱한 후 1번째 행에 더한다.

$$\begin{bmatrix} 1\,0\,0 &:& \dfrac{13}{2} \\ 0\,1\,0 &:& -\dfrac{3}{2} \\ 0\,0\,1 &:& -1 \end{bmatrix}$$

계수행렬 부분을 단위행렬로 만들었을 때 얻어진 상수항 행렬부분이 바로 연립방정식의 해이다.

$$x = \frac{13}{2}, \quad y = -\frac{3}{2}, \quad z = -1$$

5.4 크래머 공식

n개의 변수와 m개의 일차방정식을 갖는 연립일차방정식은 다음과 같이 계수행렬 A, b와 미지수 행렬 x를 이용하여 $Ax = b$와 같이 행렬의 관계식으로 간단하게 표현할 수 있다. 이때, A, b, x는 각각 다음과 같다.

$$A = \begin{bmatrix} a_{11} & a_{12} & \cdots & a_{1j} & \cdots & a_{1n} \\ a_{21} & a_{22} & \cdots & a_{2j} & \cdots & a_{2n} \\ \vdots & \vdots & \vdots & \vdots & \vdots & \vdots \\ a_{i1} & a_{i2} & \cdots & a_{ij} & \cdots & a_{in} \\ \vdots & \vdots & \vdots & \vdots & \vdots & \vdots \\ a_{m1} & a_{m2} & \cdots & a_{mj} & \cdots & a_{mn} \end{bmatrix} \qquad b = \begin{bmatrix} b_1 \\ b_2 \\ \vdots \\ b_m \end{bmatrix} \qquad x = \begin{bmatrix} x_1 \\ x_2 \\ \vdots \\ x_n \end{bmatrix}$$

앞서 소개한 바와 같이, $|A| \neq 0$라고 가정하면 이때 계수행렬 A는 역함수를 갖는 가역행렬 (invertible matrix)이고 위 연립일차방정식은 다음의 유일한 해(unique solution)를 가진다.

$$A^{-1} = \frac{1}{|A|} adjA$$

여기서 $adjA$는 행렬 A의 수반행렬(adjoint matrix)이고 다음이 성립한다.

$$x = \frac{1}{|A|}(adjA)b$$

$$= \frac{1}{|A|} \begin{bmatrix} A_{11} & A_{21} & \cdots & A_{n1} \\ A_{12} & A_{22} & \cdots & A_{n2} \\ \cdots & \cdots & \cdots & \cdots \\ A_{1n} & A_{2n} & \cdots & A_{nm} \end{bmatrix} \begin{bmatrix} b_1 \\ b_2 \\ \cdots \\ b_n \end{bmatrix}$$

$$= \frac{1}{|A|} \begin{bmatrix} b_1 A_{11} + b_2 A_{21} + \cdots + b_n A_{n1} \\ b_1 A_{12} + b_2 A_{22} + \cdots + bn A_{n2} \\ \cdots \quad \cdots \quad \cdots \quad \cdots \\ b_1 A_{1n} + b_2 A_{2n} + \cdots + b_n A_{nn} \end{bmatrix}$$

여기서 임의의 $j = 1, 2, \cdots, n$에 대하여 $b_1 A_{1j} + b_2 A_{2j} + \cdots + b_n A_{nj}$는 다음과 같은 B_j행렬의

j번째 열 $\begin{bmatrix} b_1 \\ b_2 \\ \vdots \\ b_n \end{bmatrix}$에 관한 라플라스 전개이다.

$$B_j = \begin{bmatrix} a_{11} & a_{12} & \cdots & a_{1j-1} & b_1 & a_{1j+1} & \cdots & a_{1n} \\ a_{21} & a_{22} & \cdots & a_{2j-1} & b_2 & a_{2j+1} & \cdots & a_{2n} \\ \vdots & \vdots & \vdots & \vdots & \vdots & \vdots & \vdots & \vdots \\ a_{n1} & a_{n2} & \cdots & a_{nj-1} & b_n & a_{nj+1} & \cdots & a_{nn} \end{bmatrix}$$

행렬 B_j는 행렬 A의 j번째 열을 열벡터 b로 대체함으로써 얻어진 $n \times n$ 행렬이다. 따라서 행렬 A가 $n \times n$ 행렬이고 $|A| \neq 0$일 때 연립일차방정식 $Ax = b$의 유일한 해는 다음과 같다.

임의의 $j = 1, 2, \cdots, n$에 대하여

$$x_j = \frac{b_1 A_{1j} + b_2 A_{2j} + \cdots + b_n A_{nj}}{|A|} = \frac{|B_j|}{A}$$

정리하면, 연립방정식 $Ax = b$를 만족시키는 미지수 x_i의 값을 도출하는 크래머 공식(Cramer's rule)은 다음과 같다.

$$x_i = \frac{\det(A(i))}{\det(A)}$$

예를 들어, 미지수가 3개이고 3개의 일차방정식을 갖는 다음의 연립방정식을 크래머 법칙을 이용하여 x_2의 값을 구해보자.

$$a_{11}x_1 + a_{12}x_2 + a_{13}x_3 = b_1$$
$$a_{21}x_1 + a_{22}x_2 + a_{23}x_3 = b_2$$
$$a_{31}x_1 + a_{32}x_2 + a_{33}x_3 = b_3$$

우선, 위 연립일차방정식을 행렬로 표기하면 $Ax = b$와 같다.

$$A = \begin{bmatrix} a_{11} & a_{12} & a_{13} \\ a_{21} & a_{22} & a_{23} \\ a_{31} & a_{32} & a_{33} \end{bmatrix} \quad x = \begin{bmatrix} x_1 \\ x_2 \\ x_3 \end{bmatrix} \quad b = \begin{bmatrix} b_1 \\ b_2 \\ b_3 \end{bmatrix}$$

이때, 정방행렬 A를 계수행렬(coefficient matrix)이라 한다. 이러한 연립방정식이 단 하나의 해를 갖기 위해서는 계수행렬 A의 행렬식이 0이 아니어야 한다.

계수행렬의 역행렬이 존재하면 연립방정식의 x_2에 해당하는 값은 다음과 같이 계산된다.

$$x_2 = \frac{\det(A(2))}{\det(A)} = \frac{\det \begin{vmatrix} a_{11} & b_1 & a_{13} \\ a_{21} & b_2 & a_{23} \\ a_{31} & b_3 & a_{33} \end{vmatrix}}{\det(A)}$$

여기서 $\det(A(2))$는 행렬 A의 번째 열을 $[b_1,\ b_2\ b_3]^T$로 대체한 후 계산한 행렬식이다. 이처럼 행렬식을 이용하여 다른 미지수 x_i의 값도 구할 수 있다.

예제

1. 다음 연립일차방정식의 해를 크래머 공식을 이용하여 구하시오.
   (1) $2x + 2y = 1$, $x + 2y = 2$
   (2) $x - 2z = 0$, $8x + 5y - z = 3$, $2x + 3y + 4z = -2$
   (3) $2x - 3y = 2$, $4x - 6y + z = 7$, $x + 10y = 1$

2. 다음과 같은 수요함수(Q_d)와 공급함수(Q_s)가 주어진 경우, 균형량(Q^*)과 균형가격(p^*)을 크래머 공식을 이용하여 구하시오.

   $$Q_d = Q_s, \quad Q_d = 5{,}000 - 1{,}500p, \quad Q_s = -2{,}000 + 1{,}000p$$

3. 다음 방정식은 케인즈 기본 모형이다. 내생변수인 Y와 C는 국민소득 및 가계소비를 각각 나타내며, 독립변수인 I와 G는 기업의 투자와 정부지출을 각각 의미한다. α는 절대소비를, β는 한계소비성향을, t는 소득세율을 각각 나타낸다.

   $$Y = C + I + G$$
   $$C = \alpha + \beta(1 - t)Y$$

   이 경우 내생변수인 Y와 C의 균형값을 구하시오.

4. 다음 방정식은 이자율과 국민소득과의 관계를 분석하는 IS-LM 기본 모형이다. 내생변수인 Y, C, I, r은 국민소득, 가계 소비, 기업 투자, 이자율을 각각 나타내며, 독립변수인 G_0, C_0, b, t는 정부지출, 가계의 절대소비, 한계소비성향, 소득세율을 각각 나타낸다. 또한 I_0는 기업의 독립투자, e는 한계투자성향, f는 화폐의 거래적 수요계수, g는 화폐의 투기적 수요

계수, M_0는 화폐공급을 의미한다. 이 경우 IS-LM 기본 모형은 다음과 같다.

$$Y = C + I + G_0$$
$$C = C_0 + b(1-t)Y$$
$$I = I_0 - er$$
$$fY - gr = M_0$$

따라서 Y, C, I, r은 내생변수이다. 이 경우 내생변수인 Y의 균형값을 구하시오.

5. [2020년 행정고시] 어떤 경제의 거시경제 상황은 다음과 같다.
   - 총수요곡선: $Y_t = 300 + 10(m_t - \pi_t)$ 식 (1)
   - 총공급곡선: $Y_t = Y^* + (\pi_t - \pi_t^e)$ 식 (2)
   - 오쿤의 법칙: $Y_t - Y^* = -2.5(u_t - u_n)$ 식 (3)

   π_t, π_t^e, Y_t, u_t, m_t는 각각 인플레이션율, 기대인플레이션율, 총생산, 실업률, 통화증가율을 나타낸다. 단, 자연율 수준에서 총생산(Y^*)과 실업률(u_n)은 각각 500과 4%이고, 인플레이션율, 통화증가율 및 실업률의 단위는 %이다. 다음 물음에 답하시오.

   1) 통화증가율이 장기간 30%로 유지되어 왔고, 앞으로도 계속 30%로 유지될 경우 $\pi_t,$ $\pi_t^e,$ $Y_t,$ u_t를 각각 구하시오.

   2) 예상치 못하게 통화증가율이 35.5%로 증가했다고 하자. 이때 π_t, Y_t, u_t가 단기적으로 어떻게 변화할지 계산하고, Y_t의 변화를 통화정책의 전달 경로 중 이자율 경로를 이용하여 설명하시오.

   3) 주어진 식으로부터 필립스곡선(Phillips curve)을 도출하고, 이에 내재된 인플레이션과 실업의 관계를 장·단기로 나누어 설명하시오.

1.

(1) $\begin{bmatrix} 2 & 2 \\ 1 & 2 \end{bmatrix} \begin{bmatrix} x \\ y \end{bmatrix} = \begin{bmatrix} 1 \\ 2 \end{bmatrix}$

$\det(A) = \begin{bmatrix} 2 & 2 \\ 1 & 2 \end{bmatrix} = 2$

$\det(A(1)) \begin{bmatrix} 1 & 2 \\ 2 & 2 \end{bmatrix} = (1)(2) - (2)(2) = -2$

$\det(A(2)) = \begin{bmatrix} 2 & 1 \\ 1 & 2 \end{bmatrix} = (2)(2) - (1)(1) = 3$

$x = \dfrac{\det(A(1))}{\det(A)} = -1, \ y = \dfrac{\det(A(2))}{\det(A)} = \dfrac{3}{2}$

(2) $\begin{bmatrix} 1 & 0 & -2 \\ 8 & 5 & -1 \\ 2 & 3 & 4 \end{bmatrix} \begin{bmatrix} x \\ y \\ z \end{bmatrix} = \begin{bmatrix} 0 \\ 3 \\ -2 \end{bmatrix}$

$\det(A) = \begin{vmatrix} 1 & 0 & -2 \\ 8 & 5 & -1 \\ 2 & 3 & 4 \end{vmatrix} = -5$

$\det(A(1)) = \begin{vmatrix} 0 & 0 & -2 \\ 3 & 5 & -1 \\ -2 & 3 & 4 \end{vmatrix} = -38$

$\det(A(2)) \begin{vmatrix} 1 & 0 & -2 \\ 8 & 3 & -1 \\ 2 & -2 & 4 \end{vmatrix} = 54$

$\det(A(3)) = \begin{vmatrix} 1 & 0 & 0 \\ 8 & 5 & 3 \\ 2 & 3 & -2 \end{vmatrix} = -19$

$x = \dfrac{\det(A(1))}{\det(A)} = \dfrac{38}{5}, \ y = \dfrac{\det(A(2))}{\det(A)} = -\dfrac{54}{5}, z = \dfrac{\det(A(3))}{\det(A)} = \dfrac{19}{5}$

(3) $\begin{bmatrix} 2 & -3 & 0 \\ 4 & -6 & 1 \\ 1 & 10 & 0 \end{bmatrix} \begin{bmatrix} x \\ y \\ z \end{bmatrix} = \begin{bmatrix} 2 \\ 7 \\ 1 \end{bmatrix}$

$\det(A) = \begin{bmatrix} 2 & -3 & 0 \\ 4 & -6 & 1 \\ 1 & 10 & 0 \end{bmatrix} = -23$

$$\det(A(1)) = \begin{bmatrix} 2 & -3 & 0 \\ 7 & -6 & 1 \\ 1 & 10 & 0 \end{bmatrix} = -23$$

$$\det(A(2)) = \begin{bmatrix} 2 & 2 & 0 \\ 4 & 7 & 1 \\ 1 & 1 & 0 \end{bmatrix} = 0$$

$$\det(A(3)) \begin{bmatrix} 2 & -3 & 2 \\ 4 & -6 & 7 \\ 1 & 10 & 1 \end{bmatrix} = -69$$

$$x = \frac{\det(A(1))}{\det(A)} = 1, \ \ y = \frac{\det(A(2))}{\det(A)} = 0, \ \ z = \frac{\det(A(3))}{\det(A)} = 3$$

2. 먼저, 주어진 3개의 연립방정식을 보고 3개의 종속변수를 좌측에 두고 나머지는 우변으로 넘겨야 한다.

$$\begin{bmatrix} 1 & -1 & 0 \\ 1 & 0 & 1,500 \\ 0 & 1 & -1,000 \end{bmatrix} \begin{bmatrix} Q_d \\ Q_s \\ p \end{bmatrix} = \begin{bmatrix} 0 \\ 5,000 \\ -2,000 \end{bmatrix}$$

$$\det(A) = a_{11}C_{11} + a_{12}C_{12} = -1,500 - 1,000 = -2,500$$

$$\det(A(1)) = \begin{bmatrix} 0 & -1 & 0 \\ 5,000 & 0 & 1,500 \\ -2,000 & 1 & -1,000 \end{bmatrix} = -2,000,000$$

$$\det(A(2)) = \begin{bmatrix} 1 & 0 & 0 \\ 1 & 5,000 & 1,500 \\ 0 & -2,000 & -1,000 \end{bmatrix} = -2,000,000$$

$$\det((A(3)) = \begin{bmatrix} 1 & -1 & 0 \\ 1 & 0 & 5,000 \\ 0 & 1 & -2,000 \end{bmatrix} = -7,000$$

$$Q_d^* = \frac{\det(A(1))}{\det(A)} = 800, \ \ Q_s^* = \frac{\det(A(2))}{\det(A)} = 800, \ \ p^* = \frac{\det(A(3))}{\det(A)} = 2.8$$

3. 주어진 단순거시경제모형을 알아보자. 국민소득은 모든 생산물의 총부가가치를 의미하며, 국민소득은 가계의 총소비 C와 기업의 총투자 I그리고 정부의 정부지출 G로 이루어져 있다. 가계의 소비지출은 케인즈의 절대소득 가설에 따라 국민소득의 함수이다. 정부 부문이 존재하기 때문에 가계의 소비는 소득 중 세금을 제외한 가처분소득의 함수로 나타난다. 먼저, 주

어진 2개의 연립방정식에 따라, 2개의 종속변수를 좌측에 두고 나머지는 우변으로 넘겨야 한다. 종속변수는 Y, C이므로, 이들 변수를 좌측에 두면 다음과 같은 연립방정식을 세울 수 있다.

$$Y - C = I + G$$
$$\beta(1-t)Y - C = -\alpha$$

이제 행렬식으로 전환시키면 다음과 같다.

$$\begin{bmatrix} 1 & -1 \\ \beta(1-t) & -1 \end{bmatrix} \begin{bmatrix} Y \\ C \end{bmatrix} = \begin{bmatrix} I+G \\ -\alpha \end{bmatrix}$$

크래머 법칙을 적용하면 다음과 같다.

$$Y = \frac{\det(A(1))}{\det(A)} = \frac{\begin{bmatrix} I+G & -1 \\ -\alpha & -1 \end{bmatrix}}{\det(A)} = \frac{(I+G)(-1)-(-1)(-\alpha)}{-1+\beta(1-t)} = \frac{\alpha+I+G}{1-\beta(1-t)}$$

마찬가지로

$$C = \frac{\det(A(2))}{\det(A)} = \frac{\begin{bmatrix} 1 & I+G \\ \beta(1-t) & -\alpha \end{bmatrix}}{\det(A)} = \frac{-\alpha-(\beta(1-t))(I+G)}{-1+\beta(1-t)} = \frac{\alpha+\beta(1-t)(I+G)}{1-\beta(1-t)}$$

4. 종속변수는 Y, C, I, r이고 나머지는 모두 상수항에 해당한다. 따라서 좌측에 종속변수, 우측에 독립변수 및 상수항으로 분리하여 다시 정리하면 다음과 같다.

$$Y - C - I + 0r = G_0$$
$$b(1-t)Y - C + 0I + 0r = -C_0$$
$$0Y + 0C + I + er = I_0$$
$$fY + 0C + 0I - gr = M_0$$

$$\begin{bmatrix} 1 & -1 & -1 & 0 \\ b(1-t) & -1 & 0 & 0 \\ 0 & 0 & 1 & e \\ f & 0 & 0 & -g \end{bmatrix} \begin{bmatrix} Y \\ c \\ I \\ r \end{bmatrix} = \begin{bmatrix} G_0 \\ -C_0 \\ I_0 \\ M_0 \end{bmatrix}$$

크래머 법칙을 적용하면 다음과 같다.

$$AX = B \quad \rightarrow \quad \det(A) = ef + g[1 - b(1-t)]$$

Y를 구하기 위하여 3번째 열을 기준으로 소행렬을 정리하면 다음과 같다.

$$|A(1)| = \begin{vmatrix} G_0 & -1 & -1 & 0 \\ -C_0 & -1 & 0 & 0 \\ I_0 & 0 & 1 & e \\ M_0 & 0 & 0 & -g \end{vmatrix}$$

$$= (-1)(-1)^{1+3} \begin{vmatrix} -C_0 & -1 & 0 \\ I_0 & 0 & e \\ M_0 & 0 & -g \end{vmatrix} + (1)(-1)^{3+3} \begin{vmatrix} G_0 & -1 & 0 \\ -C_0 & -1 & 0 \\ M_0 & 0 & -g \end{vmatrix}$$

$$= (-1)(-1)(-1)^{1+2} \begin{vmatrix} I_0 & e \\ M_0 & -g \end{vmatrix} + (1)(-g)(-1)^{3+3} \begin{vmatrix} G_0 & -1 \\ -C_0 & -1 \end{vmatrix}$$

$$= -(-I_0 g - e M_0) - g(-G_0 - C_0)$$

$$= e M_0 + g(I_0 + G_0 + C_0)$$

$$\text{따라서} \quad Y = \frac{e M_0 + g(I_0 + G_0 + C_0)}{ef + g[1 - b(1 - t)]}$$

5.

(1) 통화증가율이 장기에 30%이므로 $m_t = 30$이 된다. 따라서 $\pi_t = \pi_t^e$ 가 되므로 식 (2)에서 이 $Y_t = Y^* = 500$된다. 이를 식 (1)에 대입하면 $\pi_t = \pi_t^e = 10$이 도출되고, 이를 다시 식 (3)에 대입하면 $u_t = 4$가 된다. 이를 크래머 법칙을 이용하여 구해보자. 주어진 식을 다시 정리하면 다음과 같다.

- 총수요곡선: $Y_t + 10\pi_t = 300 + 10mt$
- 총공급곡선: $Y_t - \pi_t = Y^* - \pi_t^e$
- 오쿤의 법칙: $Y_t + 2.5u_t = Y^* + 2.5u_n$

$Y^* = 500$과 $u_n = 4$가 주어졌고, 장기에 $m_t = 30$이므로 $\pi_t = \pi_t^e$ 이 된다. 따라서 식을 다시 정리하면 다음과 같다.

- 총수요곡선: $Y_t + 10\pi_t = 300 + 10 \times 30$
- 총공급곡선: $Y_t - 0 \times \pi_t = 500$
- 오쿤의 법칙: $Y_t + 2.5u_t = 500 + 2.5 \times 4$

이를 행렬식으로 만들면 다음과 같다.

$$\begin{bmatrix} 1 & 10 & 0 \\ 1 & 0 & 0 \\ 1 & 0 & 2.5 \end{bmatrix} \begin{bmatrix} Y_t \\ \pi_t \\ u_t \end{bmatrix} = \begin{bmatrix} 600 \\ 500 \\ 510 \end{bmatrix}$$

크래머 법칙을 이용하면 다음과 같이 종속변수 값을 구할 수 있다.

$$Y_t = \frac{\det(A(1))}{\det(A)} = \frac{-500 \times 25}{-25} = 500$$

$$\pi_t = \frac{\det(A(2))}{\det(A)} = \frac{-2.5 \times 100}{-25} = 10$$

$$u_t = \frac{\det(A(3))}{\det(A)} = \frac{-100}{-25} = 4$$

(2) 예상 못한 통화증가율이 35.5%이고 장기에 $m_t = 35.5$이므로 식 (1)=식 (2)이므로 다음이 성립한다.

$$300 + 10(35.5 - \pi_t) = 500 + (\pi_t - 10)$$

위 식을 정리하면 $\pi_t = 15$가 되고, 이를 식 (2)에 대입하면 $Y - t = 505$이고, 식 (3)에서 $u_t = 2$가 된다. 이를 크래머 법칙을 이용하여 구해보자.

$Y^* = 500$, $u_n = 4$, $\pi_t^e = 10$, $m_t = 35.5$이므로 다음과 같이 정리된다.

- 총수요곡선: $Y_t + 10\pi_t = 300 + 10 \times 35.5$
- 총공급곡선: $Y_t - \pi_t = 500 - 10$
- 오쿤의 법칙: $Y_t + 2.5u_t = 500 + 2.5 \times 4$

이를 행렬식으로 만들면 다음과 같다.

$$\begin{bmatrix} 1 & 10 & 0 \\ 1 & -1 & 0 \\ 1 & 0 & 2.5 \end{bmatrix} \begin{bmatrix} Y_t \\ \pi_t \\ u_t \end{bmatrix} = \begin{bmatrix} 655 \\ 490 \\ 510 \end{bmatrix}$$

크래머 법칙을 이용하면 다음과 같이 종속변수 값을 구할 수 있다.

$$Y_t = \frac{\det(A(1))}{\det(A)} = \frac{-13,887.5}{-27.5} = 505$$

$$\pi_t = \frac{\det(A(2))}{\det(A)} = \frac{-412.5}{-27.5} = 15$$

$$u_t = \frac{\det(A(3))}{\det(A)} = \frac{-55}{-27.5} = 2$$

의미는 다음과 같다. m_t가 증가하면 r이 하락하고, 다시 투자가 증가하고 소비가 증가한다. 따라서 총수요와 총공급이 증가하여 실업이 감소한다.

(3) 식 (2)와 식 (3)을 이용하면 필립스 곡선을 도출하면 다음과 같다.

$$\pi_t = \pi_t^e - 2.5\big(u_t - u_n\big)$$

단기에는 $cov(\pi_t, u_t) < 0$이고 장기에는 $cov(\pi_t, u_t) = 0$이다.

5.5 응용: 산업연관분석

1. 산업연관표

산업연관표(input-output matrix)란 투입과 산출의 관계를 행렬의 형태로 정리한 표이다. 일반적으로 한 산업의 총 생산(금액으로 표시됨)의 일부는 각각의 산업에 생산요소로 투입되고, 최종소비자의 수요로 소비된다. 외부효과(external effects)로 인하여 소비자의 수요가 증가하는 경우 산업연관표상에 나타난 모든 산업에 미치는 효과를 산업연관표를 이용하여 분석할 수가 있다.

산업연관표를 이해하기 위하여 다음과 같은 X_1과 X_2를 생산하는 단순한 산업연관표를 생각해 보자.

투입＼산출	농업	제조업	최종수요	총 생산액
농업	X_{11}	X_{12}	D_1	X_1
제조업	X_{21}	X_{22}	D_2	X_2
부가가치	V_1	V_2	–	–
총 투입액	X_1	X_2	–	$X_1 + X_2$

2개의 산업으로 구성된 산업연관표를 연립방정식으로 표시하면 다음과 같다.

$$X_{11} + X_{12} + D_1 = X_1 \qquad\qquad (1)$$

$$X_{21} + X_{22} + D_2 = X_2$$

여기서 X_{ij}는 첫 번째 산업의 총 생산 X_i가 j번째 산업의 투입요소로 들어간 것을 나타내며, D_i은 i번째 산업의 총 생산에 대한 소비자의 최종 수요량을 나타낸다.

식 (1)에 나타난 산업별 투입을 총 생산으로 나누면 아래와 같은 연립방정식으로 전환된다.

$$\frac{X_{11}}{X_1}X_1 + \frac{X_{12}}{X_2}X_2 + D_1 = X_1$$

$$\frac{X_{21}}{X_1}X_1 + \frac{X_{22}}{X_2}X_2 + D_2 = X_2$$

이를 $a_{ij} = \frac{X_{ij}}{X_j}$ 라는 투입계수(input coefficients)로 바꾸면 다음과 같이 정리된다.

$$a_{11}X_1 + a_{12}X_2 + D_1 = X_1 \qquad (2)$$

$$a_{21}X_1 + a_{22}X_2 + D_2 = X_2$$

식 (2)를 다시 행렬식으로 표시하면 다음과 같다.

$$\begin{bmatrix} a_{11} & a_{12} \\ a_{21} & a_{22} \end{bmatrix}\begin{bmatrix} X_1 \\ X_2 \end{bmatrix} + \begin{bmatrix} D_1 \\ D_2 \end{bmatrix} = \begin{bmatrix} X_1 \\ X_2 \end{bmatrix} \qquad (3)$$

식 (3)을 다시 행렬대수로 표시하면 다음과 같다.

$$AX + D = X \qquad (4)$$

여기서 $A = \begin{bmatrix} a_{11} & a_{12} \\ a_{21} & a_{22} \end{bmatrix}$, $X = \begin{bmatrix} X_1 \\ X_2 \end{bmatrix}$, $D = \begin{bmatrix} D_1 \\ D_2 \end{bmatrix}$ 이다. 특히 A는 투입계수인 a_{ij}로 구성된 행렬대수이다.

2. 생산유발계수

수요의 변화가 각 생산에 미치는 파급효과를 분석하기 위해서는 생산유발계수(production inducement coefficient)를 이해해야 한다. 생산유발계수를 이해하기 위하여 위 식 (1)~(4)처럼 2개의 산업으로 이루어진 일국의 경제를 고려해 보자.

2개의 산업으로 구성된 행렬대수는 다음과 같다.

$$AX + D = X$$

여기서 X는 총 생산을 나타내는 행렬이고, A는 투입계수인 a_{ij}로 구성된 투입계수행렬이고, D는 최종수요 행렬이다. 이를 X에 대하여 정리하면 다음과 같다.

$$(I_2 - A)X = D$$

이제 역함수를 이용하여 수요에 해당하는 행렬을 독립변수로 정하고 총생산을 종속변수로 고려하면 다음과 같은 함수를 도출할 수 있다.

$$X = (I_2 - A)^{-1} D$$

여기서 $(I_2 - A)^{-1}$를 생산유발계수라고 부른다.

예를 들어, 한류(korean wave)로 인하여 수출이 증가하여 최종수요가 $\triangle D$만큼 늘어났다고 하자. 그러면 생산유발액은 다음과 같이 계산된다.

$$X = (I_2 - A)^{-1} \triangle D$$

3. 부가가치유발계수 및 취업유발계수

생산이 증가하면 부가가치와 노동수요가 증가하므로 다음과 같은 부가가치유발계수(A^v)와 취업유발계수(l)가 도출된다.

$$V = A^v X = A^v (I_2 - A)^{-1} \triangle D$$
$$L = lX = l(I_2 - A)^{-1} \triangle D$$

여기서 V는 부가가치유발액이고 L은 취업유발인원이다.

부가가치유발계수와 취업유발계수의 값은 한국은행에서 발표하는 산업연관표에 나타나 있다. 따라서 일반적으로 변화된 $\triangle D$만 주어지면 생산유발액, 부가가치유발액, 취업유발인원을 구할 수 있다.

참고로 한국은행은 국민경제 내에서 발생하는 재화와 서비스의 생산 및 처분에 관한 모든 거래내역을 일정 형식의 통계표로 작성하여 국민경제의 구조분석, 경제정책의 효과측정 등에 활용하는데, 이것이 바로 산업연관표이다.

다음과 같은 산업연관표를 이용하여 다음 물음에 답하시오.

(단위: 1억 원)

투입 \ 산출	농업	제조업	최종수요	총생산액
농업	40	90	70	200
제조업	80	150	70	300
부가가치	80	60		
총투입액	200	300		500

(1) 투입계수행렬(A)을 구하시오.

(2) 생산유발계수인 $(I_2 - A)^{-1}$을 구하시오.

(3) 기업의 투자증가로 제조업 수요가 28억 원 증가하였다. 각 산업분야의 생산액은 얼마나 증가하였는지 계산하시오.

(4) 해외시장에서 한류로 인하여 제조업 제품의 수출이 28억 원 증가하였다. 이 경우 국내 내수 증가로 직결된 생산액은 얼마인가?

풀이

(1) 투입계수행렬(coefficient matrix)은 단위 생산당 투입-산출관계로 산업별 투입액을 총 생산액으로 나눈 행렬이다. 투입계수행렬은 다음과 같다.

투입 \ 산출	농업	제조업
농업	$\frac{40}{200} = 0.2$	$\frac{90}{300} = 0.3$
제조업	$\frac{80}{200} = 0.4$	$\frac{150}{300} = 0.5$

따라서 $AX + D = X$는 다음과 같다.

$$X - AX = \begin{bmatrix} 200 \\ 300 \end{bmatrix} - \begin{bmatrix} 0.2 & 0.3 \\ 0.4 & 0.5 \end{bmatrix} \begin{bmatrix} 200 \\ 300 \end{bmatrix} = \begin{bmatrix} 200 \\ 300 \end{bmatrix} - \begin{bmatrix} 40 + 90 \\ 80 + 150 \end{bmatrix} = \begin{bmatrix} 70 \\ 70 \end{bmatrix}$$

(2)

$$I_2 - A = \begin{bmatrix} 1 & 0 \\ 0 & 1 \end{bmatrix} - \begin{bmatrix} 0.2 & 0.3 \\ 0.4 & 0.5 \end{bmatrix} = \begin{bmatrix} 0.8 & -0.3 \\ -0.4 & 0.5 \end{bmatrix}$$

$$(I_2 - A)^{-1} = \begin{bmatrix} 0.8 & -0.3 \\ -0.4 & 0.5 \end{bmatrix}^{-1} = \frac{1}{0.4 - 0.12} \begin{bmatrix} 0.5 & 0.3 \\ 0.4 & 0.8 \end{bmatrix} = \begin{bmatrix} \dfrac{50}{28} & \dfrac{30}{28} \\ \dfrac{40}{28} & \dfrac{80}{28} \end{bmatrix}$$

(3)

$$X^* = (I_2 - A)^{-1} D = \begin{bmatrix} \dfrac{50}{28} & \dfrac{30}{28} \\ \dfrac{40}{28} & \dfrac{80}{28} \end{bmatrix} \begin{bmatrix} 0 \\ 28 \end{bmatrix} = \begin{bmatrix} 30 \\ 80 \end{bmatrix}$$

따라서 농업에서 30억 원, 제조업에서 80억 원 생산이 증가한다. 이를 생산유발금액이라고 한다.

(4) 한류(korean wave)로 인한 수출 28억 원이 발생함에 따라 국내 생산이 직간접적으로 110억 원 늘어나는 효과가 있다. 그러나 110억 원 가운데 한류로 인한 수출 28억 원이 포함되어 있으므로 수출금액을 뺀 나머지 82억 원만 내수 증가라고 할 수 있다. 그러나 이 내수 증가는 궁극적으로 수출품 생산과 직간접적으로 관련된 것이므로 국내 소비자가 최종적으로 소비하는 내수와는 차이가 있다.

PART

03

미분

CHAPTER 06

미분

경제학에서 변화율(rate of change)을 구하거나 최적화하는 변수의 값을 도출하는 등의 문제는 미분(differentiation)과 밀접하게 관련이 있다. 본 장에서는 경제학에서 가장 중요하고 유용한 수학적 도구 중의 하나인 함수의 미분에 대해 알아본다. 구체적으로 극한(limit of function), 평균변화율(average rate of change), 순간변화율(instantaneous rate of change), 미분계수(differential coefficient), 도함수(derivative), 고차도함수(higher order derivative) 등에 대한 개념을 소개한다.

6.1 평균변화율

1. 평균변화율의 개념

독립변수 x에 대응하는 종속변수 y의 관계식을 $y = f(x)$로 표기하는 경우, 변수 x의 값이 x_0에서부터 x_1으로 변했을 때 x의 변화량을 $\Delta x = x_1 - x_0$로 표기하고 이를 x의 차분 (difference) 또는 증분(increment)이라고 한다. 이때, x의 변화량 $\Delta x = x_1 - x_0$에 대응하는 변수 y의 변화량, 즉 y의 차분은 $\Delta y = f(x_0 + \Delta x) - f(x_0)$로 표기할 수 있다.

$y = f(x)$에서 독립변수 x가 $x = x_0$로부터 $x = x_0 + \Delta x$까지 변화할 때 여기에 대응하는 y의 평균변화율(average rate of change)은 다음과 같이 정의된다.

$$\frac{\Delta y}{\Delta x} = \frac{f(x_0 + \Delta x) - f(x_0)}{\Delta x}$$

y의 평균변화율은 일정 구간에서 x의 1단위 변화량으로 표시한 y의 변화량을 나타낸다.

평균변화율에서 평균이라는 단어를 사용하는 이유는 위의 식이 한 점에서의 순간변화율이 아닌 x의 변화량이 있는 일정 구간으로 표시한, 즉, Δx로 표시한 y의 변화량이기 때문이다. 참고로 Δx가 거의 0인 경우를 일반적으로 '순간'이라는 표현으로 나타내며, 순간변화율(instantaneous rate of change)의 개념은 이후에 자세히 다룬다.

2. 차분몫과 기울기

$y = f(x)$의 평균변화율인 $\dfrac{\Delta y}{\Delta x}$는 x의 차분 Δx와 y의 차분 Δy의 비율을 의미하므로 이를 차분몫(difference quotient)이라고도 부른다.

차분몫을 기하학적으로 표현하면 그래프상의 두 점 $(x_0, f(x_0))$와 $(x_0 + \Delta x, f(x_0 + \Delta x))$을 연결하는 직선의 기울기(slope)로 나타난다. 아래 [그림 6.1]에서 볼 수 있듯이 $\dfrac{\Delta y}{\Delta x}$는 $y = f(x)$의 그래프상의 두 점 $(a, f(a))$와 $(b, f(b))$을 연결하는 직선의 기울기(slope)로 나타난다. 단, 이때 $b = a + \Delta x$이다. 한편, 직선의 기울기(slope)는 일반적으로 독립변수 x의 값이 변화한 양 (Δx)에 비해 종속변수 y의 값이 얼마나 변하는지(Δy)를 비율로 표시한 값을 의미한다.

그림 6.1 평균변화율, 차분몫, 직선의 기울기

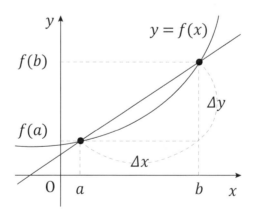

3. 평균변화율과 기울기

직선 $y = f(x) = a + bx$의 기울기는 다음과 같이 정의할 수 있다.

$$\frac{\Delta y}{\Delta x} = \frac{y_2 - y_1}{x_2 - x_1} = \frac{f(x_2) - f(x_1)}{x_2 - x_1} = \frac{(a + bx_2) - (a + bx_1)}{x_2 - x_1} = \frac{b(x_2 - x_1)}{x_2 - x_1} = b$$

직선의 기울기를 가진 함수 $y = f(x) = a + bx$에서 y의 평균변화율을 표시하면 다음과 같이 항상 일정하다.

$$\frac{\Delta y}{\Delta x} = \frac{y_2 - y_1}{x_2 - x_1} = \frac{f(x_2) - f(x_1)}{x_2 - x_1} = \frac{(a + bx_2) - (a + bx_1)}{x_2 - x_1} = b$$

선형함수가 아닌 일반적인 함수에서 위 성질은 성립하지 않는다. 예를 들어 곡선인 $y = f(x) = ax^2$의 경우 평균변화율은 다음과 같이 x구간의 범위인 x_1과 x_2에 따라 서로 다른 값을 가진다.

$$\frac{\Delta y}{\Delta x} = \frac{y_2 - y_1}{x_2 - x_1} = \frac{f(x_2) - f(x_1)}{x_2 - x_1} = \frac{(ax_2^2) - (ax_1^2)}{x_2 - x_1} = a(x_1 + x_2)$$

🔅 생각 열기

경제학에서 많이 사용하는 용어인 '변화량(change)'과 '변화율(rate of change)'에 대해 살펴보자. 변화량은 변화된 값을 구하는 것이고 변화율은 변화된 값이 어느 정도 변했는지를 분수를 이용하여 나타낸 것이다. 예를 들어 두 변수 간의 변화율은 두 변수가 변화하는 정도를 비율로 나타낸 것이다. 따라서 변화량과 변화율은 각각 양과 비율의 차이라고 말할 수 있다.

(1) x의 변화량은 다음과 같이 표기한다.

$$\Delta x = x_1 - x_0$$

(2) x의 변화량으로 표시한 y의 변화량은 다음과 같이 표기한다.

$$\frac{\Delta y}{\Delta x}$$

$\dfrac{\Delta y}{\Delta x}$는 x값 변화량(Δx)에 대한 y값 변화량(Δy)의 비율로 평균적인 변화율을 의미한다.

$\dfrac{\Delta y}{x}$는 x로 표시한 Δy의 변화량이 된다.

$\dfrac{\Delta y}{x}$는 x로 표시된 Δy의 변화량으로 x단위당 y값의 변화량이다. 예를 들면, 어떤 물체가 x시간 동안 Δy만큼 이동했다면, $\dfrac{\Delta y}{x}$는 단위 시간당 이동 거리를 나타낸다. 즉, 속도를 의미한다.

(3) 변수 x의 % 변화율은 다음과 같이 표기한다.

$$\frac{\Delta x}{x} \times 100$$

(4) $y = f(x)$의 함수에서 탄력성(elasticity)은 다음과 같다.

$$\frac{\dfrac{\Delta y}{y}}{\dfrac{\Delta x}{x}} = \frac{y의\ \%\ 변화율}{x의\ \%\ 변화율}$$

탄력성에 대한 개념은 이후 8장에서 자세히 다루기로 한다.

6.2 순간변화율과 미분계수

1. 극한

순간변화율(instantaneous rate of change)의 개념을 설명하기에 앞서 함수의 극한(limit of a function)을 간단하게 설명하면 다음과 같다. 함수 $f(x)$에서 x값이 어떤 일정한 값에 한없이 가까워질 때 $f(x)$가 N에 수렴(converge)하면 N을 $f(x)$의 극한이라고 한다. 이때 '수렴'이란 어떤 변수가 일정한 값에 한없이 가까워지는 것을 의미한다.

함수 $f(x)$에서 x값이 어떤 일정한 값 N보다 큰 값(오른쪽)에서 접근할 때, 즉, $x \to N^+$일 때의 $f(x)$의 극한값을 우극한(right-side limit)이라고 하고, N보다 작은 값(왼쪽)에서 접근할 때, 즉, $x \to N^-$일 때의 $f(x)$의 극한값을 좌극한(left-side limit)이라고 한다. 이때 우극한은 $\lim\limits_{x \to N^+} f(x)$

로, 좌극한은 $\lim_{x \to N^-} f(x)$로 표기한다.

좌극한 값과 우극한의 값은 같을 수도 있고 다를 수도 있다. 만약, 좌극한 값과 우극한 값이 같다면, 즉 $\lim_{x \to N^-} f(x) = \lim_{x \to N^+} f(x)$가 되면 x가 N에 접근할 때 $f(x)$의 극한값이 존재한다고 말하며 $\lim_{x \to N} f(x)$로 표기한다. 유사한 맥락에서, 좌극한 값과 우극한 값이 다를 경우 함수의 극한값은 존재하지 않는다.

다음과 같은 함수를 고려해 보자.

$$f(x) = \begin{cases} x+1 & \text{만약 } x > 0 \\ 1 & \text{만약 } x < 0 \end{cases}$$

우선, $f(0)$는 정의되지 않는다. 하지만 x가 0의 좌우 양쪽으로부터 0에 접근할 때 $f(x)$는 우극한 $\lim_{x \to 0^+} f(x) = 1$과 좌극한 $\lim_{x \to 0^-} f(x) = 1$이 존재한다. 또한 좌극한과 우극한이 서로 같기 때문에 x가 0에 접근할 때 $f(x)$의 극한값 $\lim_{x \to 0} f(x)$는 존재한다. 즉, $\lim_{x \to 0} f(x) = 1$이다.

한편, 다음의 함수를 고려해 보자.

$$g(x) = \begin{cases} 1 & \text{만약 } x > 0 \\ -1 & \text{만약 } x < 0 \end{cases}$$

이 경우 역시 $g(0)$는 정의되지 않는다. 다만, x가 0의 좌우 양쪽으로부터 0에 접근할 때 $g(x)$는 우극한 $\lim_{x \to 0^+} g(x) = 1$과 좌극한 $\lim_{x \to 0^-} g(x) = -1$이 존재하지만, 좌극한과 우극한이 서로 같지 않기 때문에 x가 0에 접근할 때 $g(x)$의 극한값 $\lim_{x \to 0} g(x)$은 존재하지 않는다. 즉, x가 0에 접근할 때 함수 $g(x)$의 극한이 유한한(finite) 값이 아니기 때문에 함수 $g(x)$의 극한값 $\lim_{x \to 0} g(x)$는 존재하지 않는다.

2. 순간변화율과 한계변화율

기본 단위가 자연수로 변하는 변수의 경우 Δx는 1단위 변화가 가장 작다고 할 수 있다. 그러나 연속적인 변수의 경우 Δx는 극히 작은 변화로 표시할 수 있다.

연속적인 두 변수 x, y의 경우 Δx가 0에 접근할 때 $\dfrac{\Delta y}{\Delta x}$의 극한을 도출하는 것이 가능하며, Δx가 0에 접근할 때 $\dfrac{\Delta y}{\Delta x}$의 극한을 개념적으로 순간변화율(instantaneous rate of change) 또는 한계변화율(marginal rate of change)이 된다.

따라서 극한 $f'(x_0) \equiv \lim\limits_{\Delta x \to 0} \dfrac{\Delta y}{\Delta x} \equiv \lim\limits_{\Delta x \to 0} \dfrac{f(x_0 + \Delta x) - f(x_0)}{\Delta x}$가 존재할 때 이를 $x = x_0$에서 $y = f(x)$의 순간변화율 또는 한계변화율이라고 한다.

참고로 Δx가 거의 0인 경우(Δx가 0에 접근할 때)를 물리학에서는 '순간'이라는 표현으로 사용하고, 경제학에서는 한계(marginal)라는 표현으로 사용한다.

3. 미분계수

$y = f(x)$의 $x = x_0$에서의 차분계수 $\dfrac{\Delta y}{\Delta x}$에서 Δx가 거의 0인 경우(Δx가 0에 접근할 때) 차분몫 $\dfrac{\Delta y}{\Delta x}$의 극한값을 $f(x)$의 x_0에서의 미분계수(differential coefficient)라고 한다.

$f(x)$가 $x = x_0$에서 미분계수 $f'(x_0)$가 성립하기 위해서는 $\Delta x \to 0$일 때의 $\dfrac{\Delta y}{\Delta x}$의 극한값이 존재해야 하며 $x = x_0$에서 연속이어야 한다. 이때 미분계수 $f'(x_0)$을 다음과 같이 표기한다.

$$f'(x_0) \equiv \lim_{\Delta x \to 0} \frac{\Delta y}{\Delta x} \equiv \lim_{\Delta x \to 0} \frac{f(x_0 + \Delta x) - f(x_0)}{\Delta x}$$

참고로 함수의 그래프가 어떤 한 점에서 끊어지지 않고 연결되어 있을 때(unbroken curve), 이 함수는 그 점에서 연속(continuous)이라고 한다. 극한(limit of a function)의 관점에서 다음의 두 가지 조건을 모두 만족하는 함수 $f(x)$는 점 N에서 연속(continuous)이라고 정의한다.
(1) 함수 $f(x)$는 점 N에서 정의되어 있다.
(2) 함수 $f(x)$의 x값이 N에 수렴할 때 $f(x)$의 극한이 존재하며, 이때의 극한은 $f(N)$과 동일하다. 즉, $\lim\limits_{x \to N} f(x) \equiv f(N)$이다.

만약 $f'(x_0)$가 존재한다면 $y = f(x)$는 $x = x_0$에서 미분가능하다(differentiable)고 하며, 모든

$x_0 \in X$에 대해서 $y = f(x)$가 미분가능하다면 $y = f(x)$는 X상에서 미분가능한 함수(differentiable function on X)라고 한다.

미분계수는 기하학적으로 $y = f(x)$의 그래프상의 점 $(x_0, f(x_0))$에서 $y = f(x)$의 접선의 기울기(slope of the tangent line)를 나타낸다. 아래 [그림 6.2]에서 볼 수 있듯이 $x = a$에서 $y = f(x)$의 미분계수는 $y = f(x)$의 그래프상의 점 $(a, f(a))$에서 $y = f(x)$의 접선의 기울기이다.

그림 6.2 미분계수

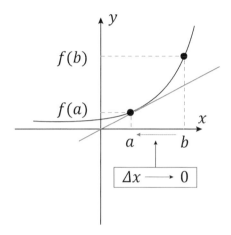

결국, 앞서 살펴본 $x = x_0$에서 $y = f(x)$의 순간변화율(또는 한계변화율)은 $x = x_0$에서 $y = f(x)$미분계수와 동일한 개념임을 알 수 있다.

6.3 도함수

1. 도함수의 개념

앞서 살펴본 바와 같이, 함수란 관계식에 의해서 한 집합의 원소를 다른 집합의 원소에 대응시키는 것을 말한다. 이와 유사하게 미분함수란 한 집합의 원소를 미분에 의해서 도출된 도함수(derivative)에 의해서 다른 집합의 원소에 대응시키는 관계식을 의미한다.

$y = f(x)$로 정의되는 함수 $f : X \rightarrow Y$를 X상에서 미분가능한 함수라고 할 때, 정의역 원소 x와 함수 $y = f(x)$의 미분 값을 대응시킨 함수를 $f(x)$의 도함수라고 하며 다음과 같이 표기한다.

$$f'(x) \equiv \lim_{\Delta x \to 0} \frac{\Delta y}{\Delta x} \equiv \lim_{\Delta x \to 0} \frac{f(x + \Delta x) - f(x)}{\Delta x}$$

즉, 함수 $y = f(x)$에 대해 임의의 점 x_0에서 미분계수 $f'(x_0)$을 함숫값으로 가지는 함수 $f'(x)$를 $f(x)$의 도함수(derivative)라고 한다.

함수 $y = f(x)$의 도함수를 구하는 절차를 미분(differentiation)이라고 하며, $y = f(x)$의 도함수 $f'(x)$를 구하는 것을 $y = f(x)$를 x에 대해 미분한다고 말한다. $y = f(x)$의 도함수 $f'(x)$는 때로는 y', $\frac{dy}{dx}$, $\frac{d}{dx}f(x)$ 등으로 나타내며 x에 대한 y(또는 $f(x)$)의 도함수(the derivative of y with respect to x)라고 읽는다.

한편, 도함수 $f'(x)$에 대응하는 개념으로 $y = f(x)$를 원시함수(primitive function)라고 부른다. 이러한 맥락에서 도함수란 함수 $y = f(x)$로부터 유도된 함수(derived function)라는 의미를 가진다.

2. 평균변화율과 순간변화율

도함수는 독립변수로 구성된 집합의 원소인 x에서 종속변수인 미분계수(도함수) 값으로 구성된 집합의 원소로 연결하는 함수를 의미한다. 다음의 함수를 이용하여 평균변화율 $\frac{\Delta y}{\Delta x}$와 도함수 $\frac{dy}{dx}(= \lim_{\Delta x \to 0} \frac{\Delta y}{\Delta x})$를 생각해 보자.

$$y = f(x) = x^2$$

예를 들어 $x_1 = 2$, $x_2 = 4$인 경우, $\Delta x = x_2 - x_1 = 2$ 이고 $\Delta y = 12$가 된다. 따라서 평균변화율은 $\frac{\Delta y}{\Delta x} = 6$이 된다. 이제 $x_2 = 4$이고 x_1을 3이라고 가정하면 $\Delta x = x_2 - x_1 = 4 - 3 = 1$이 되고 $\Delta y = 7$이 되어 $\frac{\Delta y}{\Delta x} = 7$이 된다. 마찬가지로 $x_2 = 4$이고 x_1을 3에서 4의 근방(neighborhood)으로 이동시키면 $\Delta x = x_2 - x_1$는 0에 가까운 값이 된다. 이때 $x_2 = 4$에서 순간변화율을 구하면 $f'(x)$의 값은 아래와 같이 7보다 가파른 8이 된다.

$$f'(x) \equiv \lim_{\Delta x \to 0} \frac{(x + \Delta x)^2 - x^2}{\Delta x} = \lim_{\Delta x \to 0} \frac{2x\Delta x + (\Delta x)^2}{\Delta x} = \lim_{\Delta x \to 0} 2x + \Delta x = 2x = 8$$

이것을 수식으로 표현하면 $f'(x) = \dfrac{dy}{dx} = \lim_{\Delta x \to 0} \dfrac{\Delta y}{\Delta x}$ 이라고 하고 순간변화율이라고 부른다.

참고로 '근방(neighborhood)'이란 위상수학(topology)과 해석학(mathematical analysis) 분야에서 주로 사용하는 개념으로 간단하게 설명하면 어떤 점의 주위를 포함하는 집합을 의미한다.

(1) $y = f(x)$의 함수에서 두 점 A와 B사이의 평균변화율은 $\dfrac{\Delta y}{\Delta x}$ 라고 정의한다. 기하학으로 설명해 보자.

$y = x^2$에서 x가 1에서 4로 증가한 경우 평균변화율은 정의에 의해서 $\dfrac{\Delta y}{\Delta x} = \dfrac{16-1}{4-1} = 5$ 이다. 따라서 두 점을 지나는 직선의 기울기가 바로 평균변화율이다.

(2) 순간변화율은 기하학적으로 어떤 모습인가? 바로 순간변화율의 다른 이름이 미분계수이다. $y = x^2$에서 $x = 4$에서 순간적으로 매우 조금 변하는 경우($\Delta x \to 0$)의 평균변화율이 바로 순간변화율이고 미분계수가 된다. 앞에서 본 것처럼 x가 4인 경우 순간변화율은 8이 된다.

결국, $y = f(x)$에서 x로 이루어진 집합이 정의역이 되고, 미분계수 값으로 구성된 집합이 치역이 되고, 정의역과 치역을 연결하는 관계식이 도함수이다. 도함수를 그림으로 표시하면 다음과 같다.

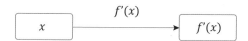

3. 고차도함수

앞서 우리는 함수 $y = f(x)$가 미분가능한 함수라고 할 때 x에 대한 $f(x)$의 도함수 $f'(x)$가 존재함을 보였다. 이와 유사하게 $f(x)$의 도함수 $f'(x)$가 미분가능한 함수라고 할 때, x에 대한 도함수가 존재하며 이를 2차도함수(second derivative) 혹은 2계도함수(second order derivative)라고 한다. 이를 표기하는 방법은 다음과 같이 여러 가지가 있다.

$$\frac{d^2 y}{dx^2} = \frac{d^2}{dx^2} f(x) = y'' = f''(x)$$

그렇다면 도함수를 다시 한번 더 미분한다면 무슨 의미일까? $y = f(x)$에서 도함수는 함수의 기울기이며, 다시 한번 더 미분하면 함수의 기울기가 어떻게 변하는가를 나타낸다. 즉, 2차도함수 혹은 2계도함수는 함수의 기울기가 증가하는지 아니면 감소하는지를 나타낸다.

한편, 이계도함수도 함수이므로 다시 한번 미분하여 3계도함수를 얻을 수 있으며, 3계도함수 역시 함수이므로 다시 한번 미분하여 4계도함수를 얻을 수 있다.

일반적으로 $y = f(x)$가 x에 대해 연속적으로 n번 미분가능한 함수라고 하면 $f(x)$를 x에 대해 연속적으로 n번 미분한 후에 얻어진 함수를 n에 대한 $f(x)$의 n번째 도함수(n-th derivative) 또는 n차도함수(derivative of order n)라고 하며, 다음과 같이 표기한다.

$$\frac{d^n y}{dx^n} = \frac{d^n}{dx^n} f(x) = y^n = f^n(x)$$

☀ 생각 열기

(1) 미분은 '微分'으로 작게 나눈다는 의미이며, 영문은 'differential'로 차이라는 의미이다. 곡선을 가지고 있는 달걀을 微分 혹은 differential한다는 의미는 달걀을 얇게 썬 후의 변한 모습을 구하는 것이다.
(2) 미분과 반대의 개념이 적분이다. 적분은 각각 '積分'과 'integral'이다. 의미는 얇게 나누어진 부분을 쌓아서 합친다는 개념이다. 따라서 미분이 '변화'라면 적분은 '변화된 합계' 혹은 미분은 '기울기'고 적분은 '면적'이라고 생각할 수 있다.

예제

다음의 미분계수 값을 구하시오.
(1) $y = \sqrt{x}$일 때 $f'(6)$
(2) $y = \sqrt{6x} + 8$일 때 $f'(6)$

(1) $f'(x) = \lim\limits_{\Delta x \to 0} \dfrac{\Delta y}{\Delta x} = \lim\limits_{\Delta x \to 0} \dfrac{\sqrt{x + \Delta x} - (\sqrt{x})}{\Delta x} = \lim\limits_{\Delta x \to 0} \dfrac{\sqrt{x + \Delta x} - \sqrt{x}}{\Delta x}$

$\lim\limits_{\Delta x \to 0} \dfrac{(\sqrt{x + \Delta x} - \sqrt{x})}{\Delta x} \dfrac{(\sqrt{x + \Delta x} + \sqrt{x})}{(\sqrt{x + \Delta x} + \sqrt{x})} = \lim\limits_{\Delta x \to 0} \dfrac{(x + \Delta x) - x}{\Delta x (\sqrt{x + \Delta x} + \sqrt{x})}$

$\lim\limits_{\Delta x \to 0} \dfrac{\Delta x}{\Delta x (\sqrt{x + \Delta x} + \sqrt{x})} = \lim\limits_{\Delta x \to 0} \dfrac{1}{\sqrt{x + \Delta x} + \sqrt{x}} = \dfrac{1}{2\sqrt{x}}$

따라서 $f'(6) = \dfrac{1}{2\sqrt{6}}$

(2) $f'(x) = \lim\limits_{\Delta x \to 0} \dfrac{\Delta y}{\Delta x} = \lim\limits_{\Delta x \to 0} \dfrac{\sqrt{6(x + \Delta x)} + 8 - (\sqrt{6x} + 8)}{\Delta x} = \lim\limits_{\Delta x \to 0} \dfrac{\sqrt{6x + 6\Delta x} - \sqrt{6x}}{\Delta x}$

$\lim\limits_{\Delta x \to 0} \dfrac{(\sqrt{6x + 6\Delta x} - \sqrt{6x})}{\Delta x} \dfrac{(\sqrt{6x + 6\Delta x} + \sqrt{6x})}{(\sqrt{6x + \Delta x} + \sqrt{6x})} = \lim\limits_{\Delta x \to 0} \dfrac{(6x + 6\Delta x) - 6x}{\Delta x (\sqrt{6x + \Delta x} + \sqrt{6x})}$

$\lim\limits_{\Delta x \to 0} \dfrac{6\Delta x}{\Delta x (\sqrt{6x + \Delta x} + \sqrt{6x})} = \lim\limits_{\Delta x \to 0} \dfrac{6}{\sqrt{6x + \Delta x} + \sqrt{6x}} = \dfrac{6}{2\sqrt{6x}}$

따라서 $f'(6) = \dfrac{3}{\sqrt{36}} = \dfrac{1}{2}$

CHAPTER 07

미분 법칙

앞 장에서 우리는 도함수를 Δx가 0에 접근할 때 $\dfrac{\Delta y}{\Delta x}$의 극한 또는 함수 $y = f(x)$에 대해 임의의 점 x_0에서 미분계수 $f'(x_0)$을 함숫값으로 가지는 함수로 정의하였다. 하지만 도함수를 구할 때마다 매번 이러한 정의 또는 극한을 이용하는 과정을 반복한다면 이것은 분명 많은 시간이 소요되는 비효율적 과정이다. 수학에서는 우리가 원하는 함수의 도함수를 쉽게 구할 수 있는 여러 가지 공식(규칙)이 존재한다. 본 절에서는 이러한 도함수 공식(규칙)에 대해 소개한다.

7.1 도함수 공식

1 **멱함수(power function)의 도함수 공식:** $f(x) = x^n$의 경우 $f'(x) = nx^{n-1}$

거듭제곱의 지수를 고정하고 밑(base)을 변수로 하는 단항식으로 된 함수 $f(x) = x^n$을 수학에서는 멱함수(power function)라고 한다. 따라서 멱함수의 도함수를 구하는 공식을 멱 규칙(power rule)이라고 부르기도 한다.

[증명] 멱함수의 미분을 이해하기 위해서는 다음에 대한 이해가 먼저 이루어져야 한다.

$$x^n - y^n = x(x^{n-1} - y^{n-1}) + y^{n-1}(x - y)$$

$$= x(x-y)(x^{n-2} + x^{n-3}y + \cdots + xy^{n-2} + y^{n-2}) + y^{n-1}(x-y)$$

$$= (x-y)\left[x\left(x^{n-2}+x^{n-3}y+\cdots+xy^{n-3}+y^{n-2}\right)+y^{n-1}\right]$$

$$= (x-y)\left(x^{n-1}+x^{n-2}y+\cdots+xy^{n-2}+y^{n-1}\right)$$

따라서 다음과 같이 정리할 수 있다.

$$x^n-y^n = (x-y)\left(x^{n-1}y^0+x^{n-2}y^1+x^{n-3}y^2+\cdots+x^1y^{n-2}+x^0y^{n-1}\right)$$

쉽게 예를 들면 다음과 같다.

$$x^2-y^2 = (x-y)\left(x^1y^0+x^0y^1\right)$$

$$x^3-y^3 = (x-y)\left(x^2y^0+x^1y^1+x^0y^2\right)$$

이제 위의 공식을 이용하여 멱함수 미분을 다음과 같이 증명할 수 있다.

$$f'(x)=\lim_{\triangle x\to 0}\frac{(x+\triangle x)^n-x^n}{\triangle x}$$

$$=\lim_{\triangle x\to 0}\frac{[x+\triangle x-x]\left[(x+\triangle x)^{n-1}x^0+(x+\triangle x)^{n-2}\cdot x^1+\cdots+(x+\triangle x)^1x^{n-2}+(x+\triangle x)^0x^{n-1}\right]}{\triangle x}$$

$$=\lim_{\triangle x\to 0}\frac{\triangle x\left[(x+\triangle x)^{n-1}+(x+\triangle x)^{n-2}\cdot x+\cdots+(x+\triangle x)\cdot x^{n-2}+x^{n-1}\right]}{\triangle x}$$

$$=\lim_{\triangle x\to 0}\left[(x+\triangle x)^{n-1}+(x+\triangle x)^{n-2}\cdot x+\cdots+(x+\triangle x)\cdot x^{n-2}+x^{n-1}\right]$$

$\triangle x$가 0에 수렴하므로

$$= nx^{n-1}$$

따라서 멱함수의 미분은 다음과 같다.

$$f'(x)=\lim_{\triangle x\to 0}\frac{(x+\triangle x)^n-x^n}{\triangle x}=x^{n-1}+x^{n-1}+\cdots+x^{n-1}=nx^{n-1}$$

예를 들어 $y=x^1$일 때 도함수($\frac{dy}{dx}$)의 경우를 살펴보자.

우선, 모든 x에서의 기울기는 1이 된다. 즉, $\frac{\triangle y}{\triangle x}=1$이 된다. 이를 미분의 의미로 보면 다음이 성립한다.

$$y' = 1x^{1-1} = 1x^0 = 1$$

같은 방법으로, $y = x^n$의 특정 x_0에서의 기울기는 $y' = nx_0^{n-1}$이 된다.

② 함수의 상수 곱의 도함수: $(cf(x))' = cf'(x)$

[증명] $cf(x)$는 $f(x)$가 c개 있다는 것이다. 따라서 $f(x)$를 미분하면 $(f(x))'$가 되고 $(f(x))'$가 c개 있으면 다음과 같이 된다.

$$(cf(x))' = (f(x) + \cdots + f(x))' = f'(x) + \cdots + f'(x) = cf'(x)$$

③ 함수의 합과 차에 대한 도함수 공식: $(f(x) \pm g(x))' = f'(x) \pm g'(x)$

[증명] $(f(x) \pm g(x))' = f'(x) \pm g'(x)$가 성립하므로 다음도 성립한다.

$$(a + bx)' = (a)' + (bx)' = 0 + b$$

$$(a + bx - cx^2)' = (a)' + (bx)' - (cx^2)' = 0 + b - 2cx = b - 2cx$$

④ 함수의 곱에 대한 도함수 공식: $(f(x)g(x))' = f'(x)g(x) + f(x)g'(x)$

[증명] 곱셈으로 이루어진 함수의 미분을 살펴보면 다음과 같다.

$$(f(x)g(x))' = \lim_{\Delta x \to 0} \frac{f(x + \Delta x)g(x + \Delta x) - f(x)g(x)}{\Delta x}$$

$$= \lim_{\Delta x \to 0} \frac{f(x + \Delta x)g(x + \Delta x) - f(x)g(x + \Delta x) + f(x)g(x + \Delta x) - f(x)g(x)}{\Delta x}$$

$$= \lim_{\Delta x \to 0} \left\{ \frac{f(x + \Delta x)g(x + \Delta x) - f(x)g(x + \Delta x)}{\Delta x} + \frac{f(x)g(x + \Delta x) - f(x)g(x)}{\Delta x} \right\}$$

$$= \lim_{\Delta x \to 0} \left\{ \frac{[f(x + \Delta x) - f(x)]}{\Delta x} g(x + \Delta x) + f(x) \frac{[g(x + \Delta x) - g(x)]}{\Delta x} \right\}$$

$$= f'(x)g(x) + f(x)g'(x)$$

⑤ 분수함수의 도함수 공식: $\left(\dfrac{f(x)}{g(x)} \right)' = \dfrac{f'(x)g(x) - f(x)g'(x)}{(g(x))^2}$

[증명] $\left(\dfrac{f(x)}{g(x)}\right)' = (f(x)g(x)^{-1})' = f'(x)g(x)^{-1} + f(x)(g(x)^{-1})'$

$$= f'(x)g(x)^{-1} + f(x)\left[\dfrac{dg(x)^{-1}}{dg(x)}\right]\left[\dfrac{dg(x)}{dx}\right]$$

$$= \dfrac{f'(x)}{g(x)} + f(x)(-1)g(x)^{-2}g'(x)$$

$$= \dfrac{f'(x)g(x) - f(x)g'(x)}{(g(x))^2}$$

참고로, 분수함수의 도함수 공식을 이해하기 위해서는 다음 절에 설명될 미분의 연쇄법칙 (chain rule)을 이해해야 한다.

앞서 설명된 도함수 공식을 이용하면 다음과 같은 다항함수의 도함수 공식을 도출할 수 있다.

[6] **다항함수의 도함수 공식**: $(a_1x^n + a_2x^{n-1} + \cdots + a_nx + a_0)' = na_1x^{n-1} + (n-1)a_2x^{n-2} + \cdots + a_n$

예제

다음 함수들의 도함수를 구하시오.

(1) $f(x) = 2x^3 + 4x^2 - 2x + 5$

(2) $f(x) = 0.5x^{10} - x^5 + 5x + 230$

(3) $f(x) = x^{-5} + 3x$

(4) $f(x) = x^3 - \sqrt{x}$

(5) $f(x) = (x+3)(2x^2)$

(6) $f(x) = \dfrac{x^3 + 2x}{x+1}$

(7) $f(x) = \dfrac{2x^2 + x - 1}{x+1}$

(1) $f'(x) = 6x^2 + 8x - 2$

(2) $f'(x) = 5x^9 - 5x^4 + 5$

(3) $f'(x) = -5x^{-6} + 3$

(4) $f'(x) = 3x^2 - \dfrac{1}{2}\dfrac{1}{\sqrt{x}}$

(5) $f'(x) = 2x^2 + (x+3)(4x) = 6x^2 + 12x$

(6) $f'(x) = \dfrac{(3x^2+2)(x+1) - (x^3+2x)}{(x+1)^2} = \dfrac{2x^3 + 3x^2 + 2}{(x+1)^2}$

(7) $f(x) = \dfrac{(2x-1)(x+1)}{(x+1)} = (2x-1)$

7.2 연쇄법칙

미분가능한 함수 $y = f(x)$가 주어지고 x가 다시 미분가능한 함수 $x = g(z)$라면 y를 z에 대해서 미분하면 다음과 같다.

$$\frac{dy}{dz} = \frac{dy}{dx}\frac{dx}{dz}$$

이러한 관계로 미분이 되는 것을 연쇄법칙(chain rule)이라 한다. 연쇄법칙은 분수함수의 도함수, 합성함수의 도함수 등을 구하는 데 매우 유용한 법칙이다.

연쇄법칙의 경제학적 의미를 살펴보면, z는 원자재에 해당하며 x는 중간재에 해당하고 y는 최종재에 해당한다. 따라서 $\dfrac{df}{dz}$는 원자재 가격이 변하면 최종재의 생산이 어떻게 변하는가를 나타낸다.

7.3 합성함수의 미분

합성함수(composit function)란 미분 가능한 두 함수 $y = f(x)$와 $x = g(z)$를 결합시켜 하나의 함수로 만든 것을 의미한다. 일반적으로 합성함수는 $y = (f \circ g)(z)$로 표기하며, $f \circ g$에서 $\circ$는 합성함수를 의미하는 부호이다. 구체적으로 $(f \circ g)(z) = f[g(z)]$의 형식으로 정의하며, $x = g(z)$가 다시 함수 $f = f(x)$의 독립변수로 투입된다.

합성함수인 $(f \circ g)(z)$를 경제학적으로 설명하면, 원자재 z를 투입하여 중간재 $x = g(z)$를 만들고 다시 중간재 $x = g(z)$를 투입하여 최종재 $y = f[g(z)]$를 만드는 것을 하나의 함수로 표시한 것이 합성함수이다.

합성함수의 도함수는 다음과 같다.

$$\frac{df[g(z)]}{dz} = \frac{df[g(z)]}{dg(z)} \frac{dg(z)}{dz} = f'[g(z)] g'(z)$$

예를 들어 합성함수 $y = g(f(z)) = [f(z)]^r$의 경우를 살펴보자.

간단하게, $x = f(z) = z^2$라고 가정하면, 독립변수인 z라는 원자재가 투입되어 중간재인 x가 생산되는 관계이므로 이의 도함수는 다음과 같다.

$$\frac{dx}{dz} = f'(z) = 2z$$

다시 $y = g(x) = x^r$라고 가정하면, 중간재인 x가 투입되어 최종재인 y가 생산되는 관계이므로 이의 도함수로 나타내면 다음과 같다.

$$\frac{dy}{dx} = g'(x) = r[x]^{r-1}$$

최초 독립변수인 원자재 z의 한 단위 변화 시 최종재화인 y가 변화하는 것은 연쇄법칙에 의해서 다음과 같다.

$$\frac{dy}{dz} = \frac{dy}{dx} \frac{dx}{dz} = \frac{dx^r}{dx} \frac{dz^2}{dz}$$

$$= rx^{r-1} 2z = r(z^2)^{r-1} 2z = 2rz^{2r-1}$$

1. 주어진 함수들에 대해 $\dfrac{dz}{dx}$를 구하시오.

   (1) $y = 2x^2 + 6$, $z = 3y - 2$

   (2) $y = 4x^3 - 3$, $z = (y + 2)^2$

   (3) $y = \dfrac{x^2 + 2}{x + 2}$, $z = \dfrac{y + 1}{y - 1}$

2. 다음과 같은 두 개의 함수가 주어졌다.

$$g(x) = x^3$$
$$h(y) = 2y + 1$$

   (1) 합성함수 $h(g(x))$를 x에 대해 미분하시오.

   (2) 합성함수 $g(h(y))$를 y에 대해 미분하시오.

3. $y = (x^2 + 2)^5$를 연쇄법칙을 이용하여 x에 대해 미분하시오.

풀이 ✗

1.

(1) $\dfrac{dz}{dx} = \dfrac{dz}{dy} \cdot \dfrac{dy}{dx} = 3 \cdot 4x = 12x$

(2) $\dfrac{dz}{dx} = \dfrac{dz}{dy} \cdot \dfrac{dy}{dx} = 2(y + 2) \cdot 12x^2 = 2(4x^3 - 1) \cdot 12x^2 = 24x^2(4x^3 - 1)$

(3) $\dfrac{dz}{dx} = \dfrac{dz}{dy} \cdot \dfrac{dy}{dx} = \dfrac{(y - 1) - (y + 1)}{(y - 1)^2} \cdot \dfrac{2x(x + 2) - (x^2 + 2)}{(x + 2)^2} = \dfrac{-2}{(y - 1)^2} \cdot \dfrac{x^2 + 4x - 2}{(x + 2)^2}$

$= -\dfrac{2}{\left(\dfrac{x^2 - x}{x + 2}\right)^2} \cdot \dfrac{x^2 + 4x - 2}{(x + 2)^2} = -\dfrac{2(x^2 + 4x - 2)}{(x^2 - x)^2}$

2.

(1) 연쇄법칙을 사용하면 아래와 같다.

$$\frac{dh(g(x))}{dx} = \frac{dh(g)}{dg}\frac{dg(x)}{dx} = \frac{d(2g+1)}{dg}\frac{d(x^3)}{dx} = 2(3x^2) = 6x^2$$

혹은 함수를 다음과 같이 직접 구한 후에 미분을 해도 된다.

$$h(g(x)) = 2x^3 + 1$$

따라서 도함수는 다음과 같다.

$$\frac{d(h(g(x)))}{dx} = 2(3x^2) = 6x^2$$

(2) $\dfrac{d(2y+1)^3}{d(2y+1)}\dfrac{d(2y+1)}{dy} = 3(2y+1)^2 2 = 6(2y+1)^2$

혹은 다음과 같이 함수를 직접 구하여 y로 표시하면 다음과 같다.

$$g(h(x)) = (2y+1)^3$$

3. $u = x^2 + 2$라고 놓으면 $y = u^5$으로 쓸 수 있다.

따라서 $\dfrac{dy}{du} = 5u^4, \dfrac{du}{dx} = 2x$가 되므로 다음과 같이 정리된다.

$$\frac{dy}{dx} = \frac{dy}{du}\frac{du}{dx} = 5(x^2+2)^4 \cdot 2x$$

$$= 10x(x^2+2)^4$$

CHAPTER 08

미분의 응용

도함수의 개념은 '한계(marginal)', '탄력성(elasticity)' 등과 같은 경제학의 주요 개념에 응용된다. 본 장에서는 미분의 개념을 응용한 경제학의 주요 개념 중 한계효용(marginal utility), 한계비용(marginal cost), 한계수입(marginal revenue), 수요의 가격탄력성(price elasticity of demand), 수요의 소득탄력성(income elasticity of demand), 수요의 교차탄력성(cross elasticity of demand) 등에 대해 소개한다.

8.1 한계 개념

경제이론에는 한계효용, 한계비용, 한계생산물 등 '한계(marginal)'가 들어가는 용어가 많다. '한계'라는 개념은 분모에 위치한 독립변수가 한 단위 증가하는 경우 분자에 위치한 종속변수가 얼마나 변하였는가를 나타내는 것이다. 여기서 독립변수의 추가적인 한 단위가 점점 작아지면 극한의 개념이 들어가므로 도함수의 개념이 된다. 따라서 한계와 관련된 함수는 연속함수로써 미분이 가능해야 한다.

예를 들어 독립변수인 x와 종속변수인 y를 함수로 하는 $y = f(x)$의 경우 한계의 개념은 $f'(x) = \lim_{\Delta x \to 0} \frac{\Delta y}{\Delta x}$이 된다.

경제학에서 '한계'가 들어간 개념을 몇 가지 소개하면 다음과 같다.

1. 한계효용

한계효용(marginal utility; MU)은 재화의 소비량이 한 단위 증가할 때 효용이 얼마나 변하는 가를 말한다. 일반적으로 효용함수를 $U = U(Q)$로 표기하고 다른 재화의 소비가 불변일 때 x재 한 단위의 추가적 소비에 의한 효용의 증가분을 x재의 한계효용이라고 한다. 이를 수식으로 표현하면 다음과 같다.

$$MU(Q) = U'(Q) = \frac{\triangle U(Q)}{\triangle Q}$$

여기서 추가적인 소비량의 변화폭이 0에 가까워지면, 즉 $\triangle Q \to 0$이라면 $\frac{\triangle U(Q)}{\triangle Q}$는 $\frac{dU(Q)}{dQ}$ 가 된다. 기하학적으로 한계효용은 총효용곡선에 그은 접선의 기울기(slope of the tangent)가 된다.

2. 한계효용체감의 법칙

재화의 소비량을 1단위씩 증가시킬 때 각 단위의 재화가 주는 한계효용의 크기는 점차 감소하는 경우가 일반적이다. 이처럼 어떤 재화의 소비량이 늘어갈 때 한계효용이 점차 작아지는 현상을 한계효용체감의 법칙(law of diminishing marginal utility)이라고 한다. 수식으로는 다음과 같이 이계도함수를 사용하여 표시한다.

$$\frac{d(MU)}{dx} = \frac{d^2 U}{dx^2} = U''(x) < 0$$

3. 한계비용

한계비용(marginal cost; MC)은 재화를 한 단위를 더 생산하기 위하여 추가적으로 드는 비용을 말한다. 즉, 한계비용은 산출량이 한 단위 늘어날 때의 총비용의 증가분을 의미한다.

일반적으로 비용함수는 $C = C(Q)$로 표기하고 생산물을 y로 표현하면 한계비용은 다음과 같다.

$$MC(Q) = C'(Q) = \frac{\triangle C(Q)}{\triangle Q} = \frac{d(C(Q))}{dQ}$$

예를 들어 비용함수 $C = f(Q) = 3Q^3 + 2$를 고려해 보자. 이 경우 $f'(Q) = 9Q^2$가 한계비용함수이다.

한계효용에서 소개한 바와 유사하게, 추가적인 생산량의 변화폭이 0에 가까워지면($\triangle Q \to 0$) $\dfrac{\triangle C(Q)}{\triangle Q}$는 $\dfrac{dC(Q)}{dQ}$가 된다. 또한 기하학적으로 한계비용은 총비용곡선에 그은 접선의 기울기 (slope of the tangent)가 된다.

위 비용함수 $C = f(Q) = 3Q^3 + 2$에서 $Q = 10$이라고 하면 한계비용은 $f'(Q) = 9Q^2 = 900$ 이 된다. 이것은 11번째 제품을 생산하는 데 소요되는 비용이 근사적(approximately)으로 900임 을 의미한다. 즉, 11번째 제품을 생산하는 데 소요되는 실제 비용은 정확히 900이 아닐지라도 900과 매우 가까운 근사치가 됨을 알 수 있다.

한편, 일반적으로 경제학에서 한계비용과 함께 소개되는 평균비용(average cost; AC)은 제품 한 단위를 생산하는 데 평균적으로 드는 비용을 의미한다. 즉 평균비용은 제품 한 단위당 생산 비용이며, 수학적으로 총비용을 생산량으로 나눈 $AC(Q) = \dfrac{C(Q)}{Q}$의 의미를 갖는다.

4. 한계수입

한계수입(marginal revenue; MR)은 어떤 제품을 한 단위 추가적으로 판매할 때 발생되는 수 입을 의미하며, 판매량이 한 단위 증가할 때 변화하는 총수입이다.

기업의 총수입(total revenue; TR)을 주어진 시장가격 P와 판매량 Q의 곱으로 표기하면 총 수입은 다음과 같다.

$$TR = P \cdot Q$$

시장가격이 판매량의 함수로 주어진다면 총수입함수는 $TR = f(Q)$로 표기할 수 있다. 이때 한계수입의 도함수는 다음과 같다.

$$MR(Q) = TR'(Q) = \frac{dTR(Q)}{dQ}$$

예를 들어, 독점시장에서 기업 A가 직면한 수요함수가 $Q = 1,000 - 2p$인 경우, 기업 A의 한계수입함수를 도출해 보자. 우선, 한계수입함수는 총수입함수가 생산량 Q로 표시되어야 한 다. 따라서 다음과 같이 정리가 가능하다.

$$Q = 1,000 - 2p \Leftrightarrow P = 500 - \frac{1}{2}Q$$

이때 기업 A의 총수입함수를 Q의 함수로 표기하면 다음과 같다.

$$\text{총수입함수} \quad TR(Q) = P \cdot Q = (500 - \frac{1}{2}Q)Q = 500Q - \frac{1}{2}Q^2$$

따라서 기업 A의 한계수입함수는 $MR(Q) = TR'(Q) = 500 - Q$와 같다.

비용함수의 경우와 유사하게, $Q = 10$일 때 한계수입은 $MR(Q) = TR'(Q) = 500 - Q = 490$이 된다. 이것은 11번째 제품을 판매함으로써 얻어지는 수익이 근사적(approximately)으로 490임을 의미한다. 즉, 11번째 제품을 판매함으로써 얻어지는 실제 수익은 정확히 490이 아닐지라도 490과 큰 차이가 없다.

8.2 한계비용곡선과 평균비용곡선의 관계

앞서 언급한 바와 같이, 독립변수인 Q는 생산물이고 종속변수인 C는 총비용(total cost)이라고 할 경우 $C = C(Q)$의 총비용(total cost) 함수에서 평균비용(AC)은 총비용을 총 생산량으로 나눈 값으로 재화 1단위당 비용을 의미한다. 이를 식으로 나타내면, $AC(Q) = \dfrac{C(Q)}{Q}$이 된다.

평균비용($AC(Q)$)을 독립변수인 생산량(Q)에 대해서 미분하면 식으로 $AC'(Q)$가 된다. 이때 $AC'(Q)$는 평균비용함수의 기울기를 나타내며 식으로 표현하면 다음과 같다.

$$AC'(Q) = \frac{C'(Q) \cdot Q - C(Q) \cdot 1}{Q^2}$$

$$= \frac{C'(Q) - \left(\dfrac{C(Q)}{Q}\right)}{Q}$$

$$= \frac{MC(Q) - AC(Q)}{Q}$$

따라서 다음이 성립한다.

(1) 한계비용(MC)과 평균비용(AC)의 값이 같으면 $AC'(Q) = 0$이 된다. 따라서 생산량(Q)이 증가해도 평균비용($AC(Q)$)은 항상 동일하다.

(2) 한계비용(MC)의 값이 평균비용(AC)의 값보다 크면 $AC'(Q) > 0$이 된다. 따라서 생산량(Q)이 증가 시 평균비용($AC(Q)$)은 증가한다.

(3) 한계비용(MC)이 평균비용(AC)보다 작으면 $AC'(Q) < 0$이 된다. 따라서 생산량(Q)이

증가 시 평균비용($AC(Q)$)은 감소한다.

[그림 8.1]은 총비용곡선, 평균비용곡선, 한계비용곡선을 나타낸다. 총비용곡선 $C(Q)$는 증가함수이며, 평균비용곡선 $AC(Q)$와 한계비용곡선 $MC(Q)$는 모두 처음에는 아래로 감소하다가 생산량이 어느 수준 이상이 되면 다시 증가하는 U자 형태(U-shape relation)이다.

그림 8.1 총비용곡선, 평균비용곡선, 한계비용곡선

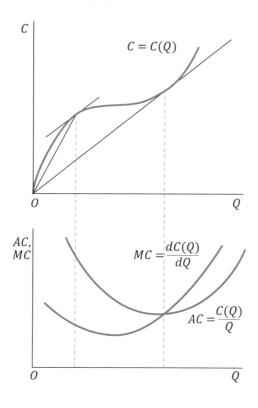

여기서 주목해야 할 점은 한계비용곡선 $MC(Q)$가 평균비용곡선 $AC(Q)$의 가장 낮은 점을 통과한다는 것이다. 그 이유는 평균비용함수 $AC(Q)$의 곡선에서 $MC(Q) = AC(Q)$가 되는 생산량(Q)의 값이 동일하기 때문이다. 즉, 평균비용이 가장 낮을 때 평균비용과 한계비용은 같아진다.

또한 한계비용곡선 $MC(Q)$가 처음에는 감소하다가 다시 증가하는 이유는 노동의 한계생산(marginal product of labor)이 처음에는 점차 증가하다가 일정 지점이 지난 후에 점차 커지기 때문이다. 평균비용곡선 $AC(Q)$가 처음에는 감소하다가 다시 증가하는 이유는 총비용에 포함되

어 있는 고정비용(fixed cost)의 존재 때문이다. 낮은 생산량 수준에서는 평균비용이 떨어지는 추세를 보이지만 생산량 수준이 증가하게 되면 고정비용이 분산되는 효과가 평균비용에 큰 영향을 미치지 못한다.

추가로 생산량 수준이 증가함에 따라 평균비용곡선과 한계비용곡선의 사이 간격이 점차 좁아짐을 알 수 있다. 이는 평균비용곡선과 한계비용곡선의 차이가 평균고정비용의 크기와 동일한데, 생산량 수준이 높아짐에 따라 이것이 점차 작아지기 때문이다.

☼ 생각 열기

함수가 연속적인 경우와 불연속적인 경우의 변화량을 다음과 같은 비용함수를 이용하여 비교해 보자.

$$C = 50 + 10x^2$$

[1] 비용함수가 연속적인 경우, 한계비용 MC는 다음과 같다.

$$MC(x) = 20x$$

따라서 생산량이 증가하면 한계비용도 증가한다. 구체적으로 $x = 1, 2, 3$인 경우 한계비용은 계산해 보면 다음과 같다.

$$MC(x = 1) = 20$$
$$MC(x = 2) = 40$$
$$MC(x = 3) = 60$$

[2] 비용함수가 불연속적(이산적)인 경우를 고려하자. 생산량 x가 0과 자연수로 이루어진 집합의 원소라고 가정하면, $x = 0, 1, 2$인 경우 비용은 각각 다음과 같다.

$$x = 0, \quad C(x = 0) = 50$$
$$x = 1, \quad C(x = 1) = 60$$
$$x = 2, \quad C(x = 2) = 90$$
$$x = 3, \quad C(x = 3) = 140$$

따라서 한계비용은 다음과 같다.

x가 0에서 1로 증가하는 경우 $MC(x = 0) = 10$

x가 1에서 2로 증가하는 경우 $MC(x=1)=30$

x가 2에서 3으로 증가하는 경우 $MC(x=2)=50$

따라서 x가 불연속인 경우의 한계비용과 연속적인 경우의 한계비용은 차이가 있다.

[3] 비용함수가 불연속적인 경우 x의 변화량 크기가 줄어들면, 연속과 불연속의 경우에 해당하는 한계비용 차이는 줄어든다. 다음과 같은 경우를 비교해 보자.

x가 1인 경우 $C(x=1)=60$

x가 1.5인 경우 $C(x=1.5)=72.5$

x가 1.2인 경우 $C(x=1.2)=64.4$

$x=1$에서 한계비용을 구하면 다음과 같다.

x의 변화량이 1에서 2로 변하는 경우 $MC(x=1)=\dfrac{30}{(2-1)}=30$

x의 변화량이 1에서 1.5로 변하는 경우 $MC(x=1)=\dfrac{12.5}{(1.5-1)}=25$

x의 변화량이 1에서 1.2로 변하는 경우 $MC(x=1)=\dfrac{4.4}{(1.2-1)}=22$

함수가 연속적인 경우 $x=1$에서 $MC(x=1)=20$이다. 따라서 생산량 x의 변화량이 점차 작아지면 연속과 불연속인 경우의 한계비용 MC의 차이는 점점 줄어든다.

8.3 탄력성

1. 탄력성의 개념

탄력성은 독립변수 A가 1% 변화할 때 종속변수 B가 몇 % 변화하는지를 나타낸 것이다. 이를 수식으로 표현하면 다음과 같다.

$$\text{탄력성} = \frac{\text{종속변수 } B\text{의 변화율}(\%)}{\text{독립변수 } A\text{의 변화율}(\%)}$$

이때의 탄력성을 "A에 대한 B의 탄력성"이라고 한다. 특히 B가 수요량에 해당하는 경우, 일반적으로 'A 탄력성'이라고 부른다. 예를 들면, A가 소득이고 B가 수요량인 경우 소득탄력성 (income elasticity of demand)이라고 부른다.

2. 수요의 가격탄력성

수요함수가 주어져 있을 때, 가격 변화율에 대한 수요량 변화율의 비율을 수요의 가격탄력성 (price elasticity of demand)이라 한다. 수요곡선은 일반적으로 우하향하므로 가격 변화율과 수요량 변화율은 항상 상반된 부호를 갖는다. 편의를 위해 탄력성 앞부분에 (−)를 붙임으로써 탄력성이 양의 값을 갖도록 만들어주는 경우도 있지만, 재화가 정상재인 경우 일반적으로 수요의 가격탄력성은 음(−)의 값이므로 양(+)의 값으로 만들어줄 특별한 이유는 없다. 이는 다음 문제에서 다시 살펴보겠다.

재화의 가격이 p에서 $p + \Delta p$로 변화할 경우, 수요량은 $D(p)$에서 $D(p + \Delta p)$로 변하게 되며, 이때 탄력성은 가격 변화율(%)과 수요량 변화율(%)의 비율이므로 수요의 가격탄력성은 다음과 같이 계산할 수 있다.

$$e_p = \frac{\text{수요량의 변화율}(\%)}{\text{가격의 변화율}(\%)} = \frac{\dfrac{D(p + \Delta p) - D(p)}{D(p)}}{\dfrac{(p + \Delta p) - p}{p}} = \frac{\dfrac{\Delta D}{D(p)}}{\dfrac{\Delta p}{p}} = \frac{\Delta D}{\Delta p} \frac{p}{D(p)}$$

여기서 $\Delta D = D(p + \Delta p) - D(p)$이다.

앞서 수요의 가격탄력성에 살펴본 바와 같이, 구간 개념인 ΔD, Δp을 이용해 탄력성을 구하는 것을 호탄력성(arc elasticity)이라고 한다. 반면, 점탄력성(point elasticity)은 미분을 이용하여 구하는 한 점상에서의 탄력성을 의미한다. 점탄력성의 개념을 이용한 수요의 가격탄력성은 다음과 같이 계산할 수 있다.

$$\epsilon_p = \lim_{\Delta p \to 0} \left(\frac{\Delta D}{\Delta p} \frac{p}{D(p)} \right) = \frac{dD}{dp_x} \cdot \frac{p_x}{D} = D(p)' \frac{p}{D(p)}$$

호탄력성과 점탄력성은 함수의 기울기$\left(\dfrac{\Delta D}{\Delta p} \right)$뿐만 아니라 좌표값$\left(\dfrac{p}{D(p)} \right)$에 의해서도 그 값이 달라진다. 가격 변화율보다 그에 대한 수요량 변화율이 작다면 수요의 탄력성은 비탄력적 (inelastic), $(-1 < \varepsilon_p < 0)$이며 탄력성이 보다 작은 경우에는$(\varepsilon_p < -1)$ 수요가 탄력적(elastic)이라고 한다. 수요의 탄력성이 정확히 −1로 가격의 변화율과 수요량의 변화율이 같은 경우 $(\varepsilon_p = -1)$에는 단위탄력적(unit-elastic)이라 한다.

3. 수요함수와 탄력성

수요함수 $x = D(P_x, P_Y, I)$를 가정하자. x는 수요량, P_X는 x재화의 가격, P_Y는 y재화의 가격, I는 소득이라고 하자. 이때 탄력성은 다음과 같이 정의된다.

① 가격탄력성

다른 변수가 일정할 때, 해당 재화의 가격 변화율에 대한 x재화의 수요량 변화율을 나타낸다.

$$\varepsilon_p = \frac{\partial D}{\partial p_x} \cdot \frac{p_x}{D}$$

② 교차탄력성

타 재화인 y재화의 가격 변화율에 대한 x재화 수요량 변화율을 나타낸다. 교차탄력성이 0이면 x재화와 y재화는 서로 독립재라고 부른다.

$$\varepsilon_{xy} = \frac{\partial D}{\partial p_y} \cdot \frac{p_y}{D}$$

③ 소득탄력성

소득인 I의 변화율에 대한 x재화의 수요량 변화율을 나타낸다. 소득탄력성이 0보다 크면 x재화를 정상재라고 부른다.

$$\varepsilon_I = \frac{\partial D}{\partial I} \cdot \frac{I}{D}$$

1. x재의 수요함수가 다음과 같다고 가정하자.

$$x = \frac{I}{\left(1 + \dfrac{b}{a}\right)P_x}$$

여기서 x, I, P_x는 각각 재화, 소득, 가격을 나타내고, a와 b는 상수이다. 이 경우 (1) 소득탄력성, (2) 가격탄력성, (3) 교차탄력성을 각각 구하시오. 이를 통해서 x재가 정상재와 독립재 (y재에 대한 독립재)가 되는지 증명하시오.

2. 어떤 재화에 대한 수요함수가 $D(p) = 100 - 2p$로 추정되었다. (1) $p = 10$에서 점탄력성을 구하고, (2) 수요의 가격탄력성이 탄력적인 가격의 범위를 구하시오.

3. 다음 그림의 가격탄력성을 설명하시오.

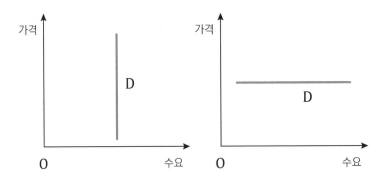

4. 다음의 선형 수요함수를 생각해 보자.

$$Q = a - bP$$

여기서 Q와 P는 재화, 가격을 나타내고, a와 b는 상수이다. 위 함수의 수요의 가격탄력성이 단위탄력성이 되는 조건을 구하시오.

1.

(1) x재의 소득탄력성은 다음과 같다.

$$\frac{dx}{dI} \cdot \frac{I}{x} = \frac{1}{\left(1+\frac{b}{a}\right)P_x} \cdot \frac{I}{\dfrac{I}{\left(1+\frac{b}{a}\right)P_x}} = 1$$

따라서 소득탄력성이 0보다 크므로 정상재이다. (정상재 > 0)

(2) x재의 가격탄력성은 다음과 같다.

$$\frac{dx}{dP_y} \cdot \frac{P_y}{x} = -\frac{I}{\left(1+\frac{b}{a}\right)P_x^2} \cdot \frac{P_x}{\dfrac{I}{\left(1+\frac{b}{a}\right)P_x}} = -1$$

탄력성이 -1이므로 단위탄력적이 된다.

(3) y재 가격에 따른 x재의 수요 변화인 교차탄력성은 다음과 같다.

$$\frac{dx}{dP_y} \cdot \frac{P_y}{x} = 0$$

따라서 x재는 y재 가격의 영향을 받지 않는 독립재이다.

2.

(1) 점탄력성 $e_p = D(p)' \dfrac{p}{D(P)}$ 의 정의를 이용하면

$$e_p = (-2)\frac{p}{100-2p} = \frac{-2p}{100-2p}$$

따라서 $p = 10$에서의 점탄력성은 다음과 같다.

$$e_p = \frac{-(2)(10)}{100-(2)(10)} = -0.25$$

(2) 수요가 탄력적이기 위해서는 $\varepsilon_p < -1$이어야 하므로 이 조건을 만족시키는 p값의 범위를 구해보면

$$\frac{-2p}{100-2p} < -1 \Rightarrow 2p > 100 - 2p \Rightarrow 4p > 100$$

따라서 $p > 25$일 때 수요가 탄력적이다.

3. 수요곡선이 수직선인 경우, 가격이 변하여도 수요량의 변화율은 0%이다. 따라서 수요의 가격탄력성은 0이 된다. 반대로 수요곡선이 수평선인 경우, 가격이 조금이라도 변한다면 수요량은 무한대로 변하게 된다. 따라서 수요의 가격탄력성은 무한대가 된다.

4. 수요의 가격탄력성을 ε이라고 표기하면 수요의 가격탄력성은 다음과 같다.

$$\varepsilon = \frac{dQ}{dP} \times \frac{P}{Q} = -b \times \frac{P}{a-bP}$$

주어진 탄력성은 기울기인 b, 상수인 a, 가격인 p에 의해서 결정된다. 이를 그림으로 나타내면 다음과 같다. 따라서 $-\dfrac{bP_0}{a-bP_0} = -1$이 되는 조건은 $P_0 = \dfrac{a}{2b}$이다.

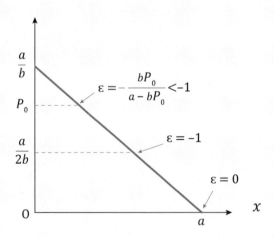

CHAPTER 09

편미분

지금까지 우리는 독립변수가 하나인 함수의 도함수를 구하는 방법에 대해 살펴보았다. 하지만 현실에서는 독립변수가 2개 이상인 경우가 일반적이다. 따라서 본 장에서는 독립변수가 2개 이상인 함수의 도함수를 구하는 방법을 살펴보고, 마지막으로 함수를 전개(expansion)하는 문제에 대해 소개한다.

9.1 편도함수

독립변수의 수가 둘 이상인 다변수 함수의 경우 도함수 대신 편도함수(partial derivative)를 이용하여 함수의 변화율을 나타낸다. 즉, 편도함수는 여러 개의 독립변수 중 단 하나의 변수만을 변화시키고 나머지 변수들을 모두 상수처럼 고정시켰을 때 종속변수인 함숫값이 어떻게 변하는가를 나타낸다.

편도함수는 도함수의 미분기호 d와 구분하여 ∂로 표기한다. 구체적으로 '독립변수 x_i에 대한 종속변수 y의 편도함수'는 다음과 같이 표기한다.

$$\frac{\partial y}{\partial x_i}$$

도함수 기호 f'에 대응하는 편도함수 기호는 f_x, f_z, f_u 등을 사용한다. 여기서 하첨자는 여러 개의 독립변수 중 변하는 특정 독립변수를 의미하며, 나머지 독립변수의 값은 상수로 고정되어 있다는 것을 의미한다.

예를 들어 독립변수가 x와 y인 이변수 함수 $z = f(x,y)$가 정의되었을 때 x에 대한 z의 편도함수는 도함수의 정의에 따라 다음과 같이 표기한다.

$$\frac{\partial f(x,y)}{\partial y} = \frac{\partial f}{\partial y} = f_y = \lim_{\Delta y \to 0} \frac{f(x, y + \Delta y) - f(x,y)}{\Delta y}$$

유사하게, y에 대한 z의 편도함수는 다음과 같이 표기한다.

$$\frac{\partial f(x,y)}{\partial y} = \frac{\partial f}{\partial y} = f_y = \lim_{\Delta y \to 0} \frac{f(x, y + \Delta x) - f(x,y)}{\Delta y}$$

위에서 구한 편도함수를 함수 $f(x,y)$의 일계 편도함수(first order partial derivative)라고 한다. 또한 편도함수를 구하는 과정을 편미분(partial differentiation)이라고 한다.

예제

다음 x와 y에 대한 함수 f의 일계 편도함수를 구하시오.

(1) $f(x,y) = x^2 + 3xy$

(2) $f(x,y) = 5x^2 + 2\ln y$

(3) $f(x,y) = (x+1)^2 (y+2)^2$

(4) $f(x,y) = \dfrac{3}{x + 2y}$

(5) $f(x,y) = \sqrt{x^2 - y^2}$

(6) $f(x,y) = (x - 2y)e^y$

(7) $f(x,y) = e^y \ln x$

(1) $\dfrac{\partial f}{\partial x} = 2x + 3y,\ \dfrac{\partial f}{\partial x} = 3x$

(2) $\dfrac{\partial f}{\partial x} = 10x,\ \dfrac{\partial f}{\partial x} = \dfrac{2}{y}$

(3) $\dfrac{\partial f}{\partial x} = \dfrac{\partial f}{\partial (x+1)} \dfrac{\partial (x+1)}{\partial x} = 2(x+1)(y+2)^2$

$\dfrac{\partial f}{\partial y} = \dfrac{\partial f}{\partial (y+2)} \dfrac{\partial (y+2)}{\partial y} = 2(x+1)^2(y+2)$

(4) $\dfrac{\partial f}{\partial x} = \dfrac{-3}{(x+2y)^2},\ \dfrac{\partial f}{\partial y} = \dfrac{-6}{(x+2y)^2}$

(5) $\dfrac{\partial f}{\partial x} = \dfrac{\partial f}{\partial (x^2 - y^2)} \dfrac{\partial (x^2 - y^2)}{\partial x} = \dfrac{x}{\left(x^2 - y^2\right)^{\frac{1}{2}}}$

$\dfrac{\partial f}{\partial y} = \dfrac{\partial f}{\partial (x^2 - y^2)} \dfrac{\partial (x^2 - y^2)}{\partial y} = -\dfrac{y}{\left(x^2 - y^2\right)^{\frac{1}{2}}}$

(6) $\dfrac{\partial f}{\partial x} = e^y,\ \dfrac{\partial f}{\partial y} = -2e^y + (x - 2y)e^y = (x - 2y - 2)e^y$

(7) $\dfrac{\partial f}{\partial x} = \dfrac{e^y}{x},\ \dfrac{\partial f}{\partial y} = e^y \ln x$

9.2 이계 편도함수

편미분의 결과로 구해진 편도함수는 다변수 함수이다. 따라서 편도함수는 또다시 편미분이 가능하다. 이처럼 주어진 함수를 두 번 편미분해서 얻은 도함수를 이계 편도함수(second order partial derivative)라고 한다.

예를 들어 함수 $z = f(x,y)$에서 2개의 편도함수 $f_x = \dfrac{\partial z}{\partial x}$, $f_y = \dfrac{\partial z}{\partial y}$를 구할 수 있다. 여기서 $f(x,y)$의 편도함수 f_x, f_y도 x와 y의 함수이므로 일계 편도함수에 편도함수의 정의를 적용하면 이계 편도함수를 구할 수 있다.

즉, y가 일정할 때 x에 관한 f_x의 변화율을 구할 수 있는데 이것이 이계 편도함수이다. $f(x,y)$의 이계 편도함수 f_{xx}는 다음과 같이 표시한다.

$$f_{xx} = \frac{\partial}{\partial x}(f_x) = \frac{\partial}{\partial x}\left(\frac{\partial f}{\partial x}\right) = \frac{\partial^2 f}{\partial x^2}$$

여기서 기호 f_{xx}의 하첨자 xx는 원함수 f를 x에 관해서 두 번 편미분한 것을 의미한다. 편도함수임을 나타내기 위해 $d^2 f / dx^2$가 아닌 $\partial^2 f / \partial x^2$를 사용함에 유의해야 할 것이다.

동일한 방법으로 x가 일정할 때 y에 관한 f_y의 편도함수 f_{yy}를 구하면 다음과 같다.

$$f_{yy} = \frac{\partial}{\partial y}(f_y) = \frac{\partial}{\partial y}\left(\frac{\partial f}{\partial y}\right) = \frac{\partial^2 f}{\partial y^2}$$

함수 $z = f(x,y)$에서 편도함수 $f_x(x,y)$는 x와 y의 함수이기 때문에, 추가로 다음과 같은 2개의 이계 편도함수를 정의할 수 있다.

$$f_{xy} = \frac{\partial^2 f}{\partial x \partial y} \quad \text{및} \quad f_{yx} = \frac{\partial^2 f}{\partial y \partial x}$$

이 같은 f_{xy} 혹은 f_{yx}를 x와 y의 교차 편도함수(cross partial derivatives)라고 한다.

f_{xy}와 f_{yx}를 따로 정의하였지만 이 두 가지 교차 편도함수는 모두 연속이기만 하면 $f_{xy} = f_{yx}$가 성립한다. 이것을 '영의 정리(Young's theorem)'라고 한다. '영의 정리'는 두 변수로 각각 편미분할 경우, 어느 변수로 먼저 편미분하는지 그 순서에 중요하지 않다는 의미이다.

한편, 이변수 함수의 이계 편도함수를 구하는 방법으로 고계 편도함수를 다음과 같이 정의할 수 있다. 예를 들어 $f(x,y)$의 삼계 편도함수 f_{xxx}는 다음과 같이 표시한다.

$$f_{xxx} = \frac{\partial}{\partial x}(f_{xx}) = \frac{\partial}{\partial x}\left(\frac{\partial^2 f}{\partial x^2}\right) = \frac{\partial^3 f}{\partial x^3}$$

유사하게, f_{xyx}는 다음과 같다.

$$f_{xyx} = \frac{\partial}{\partial x}(f_{xy}) = \frac{\partial}{\partial x}\left(\frac{\partial^2 f}{\partial y \partial x}\right) = \frac{\partial^3 f}{\partial x \partial y \partial x}$$

예제

다음 함수들의 이계 편도함수를 구하시오.

(1) $f(x,y) = x^2 + 3xy$

(2) $f(x,y) = 5x^2 + 2\ln y$

(3) $f(x,y) = (x+1)^2(y+2)^2$

(4) $f(x,y) = \dfrac{3}{x+2y}$

(5) $f(x,y) = \sqrt{x^2 - y^2}$

(6) $f(x,y) = (x-2y)e^y$

(7) $f(x,y) = e^y \ln x$

풀이 ⊗

(1) $\dfrac{\partial^2 f}{\partial x^2} = 2, \quad \dfrac{\partial^2 f}{\partial xy} = 3, \quad \dfrac{\partial^2 f}{\partial y^2} = 0$

(2) $\dfrac{\partial^2 f}{\partial x^2} = 10, \quad \dfrac{\partial^2 f}{\partial x \partial y} = 0, \quad \dfrac{\partial^2 f}{\partial y^2} = -\dfrac{2}{y^2}$

(3) $\dfrac{\partial^2 f}{\partial x^2} = 2(y+2)^2, \quad \dfrac{\partial^2 f}{\partial x \partial y} = 4(x+1)(y+2), \quad \dfrac{\partial^2 f}{\partial y^2} = 2(x+1)^2$

(4) $\dfrac{\partial^2 f}{\partial x^2} = \dfrac{6}{(x+2y)^3}, \quad \dfrac{\partial^2 f}{\partial x \partial y} = \dfrac{12}{(x+2y)^3}, \quad \dfrac{\partial^2 f}{\partial y^2} = \dfrac{24}{(x+2)^3}$

(5) 우선, 편미분 값은 다음과 같다. $f_x = \dfrac{x}{(x^2-y^2)^{\frac{1}{2}}}$, $f_y = \dfrac{-y}{(x^2-y^2)^{\frac{1}{2}}}$

따라서 이계 편도함수는 다음과 같다.

$$\frac{\partial^2 f}{\partial x^2} = \frac{-y^2}{(x^2-y^2)^{\frac{3}{2}}}, \quad \frac{\partial^2 f}{\partial x \partial y} = \frac{xy}{(x^2-y^2)^{\frac{3}{2}}}, \quad \frac{\partial^2 f}{\partial y^2} = \frac{-x^2}{(x^2-y^2)^{\frac{3}{2}}}$$

(6) $\dfrac{\partial^2 f}{\partial x^2} = 0, \quad \dfrac{\partial^2 f}{\partial x \partial y} = e^y, \quad \dfrac{\partial^2 f}{\partial y^2} = (x-2y-4)e^y$

(7) $\dfrac{\partial^2 f}{\partial x^2} = -\dfrac{e^y}{x^2}, \quad \dfrac{\partial^2 f}{\partial x \partial y} = \dfrac{e^y}{x}, \quad \dfrac{\partial^2 f}{\partial y^2} = e^y \ln x$

9.3 응용: 한계효용과 한계생산

경제학을 공부할 때 '다른 모든 조건이 동일하다면(other things being equal)'이라는 뜻으로 자주 사용되는 'cereris parius'라는 조건을 생각해 보자. 이는 여러 가지 변수가 동시에 변화할 수 있는 조건들을 일단 무시하고, 하나의 변수의 변화에 따른 다른 하나의 변수의 변화를 확인하고자 하는 것이다. 경제학에서 cereris parius 조건 하에서 어떤 변수의 변화가 다른 변수에 어떠한 영향을 미치는지를 분석하고자 한다면 이번 장에서 소개한 편미분을 사용되고 있다는 것을 확인할 수 있을 것이다.

1. 한계효용

효용함수가 다변수 함수인 경우, 특정 재화의 한계효용(marginal utility)은 다른 재화들의 소비 변화 없이 특정 재화의 소비만을 증가시켰을 때 나타나는 효용의 증가분을 말한다. 효용함수가 $U(x,y)$로 주어졌을 때 소비를 증가시키는 재화가 x라면 편도함수인 x재의 한계효용은 다음과 같다.

$$U_x = MUx = \frac{\partial U}{\partial x}$$

2. 한계생산

생산함수가 다변수 함수인 경우, 특정 요소의 한계생산(marginal product) 혹은 한계생산물은 다른 요소들의 투입 변화 없이 특정 요소의 투입만을 늘렸을 때 나타나는 생산량의 증가분을 말한다. 생산함수가 $f(L,K)$인 경우 투입을 증가시키는 요소가 자본(K)이라면 편도함수인 자본(K)의 한계생산은 다음과 같다.

$$f_K = MP_K = \frac{\partial f}{\partial K}$$

예제

1. 다음과 같이 자본(K)과 노동(L)을 투입 요소로 사용하는 콥-더글러스(Cobb-Douglas) 생산함수를 고려하자.
$$Q = f(K,L) = K^\beta L^{1-\beta} \quad (0 < \beta < 1)$$

   (1) 자본은 고정되고, 노동만 변화하는 경우 산출량 Q가 어떻게 변화하는가?
   (2) 노동 투입량이 계속 증가할 때 노동의 한계생산물은 어떻게 변화하는가?

2. 어떤 소비자의 효용함수는 $U = (xy)^{\frac{1}{2}}$이다. 이 소비자의 한계효용을 모두 구하시오.

풀이

1.
(1) 노동의 한계생산물을 MP_L이라고 하면, MP_L은 다음과 같다.

$$MP_L = \frac{\partial f}{\partial L} = (1-\beta)K^\beta L^{-\beta} > 0$$

여기서 $0 < \beta < 1$이므로 $MP_L > 0$이다. 즉, 노동의 한계생산물은 양(+)이다.

(2) 노동의 증가에 따른 노동의 한계생산물인 MP_L의 변화는 다음과 같다.

$$\frac{\partial(MP_L)}{\partial L} = -\beta(1-\beta)K^\beta L^{-\beta-1} < 0$$

마찬가지로 $0 < \beta < 1$이므로 $\dfrac{\partial(MP_L)}{\partial L} < 0$, 즉, 노동의 투입이 증가하면 노동의 한계생산물은 감소한다. 이를 노동의 한계생산물체감의 법칙이라고 한다.

2. $MU_x = \dfrac{\partial U}{\partial x} = \dfrac{1}{2}x^{-\frac{1}{2}}y^{\frac{1}{2}}$, $MU_y = \dfrac{1}{2}x^{\frac{1}{2}}y^{-\frac{1}{2}}$

9.4 함수의 전개

함수를 전개(expansion)하는 이유는 무엇일까? 일반적으로 지수함수, 로그함수, 분수함수, 삼각함수 등은 다항식 함수와는 달리 실제로 직접 계산이 어려운 경우가 많다. 이 경우 계산이 가능하도록 만들기 위해서는 계산이 가능한 다항식 함수로 전환하는 것이 필요하다.

일반적으로 어떤 점 x_0부근에서 함수 $f(x)$의 함숫값을 쉽게 구하기 위해 $f(x)$에 가까운 다항함수 $g_n(x) = a_0 + a_1(x-x_0) + a_2(x-x_0)^2 + a_3(x-x_0)^3 + \cdots + a_n(x-x_0)^n$를 찾고 점 x_0 근처에서 $g_n(x)$값을 구하여 그 값을 $f(x)$의 근사값(approximation)으로 이용한다.

이처럼 계산이 어려운 함수를 다항식 함수로 전환하는 대표적인 방법이 매클로린 급수(Maclaurin series)와 테일러전개(Taylor expansion)이다. 다항식 함수로 전환 시 3차 혹은 4차까지만의 다항식으로 전개해도 본래 함수의 함숫값과 오차가 거의 없도록 만들 수 있다.

1. e^x의 매클로린 급수

계산이 어려운 e^x의 다항식을 매클로린 급수를 이용하여 구해보자. 단, e^x를 다음과 같은 다항식이라고 가정한다.

$$e^x = a_0 + a_1x + a_2x^2 + a_3x^3 + a_4x^4 + \cdots \tag{1}$$

위 다항식을 1차, 2차, 3차, 4차까지 미분하면 다음과 같은 다항식이 된다.

1차 미분함수: $e^x = a_1 + 2a_2 x + 3a_3 x^2 + 4a_4 x^3 + 5a_5 x^4 + \cdots$

2차 미분함수: $e^x = 2a_2 + 3 \cdot 2a_3 x + 4 \cdot 3a_4 x^2 + 5 \cdot 4a_5 x^3 + \cdots$

3차 미분함수: $e^x = 3 \cdot 2a_3 + 4 \cdot 3 \cdot 2a_4 x + 5 \cdot 4 \cdot 3a_5 x^2 + \cdots$

4차 미분함수: $e^x = 4 \cdot 3 \cdot 2a_4 + 5 \cdot 4 \cdot 3 \cdot 2a_5 x + \cdots$

미분한 각각의 도함수에 $x = 0$을 대입하면 각각 다음과 같다.

$$e^0 = 1 = a_1$$
$$e^0 = 1 = 2a_2$$
$$e^0 = 1 = 3 \cdot 2a_3$$
$$e^0 = 1 = 4 \cdot 3 \cdot 2a_4$$

따라서 a값은 $a_1 = 1$, $a_2 = \dfrac{1}{2!}$, $a_3 = \dfrac{1}{3!}$ $a_4 = \dfrac{1}{4!}$ 이다. 그러므로 다음이 성립한다.

$$a_n = \frac{1}{n!} \tag{2}$$

식 (1)과 식 (2)를 이용하여 e^x를 맥클로린 급수로 전개하면 다음과 같다.

$$e^x = 1 + \frac{1}{1!}x + \frac{1}{2!}x^2 + \frac{1}{3!}x^3 + \frac{1}{4!}x^4 + \cdots = \sum_{n=0}^{\infty} \frac{x^n}{n!}$$

2. 다항식의 매클로린 급수

매클로린 급수를 이용하면 다항함수를 미분으로 표시할 수도 있다. 이때 다항함수를 $x = 0$ 주위에서 계수값을 구하는 방법을 매클로린 급수라고 한다.

예를 들어 $y = f(x) = 3x + 4x^2 + 2x^3$이라고 하자. 이 함수를 $x = 0$ 주위에서 전개하여 보자. e^x의 매클로린 급수에서 본 것과 같은 절차를 따르면 다음과 같다.

① n계 도함숫값에 $x = 0$을 대입

원함수: $y = f(x) = 3x + 4x^2 + 2x^3$

1차 미분함수: $f^{(1)}(x=0) = 3 + 4 \cdot 2x + 2 \cdot 3x^2 = 3$

2차 미분함수: $f^{(2)}(x=0) = 4 \cdot 2 + 2 \cdot 3 \cdot 2x = 4 \cdot 2$

3차 미분함수: $f^{(3)}(x=0) = 2 \cdot 3 \cdot 2$

□2 $n!$(factorial)로 표시

$$3 = f^{(1)}(x=0) 2 = \frac{1}{3!} f^{(3)}(x=0)$$

$$4 = \frac{1}{2!} f^{(2)}(x=0)$$

따라서 매클로린 급수는 다음과 같다.

$$y = f(x) = f(0) + f'(0)x + \frac{f''(0)}{2!}x^2 + \frac{f'''(0)}{3!}x^3 = 3x + 4x^2 + 2x^3$$

이러한 전개로 $x=0$ 주위에서 계수값을 구하는 방법을 매클로린 급수라고 한다.

3. 매클로린 급수의 일반화

매크로린 급수의 일반화를 위해 다음과 같이 다항함수를 가정하자.

$$y = f(x) = a_0 + a_1 x + a_2 x^2 + a_3 x^3 + \dots + a_n x^n$$

여기서 $f(x)$는 지수, 로그, 분수와 같은 계산이 어려운 함수이거나 다항함수이다. 이때 상수항 및 계수의 값은 다음과 같다.

$$a_1 = f^{(1)}(x=0)$$

$$a_2 = \frac{1}{2!} f^{(2)}(x=0)$$

$$a_3 = \frac{1}{3!} f^{(3)}(=0)$$

$$a_n = \frac{1}{n!} f^{(n)}(x=0)$$

따라서 함수 $y = f(x)$는 다음과 같이 표시된다.

$$f(x) = \frac{1}{0!}f(0) + \frac{1}{1!}f^{(1)}(0)x + \frac{1}{2!}f^{(2)}(0)x^2 + \frac{1}{3!}f^{(3)}(0)x^3 + \dots + \frac{1}{n!}f^{(n)}(0)x^n$$

이 식을 매클로린 공식이라고도 부른다. 즉, 매클로린 급수는 n차 다항함수를 $x = 0$의 주위에서 함수를 전개해서 구한 무한급수(infinite series)를 말한다.

예제

다음 함수를 다항함수의 형태로 매클로린 급수를 이용하여 구하시오.

(1) $f(x) = 3 + 2x + 5x^2 + 2x^3$

(2) $f(x) = -2x^2 + 4x + 5$

(3) $f(x) = \log(x+1)$

풀이

(1) $f(x) = 3 + 2x + 5x^2 + 2x^3$의 도함수는 다음과 같다.

$$f'(x) = 2 + 10x + 6x^2 \Rightarrow f'(0) = 2$$
$$f''(x) = 10 + 12x \Rightarrow f''(0) = 10$$
$$f'''(x) = 12 \Rightarrow f'''(0) = 12$$

따라서 매클로린 급수는

$$f(x) = f(0) + f'(0)x + \frac{f''(0)}{2!}x^2 + \frac{f'''(0)}{3!}x^3 = 3 + 2x + 5x^2 + 2x^3$$

(2) $f(x) = f(0) + f'(0)x + \frac{f''(0)}{2!}x^2 = -2x^2 + 4x + 5$

(3) $y = \log(x)$를 테일러 급수로 바꿀 수 없다. x가 0이 아니기 때문에 $x = 0$주위에서 전개할 수가 없다. 그래서 1만큼 평행이동한 함수인 $f(x) = \log(x+1)$를 전개하면 다음과 같다.

$$f(x) = \ln(x+1); \; f(0) = 0$$

$$f'(x) = \frac{1}{x+1};\ f'(0) = 1$$

$$f''(x) = -\frac{1}{(x+1)^2};\ f''(0) = -1$$

$$f'''(x) = (-1)^2 \frac{2!}{(x+1)^3};\ f'''(0) = 2$$

$$f^{(4)}(x) = (-1)^3 \frac{3!}{(x+1)^4};\ f^4(0) = -6$$

$$f^{(n)}(x) = (-1)^{n-1} \frac{(n-1)!}{(x+1)^n};$$

따라서 다음과 같이 정리된다.

$$f(x) = f(0) + f'(0)x + \frac{f''(0)}{2!}x^2 + \frac{f'''(0)}{3!}x^3 + \frac{f^4(0)}{4!}x^4 = x - \frac{1}{2}x^2 + \frac{1}{3}x^3 - \frac{1}{4}x^4 + \cdots$$

---

4. 테일러 전개

$f(x) = 3x + 4x^2 + 2x^3$와 같은 함숫값은 비교적 간단하게 직접 계산하여 구할 수 있다. 그러나 e^{2x}나 $\ln x$의 경우 $x = 0$ 혹은 $x = 1$과 같은 특수한 경우만 함숫값을 쉽게 구할 수 있고 임의의 다른 x값에서는 함숫값을 구하기가 어렵다. 이 경우 다음과 같은 테일러 전개(Taylor's expansion)를 이용하면 쉽게 함숫값을 구할 수 있다.

다만, 테일러 정리는 앞서 설명한 매클로린의 급수와 달리 $x = 0$이 아닌 다른 값의 주위에서도 함수 $f(x)$의 전개가 가능하다는 장점이 있다. 다음의 예를 생각해 보자.

$$f(x) = a_0 + a_1 x + a_2 x^2 \tag{1}$$

여기서 $x = x_0 + y$라고 하자. x_0는 상수이고 y를 변수라고 하면 다음과 같이 $f(x) = g(y)$가 성립한다.

$$f(x) = g(y) = a_0 + a_1(x_0 + y) + a_2(x_0 + y)^2 \tag{2}$$

이제 $y = x - x_0 = 0$의 주위에서 매클로린 전개를 하면 다음과 같다.

$$g(y) = \frac{g(0)}{0!} + \frac{g^{(1)}(0)}{1!}y + \frac{g^{(2)}(0)}{2!}y^2 \qquad (3)$$

y는 변수이므로 $y = (x - x_0) = 0$를 이용하여 $f(x) = g(y)$의 관계식을 다시 정리하면 다음과 같다.

$$f(x_0) = g(0) = a_0 + a_1(x_0) + a_2(x_0)^2 \qquad (4)$$

$$f^{(1)}(x_0) = g^{(1)}(0) = a_1 + 2a_2(x_0) \qquad (5)$$

$$f^{(2)}(x_0) = g^{(2)}(0) = 2a_2 \qquad (6)$$

식 (3)과 식 (4)~(6)을 이용하여, $g(y)$를 $f(x)$로 대체하면 다음과 같다.

$$f(x) = g(y) = \frac{f(x_0)}{0!} + \frac{f^{(1)}(x_0)}{1!}(x - x_0) + \frac{f^{(2)}(x_0)}{2!}(x - x_0)^2$$

이것을 일반화하면 x_0를 포함하는 열린구간 (a, b)에서 미분가능한 함수 $f(x)$가 구간 (a, b) 안의 x_0 근처의 모든 점에 대해 $f(x)$는 다음과 같이 표현할 수 있다.

$$f(x) = g(y) = \frac{f(x_0)}{0!} + \frac{f^{(1)}(x_0)}{1!}(x - x_0) + \frac{f^{(2)}(x_0)}{2!}(x - x_0)^2 + \cdots + \frac{f^{(n)}(x_0)}{n!}(x - x_0)^n + \cdots$$

$$= \sum_{n=0}^{\infty} \frac{f^{(n)}(x_0)}{n!}(x - x_0)^n$$

이것을 테일러 전개 또는 테일러 급수라고 한다. 테일러 전개는 함수 $f(x)$를 독립변수인 x의 n차의 다항식으로 표시한 것이다.

참고로 테일러 전개에서 $x_0 = 0$으로 놓으면 $f(x) = \sum_{n=0}^{\infty} \frac{f^{(n)}(x_0)}{n!}(x - x_0)^n$가 되는데 이것이 앞서 설명한 매클로린 급수이다.

예제

미분하면 계수값이 음$(-)$이 되는 $f(x) = \ln x$에 대해 $x = 1$에서 테일러 정리를 구해보자.

$f(x) = \ln x; \ f(1) = 0$

$f'(x) = \dfrac{1}{x}; \ f'(1) = 1$

$f''(x) = -\dfrac{1}{x^2}; \ f''(1) = -1$

$f'''(x) = (-1)^2 \dfrac{2!}{x^3}; \ f'''(1) = (-1)^2 2!$

이를 지속적으로 미분하면 다음과 같은 결과를 얻을 수 있다.

$$f^{(n)}(x) = (-1)^{n-1} \frac{(n-1)!}{x^n}; \ f^n(1) = (-1)^{n-1}(n-1)!$$

따라서 $\ln x$를 제 n항까지 테일러 전개하면

$$f(x) = \ln x = \sum_{i=1}^{n} \frac{(-1)^{i-1}}{i}(x-1)^i$$

CHAPTER 10

전미분

경제학에서 '다른 모든 조건이 동일하다면(ceteris paribus)'이라는 조건을 사용하여 분석할 경우 편미분을 용할 수 있음을 살펴보았다. 이번 장에서는 보다 현실적인 문제에서 접할 수 있는 여러 개의 독립변수가 변하는 경우 종속변수가 얼마만큼 변하는가를 설명하는 개념인 전미분에 대해 소개한다.

10.1 전미분

두 재화 x_1, x_2로 구성된 단순한 효용함수를 이용하여 전미분의 개념을 설명해 보자. 우선, 재화 x_1과 x_2를 소비함으로써 얻을 수 있는 소비자의 총효용은 다음과 같이 나타낼 수 있다.

$$U = U(x_1, x_2)$$

이때 x_1이 dx_1만큼 변하고, x_2가 dx_2만큼 변하면 효용의 증가분 dU는 다음과 같다.

$$dU = \frac{\partial U}{\partial x_1} dx_1 + \frac{\partial U}{\partial x_2} dx_2 = U_1 dx_1 + U_2 dx_2$$

U_i는 x_i의 변화에 대한 효용함수 U의 변화이고, dx_i는 변수 x_i의 변화량이다. x_1이 dx_1만큼 변하면 효용은 x_1의 한 단위당 $\frac{\partial U}{\partial x_1}$만큼 변하므로, x_1의 변화로 인하여 발생하는 U의 변화

분은 $\dfrac{\partial U}{\partial x_1}dx_1$이다. x_2에 대해서도 마찬가지 해석이 가능하다. 따라서 x_1과 x_2의 소비량이 동시에 변함으로써 발생하는 효용 U의 총 변화량은 $\dfrac{\partial U}{\partial x_1}dx_1 + \dfrac{\partial U}{\partial x_2}dx_2$이 된다.

경제학적으로 말하면, $U_1 dx_1$은 재화 x_1에 대한 한계효용(U_1)에 재화 x_1의 소비 증가분(dx_1)을 곱한 것을 의미하며, 두 번째 항 역시 동일한 방식으로 $U_2 dx_2$은 재화 x_1에 대한 한계효용(U_2)에 재화 x_2의 소비 증가분(dx_2)의 해석이 가능하다. 따라서 이들의 합인 dU는 모든 재화의 수요량 변화에서 발생하는 총효용(total utility)의 변화량을 의미한다.

한편, n개의 변수를 갖는 다변수 함수 $y = f(x_1, x_2, \cdots, x_n)$가 주어져 있을 때 전미분 dy는 f의 편도함수인 $f_1, f_2, \cdots, f_n$을 이용하여 다음과 같이 구할 수 있다.

$$dy = f_1 dx_1 + f_2 dx_2 + \cdots + f_n dx_n$$

위 식 $dy = f_1 dx_1 + f_2 dx_2 + \cdots + f_n dx_n$를 다변수 함수 $y = f(x_1, x_2, \cdots, x_n)$의 전미분량(total differential)이라고도 한다.

일반적으로 임의의 다변수 함수 $y = f(x_1, x_2, \cdots, x_n)$에 대해서 함수 전체의 형태는 잘 알지 못하지만, 주어진 특정 지점에서의 도함숫값을 알고 있다면, 독립변수 $x_1, x_2, \ldots, x_n$의 값이 동시에 조금 변화할 때 주어진 함수 $f(x_1, x_2, \cdots, x_n)$의 값이 얼마만큼 변화할지 근사치 계산이 가능하며, 이때 계산된 근사치를 전미분량(totoal differential)이라고 한다.

10.2 이계 전미분

함수 $z = f(x, y)$가 주어졌다면, 일계 전미분(first order total differentiation) dz는 다음과 같다.

$$dz = f_x dx + f_y dy$$

앞 장에서 소개한 이계 편도함수와 유사하게, 일계 전미분 dz를 다시 x와 y에 대해서 전미분한 이계 전미분(second order total differentiation) $d^2 z$를 구할 수 있다. 이때 dx와 dy는 각 변수가 변한 양을 나타내므로 미분 과정에 있어서 상수가 된다. f_x와 f_y는 각각 x, y의 편도함수가 되므로 미분 가능하다. 따라서 이계 전미분은 다음과 같다.

$$d^2z = d(dz) = \frac{\partial(dz)}{\partial x}dx + \frac{\partial(dz)}{\partial y}dy$$

$$= \frac{\partial}{\partial x}(f_x dx + f_y dy)dx + \frac{\partial}{\partial y}(f_x dx + f_y dy)dy$$

$$= (f_{xx}dx + f_{xy}dy)dx + (f_{xy}dx + f_{yy}dy)dy$$

$$= f_{xx}dx^2 + f_{xy}dydx + f_{yx}dxdy + f_{yy}dy^2$$

$$= f_{xx}dx^2 + 2f_{xy}dxdy + f_{yy}dy^2 \qquad \left[\, f_{xy} = f_{yx} \, \right]$$

이 식은 정의역 내의 어떤 점 (x_0, y_0)에서 dx와 dy에 의하여 결정되는 d^2z의 크기를 보여준다.

dz를 계산하기 위해 일계 편도함수들을 알아야 하는 것처럼 d^2z를 계산하기 위해서는 이계 편도함수 f_{xx}, f_{xy}, f_{yy}의 값들을 계산해야 한다. 단, d^2z, d^2y의 지수 2의 의미는 이계 미분을 의미하고, dz^2, dy^2의 지수 2는 제곱을 의미함에 유의해야 할 것이다.

예제

$z = x^2 + 2xy - y^3$일 때, 특정 좌표 $(x, y) = (2, 1)$에서의 일계 전미분 dz와 이계 전미분 d^2z를 각각 구하시오.

풀이

우선, 일계 전미분 dz와 이계 전미분 d^2z를 구하면 다음과 같다.

$$dz = (2x + 2y)dx + (2x - 3y^2)dy$$
$$d^2z = 2dx^2 + 4dxdy - 6ydy^2$$

특정 좌표, $(x, y) = (2, 1)$에서의 (일계) 전미분, 이계 전미분을 구해보면, 각각 $dz = 6dx + dy$이고, $d^2z = 2dx^2 + 4dxdy - 6dy^2$가 된다.

10.3 전미분 연산법칙

u, v, w가 각각 함수이고 c가 상수일 때 다음의 전미분 연산법칙이 정의된다.

(1) $dc = 0$

(2) $d(cu^n) = cnu^{n-1}du$ (c는 상수임)

(3) $d(u \pm v) = du \pm dv$, $d(u \pm v \pm w) = du \pm dv \pm dw$

(4) $d(uv) = v\,du + u\,dv$, $d(uvw) = vw\,du + uw\,dv + uv\,dw$

(5) $d\left(\dfrac{u}{v}\right) = \dfrac{1}{v^2}(v\,du - u\,dv)$ (단, $v \neq 0$)

예제

1. 다음 함수의 전미분 dy를 구하시오.

  (1) $y = 2x_1^2 - 3x_1 x_2^2$

  (2) $y = \dfrac{x_1 - x_2}{2x_2^2}$

  (3) $y = x_1^2 + \ln x_2$

  (4) $y = \ln(x_1^3 + x_2^2 + x_3^3)$

  (5) $y = 2x^3 + 3x^2 z - z^3$

  (6) $y = 4e^{xzh}$

  (7) $y = x^2 + h^2 + z^2$

2. 효용함수가 $U = x^{\frac{1}{2}} y^{\frac{1}{2}}$이고 $x = 400$, $y = 100$일 때 x, y의 한계효용을 구하시오. 그리고 x가 400에서 401로, y가 100에서 101로 변화할 때 총효용의 변화를 구하시오.

3. 어떤 소비자의 효용함수가 다음과 같이 주어진다.

$$u = 3x^2 + 2y^2$$

  (1) $x = 10$, $y = 5$일 때, x와 y의 한계효용을 구하시오.

  (2) x가 10에서 11로, y가 5에서 6으로 변할 때, 총효용의 변화를 근사적으로 구하시오.

풀이 ⊗

1.

(1) $dy = 4x_1 dx_1 - \left(3x_2^2 dx_1 + 6x_1 x_2 dx_2\right) = \left(4x_1 - 3x_2^2\right)dx_1 - \left(6x_1 x_2\right)dx_2$

(2) $dy = \dfrac{1}{2x_2^2}dx_1 - \dfrac{2x_1 - x_2}{2x_2^3}dx_2$

(3) $dy = 2x_1 dx_1 + \dfrac{1}{x_2}dx_2$

(4) $dy = \dfrac{3x_1^2 dx_1 + 2x_2 dx_2 + 3x_3^2 dx_3}{x_1^3 + x_2^2 + x_3^3}$

(5) $dy = \left(6x^2 + 6xz\right)dx + \left(3x^2 - 3z^2\right)dz$

(6) $dy = 4e^{xzh}\left(zh dx + xh dz + xz dh\right)$

(7) $dy = 2x dx + 2h dh + 2z dz$

2. 한계효용은 다음과 같다.

$$MU_x = \frac{\partial U}{\partial x} = \frac{1}{2}x^{-\frac{1}{2}}y^{\frac{1}{2}}, \quad MU_y = \frac{\partial U}{\partial y} = \frac{1}{2}x^{\frac{1}{2}}y^{-\frac{1}{2}}$$

이를 계산하면 다음과 같다.

$$MU_x = \frac{1}{2}(400)^{-\frac{1}{2}}(100)^{\frac{1}{2}} = \frac{1}{2} \cdot \frac{1}{20} \cdot 10 = 0.25$$

$$MU_y = \frac{1}{2}(400)^{\frac{1}{2}}(100)^{-\frac{1}{2}} = \frac{1}{2} \cdot 20 \cdot \frac{1}{10} = 1$$

총 효용변화 $dU = \dfrac{\partial U}{\partial x}dx + \dfrac{\partial U}{\partial y}dy$이므로 $dx = 1$, $dy = 1$을 총효용 전미분식에 대입하면 다음과 같다.

$$dU = 0.25 \cdot 1 + 1 \cdot 1 = 1.25$$

3.

(1) x의 한계효용$(M_x) = \dfrac{\partial U}{\partial x} = 6x = 60$

   y의 한계효용$(M_y) = \dfrac{\partial U}{\partial y} = 4y = 20$

(2) 총효용의 변화를 근사적으로 구하면 다음과 같다.

$$\triangle U \approx M_x \triangle x + M_y \triangle y = (60 \times 1) + (20 \times 1) = 80$$

10.4 합성함수의 전미분

$y = f(x, w),\ x = g(w)$라면 함수 f와 g는 합성함수 $y = f[g(w), w]$로 결합될 수 있다. 여기서 세 변수의 관계는 아래의 경로와 같이 나타낼 수 있다.

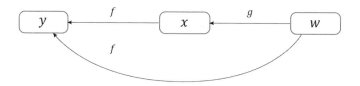

여기서 y 변화의 원인은 x가 고정되어 있다는 조건 하에 w가 변하여 영향을 미치는 직접적인 효과와 w가 x에 영향을 미치어 다시 x가 y에 영향을 미치는 간접적인 효과에 있다.

직접적 효과는 편도함수 f_w로 나타낼 수 있으나 간접적 효과는 합성함수의 연쇄법칙에 의하여 두 도함수의 곱인 $f_x \dfrac{dx}{dw}$로 표현할 수 있다. 두 효과를 합하면 w에 관한 y의 전도함수를 구할 수 있으며, 수식으로 표현하면 다음과 같다.

$$\frac{dy}{dw} = f_x \frac{dx}{dw} + f_w$$

$$= \frac{\partial y}{\partial x} \frac{\partial x}{\partial w} + \frac{\partial y}{\partial w}$$

경제적인 관점에서 설명하면, w는 원자재, x는 중간재, y는 최종재라고 볼 수 있다. 원자재

w의 변화는 직접적으로 최종재 y에 영향을 미치지만, 간접적으로 중간재 x를 통하여 영향을 미친다. 이것이 합성함수 $y = f[g(w), w]$이다.

예제

1. 다음 함수의 전도함수 $\dfrac{dy}{dw}$를 구하시오.

   (1) $y = f(x, w) = x^2 + 2x - w^2$, $x = g(w) = w^3 - w^2$

   (2) $y = f(u, v, w)$, $u = g(w)$, $v = h(w)$

2. $z = f(x, y) = x^2 + y^3$, $x = 2t - 3$, $y = 5t^2$일 때 전도함수 $\dfrac{dz}{dt}$를 구하시오.

3. 함수가 다음과 같이 정의될 때 $\dfrac{dw}{dm}$와 $\dfrac{dw}{dn}$를 구하시오.

   (1) $w = \ln(x + y + z)$, $x = m$, $y = m - n$, $z = 2n$

   (2) $w = \ln(x^2 + y^2)$, $x = mn$, $y = m + n$

   (3) $w = \ln(x^2 + y^2 + z)$, $x = m + n$, $y = m - n$, $z = mn$

4. $f(x, y, z) = x + 2y + 3z$이고 독립변수는 다시 θ의 함수로 다음과 같이 정의된다.

   $$x(\theta) = \theta^2, \ y(\theta) = \theta, \ z(\theta) = 0.5\theta$$

   이 경우 $f(x, y, z)$를 θ에 대해서 미분하시오.

5. y는 인구, r은 인구 증가율이다. 인구 증가율 r은 t의 영향을 받는다. 이를 식으로 표시하면 다음과 같다.

   $$y = ke^r, \qquad r = t^2$$

   이 경우 $\dfrac{dy}{dt}$를 구하시오.

6. 재화를 생산하는 데 들어가는 총비용 C는 원자재와 중간재인 x와 y의 함수이며 중간재인 y는 원자재인 x의 함수이다. 이를 함수로 표현하면 다음과 같다.

   $$C = 2x^2 + y^2, \qquad y = 3x^3 - 3x - 5$$

   이 경우 전도함수 $\dfrac{dC}{dx}$를 구하라.

1.

(1) $\dfrac{dy}{dw} = \dfrac{\partial f}{\partial x}\dfrac{dx}{dw} = (2x+2)(3w^2-2w)+(-2w)$

$= (2w^3-2w^2+2)(3w^2-2w)-2w = 6w^5-10w^4+4w^3+6w^2-6w$

(2) $\dfrac{dy}{dw} = \dfrac{\partial f}{\partial w} = \dfrac{\partial f}{\partial u}\dfrac{du}{dw} + \dfrac{\partial f}{\partial v}\dfrac{dv}{dw} + \dfrac{\partial f}{\partial w} = f_u g'(w) + f_v{'}(w) + f_w$

2. $dz = f_x dx + f_y dy \;\Rightarrow\; \dfrac{dz}{dt} = f_x \dfrac{dx}{dt} + f_y \dfrac{dy}{dt}$

$f_x = 2x, \; f_y = 3y^2, \; \dfrac{dx}{dt} = 2, \; \dfrac{dy}{dt} = 10t$

따라서 다음과 같다.

$\dfrac{dz}{dt} = 2x \cdot 2 + 3y^2 \cdot 10t = -3 = 4(2t-3)+3(5t^2)^2 \cdot 10t = 150t^3 + 8t - 12$

3.

(1) $w = \ln(m+m-n+2n) = \ln(2m+n)$

$\dfrac{dw}{dm} = \dfrac{2}{2m+n}$

$\dfrac{dw}{dm} = \dfrac{1}{2m+n}$

(2) $w = \ln(m^2 n^2 + m^2 + 2mn + n^2)$

$\dfrac{dw}{dm} = \dfrac{2mn^2 + 2m + 2n}{m^2 n^2 + m^2 + 2mn + n^2}$

$\dfrac{dw}{dn} = \dfrac{2m^2 n + 2m + 2n}{m^2 n^2 + m^2 + 2mn + n^2}$

(3) $w = \ln((m+n)^2 + (m-n)^2 + mn)$

$= \ln(2m^2 + mn + 2n^2)$

$$\frac{dw}{dm} = \frac{4m+n}{2m^2+mn+2n^2}$$

$$\frac{dw}{dn} = \frac{m+4n}{2m^2+mn+2n^2}$$

4. $\dfrac{df}{d\theta} = \dfrac{\partial f}{\partial x}x'(\theta) + \dfrac{\partial f}{\partial y}y'(\theta) + \dfrac{\partial f}{\partial z}z'(\theta) = 2\theta + 3.5$

   $f(x(\theta)),\ y(\theta),\ z(\theta) = (\theta^2) + 2(\theta) + 3(0.5\theta) = \theta^2 + 3.5\theta$를 직접 미분해도 같은 결과이다.

5. $\dfrac{dy}{dt} = \dfrac{\partial y}{\partial r}\dfrac{\partial r}{\partial t} = ke^r \cdot 2t = ke^{t^2} \cdot 2t$

6. $dc = f_x dx + f_y dy \;\Rightarrow\; \dfrac{dc}{dx} = f_x + f_y\dfrac{dy}{dx}$

   $f_x = 4x,\quad f_y = 2y,\quad \dfrac{dy}{dx} = 9x^2 - 3$

   따라서 다음과 같다.

$$\frac{dc}{dx} = 4x + 2y \cdot \left(9x^2 - 3\right) = 4x + 2(3x^3 - 3x - 5) \cdot \left(9x^2 - 3\right)$$

$$= 2\left(27x^5 - 36x^3 - 45x^2 + 11x + 15\right)$$

10.5 응용: 한계생산물과 소득분배이론

한 나라의 총생산함수가 규모에 대해 수익 불변(constant return to scale)이라면, 한 국가의 총생산은 생산요소의 한계생산물의 가치(value of marginal product)만큼씩 분배한 것과 일치한다. 이때 생산요소의 한계생산물 가치는 생산요소의 가격과 한계생산(marginal product)의 곱을 의미한다. 이를 수식으로 살펴보자. 단, 한 나라의 생산요소는 노동과 자본이 유일하다고 가정한다.

국가의 총생산함수 $Q = f(K, L)$가 1차 동차함수로 규모에 대한 수익 불변인 경우, 다음이 성립한다.

$$tQ = f(tL, tK)$$

위 식을 t에 대해 미분하면 다음과 같다.

$$\frac{\partial tQ}{\partial t} = \frac{\partial f}{\partial tL}\frac{\partial tL}{\partial t} + \frac{\partial f}{\partial tK}\frac{\partial tK}{\partial t}$$

이를 다시 정리하면 다음과 같다.

$$Q = \frac{\partial f}{\partial tL}L + \frac{\partial f}{\partial tK}K$$

위 식에서 $t = 1$로 놓고 한계의 개념을 도입하여 정리하면 다음과 같다.

$$Q = \frac{\partial f}{\partial L}L + \frac{\partial f}{\partial K}K = MP_L \cdot L + MP_K \cdot K$$

양변에 가격 P를 곱하면 다음과 같다.

$$PQ = PMP_L \cdot L + PMP_K \cdot K \qquad (1)$$

PMP_L와 PMP_K는 노동의 한계생산물가치와 자본의 한계생산물가치이다. 따라서 노동의 보수(w)와 자본의 보수(r)는 다음과 같이 정의된다.

$$w = P \cdot MP_L, \ r = P \cdot MP_K \qquad (2)$$

식 (1)과 식 (2)를 정리하면 다음과 같다.

$$PQ = wL + rK$$

여기서 좌변은 국내총생산, 우변은 각 생산요소에게 지불한 보수(pay)의 총합이라고 할 수 있다. 따라서 한 국가의 총생산은 생산요소인 노동과 자본의 보수로 분배됨을 알 수 있다.

CHAPTER
11

음함수의 미분

일반적으로 종속변수가 독립변수와 분리되지 않은 하나의 관계로 주어진 함수를 음함수라고 한다. 본 장에서는 음함수의 개념과 전미분의 개념을 이용하여 음함수의 도함수를 구하는 방법인 음함수 미분에 대해 소개한다.

11.1 음함수

일반적으로 함수는 $y = f(x)$ 형태로 표현된다. 이처럼 우변의 독립변수와 좌변의 종속변수로 표현될 수 있는 관계식을 양함수(explicit function)라고 한다. 양함수에서 좌변의 종속변수 y는 우변의 독립변수 x로 표현될 수 있다. 간단한 예를 통해 양함수를 표기해 보면 다음과 같다.

$$y = f(x) \text{ 또는 } y = 3x + 1$$

위 양함수 $y = 3x + 1$은 $3x + 1 - y = 0$의 형태로 표현될 수 있다. 이처럼 좌변에 독립변수와 종속변수를 두고 우변을 0으로 표현하는 함수를 음함수(implicit function)라고 한다. 즉, 양함수인 $y = f(x)$의 경우 독립변수 x를 포함하는 관계식 $f(x)$를 좌변으로 이항하여 $y - f(x) = 0$이 되도록 만들면 음함수가 된다.

앞의 식 $y = 3x + 1$의 경우 $3x + 1 - y = 0$으로 표현될 수 있는데 식 $3x + 1 - y = 0$을 $F(x, y) = x + 1 - y$로 놓으면 $F(x, y) = 0$의 형태가 된다. 결국 $y = f(x)$ 형태의 함수는 $F(x, y) = 0$과 같이 표현될 수 있는데 이때 y를 x의 음함수라고 한다. $y = f(x)$와 같이 표현될 경우,

y는 x의 양함수라고 한다.

음함수를 표기하면 다음과 같다.

$$F(x,y) = 0$$

$$f(x) - y = 0$$

$$3x + 1 - y = 0$$

위 표기에서 확인해 볼 수 있듯이 음함수는 좌변의 변수 y의 값과 $f(x)$의 값과의 차이가 0만 되면 된다. 반면, 양함수에서는 독립변수의 값만 주어지면 종속변수의 값은 함수의 식에 의해서 정해진다.

함수에서 변수 간의 관계는 양함수에서 음함수로 전환되는 순간 달라진다. 독립변수와 종속변수를 우변과 좌변에 명확히 구분하여 표현하는 양함수에서는 x가 결정되면 y도 동시에 결정되지만 독립변수와 종속변수를 모두 좌변에 둔 음함수에서는 y가 먼저 정해질 수도 있고 두 변수가 동시에 주어질 수도 있다.

11.2 음함수 미분

만약 미분가능한 함수 $y = f(x)$가 방정식 $F(x, y) = 0$에 의하여 정의된다면, 음함수에 정의된 함수 f의 구체적인 형태를 알지 못하더라도 F의 편도함수를 이용하여 y의 도함수를 구할 수 있다.

구체적으로 음함수 $F(x,y) = 0$의 전미분은 함수 F를 x와 y에 대해 미분하면 된다. 만약 y가 x에 대해 미분 가능하다면 $\dfrac{dy}{dx}$의 값을 구할 수도 있다. 즉, 음함수 $F(x,y) = 0$을 전미분한 도함수를 $\dfrac{dy}{dx}$에 대해 정리하면 다음과 같다.

$$\frac{\partial F}{\partial x}dx + \frac{\partial F}{\partial y}dy = 0 \quad \Rightarrow \quad F_x dx + F_y dy = 0$$

이를 다시 $\dfrac{dy}{dx}$에 대해 정리하면 다음과 같다.

$$\frac{dy}{dx} = -\frac{F_x}{F_y}$$

즉, $F(x, y) = 0$ 형태의 음함수의 미분은 음함수의 도함수를 구하기 위해 y를 x의 함수로 간주하고 연쇄법칙을 적용하는 것과 동일한 의미이다.

11.3 음함수 법칙

앞 절에서 우리는 음함수가 존재할 경우 종속변수 y에 대해서 풀지 않고서도 도함수를 얻을 수 있었다. 이를 정리해 보면 주어진 방정식에 의해서 정의되는 모든 음함수의 도함수를 얻게 해주는 소위 음함수 법칙(implicit function rule)을 다음과 같이 도출할 수 있다.

(1) 음함수 $F(x, y) = 0$에 대하여

(2) F가 x와 y에 대해 각각 편미분이 가능하고 $\dfrac{\partial F}{\partial y} = F_y \neq 0$이라면

(3) y의 도함수는 다음과 같다.

$$\frac{dy}{dx} = -\frac{F_x}{F_y}$$

참고로 본 절에서는 식이 1개인 경우의 음함수 미분에 대해 다루고 있다. 식이 2개 이상인 경우에도 앞서 소개한 음함수의 미분을 이용하여 유사한 방식으로 해결이 가능하다. 즉, 여러 개의 연립방정식이 동일한 다변수에 의해 구성되어 있을 때 야코비안(Jacobian) 또는 야코비안 행렬식(Jacobian determinant)을 이용하여 음함수의 편도함수를 구할 수 있다. 다만, 본 절에서 구체적인 설명은 생략하기로 한다.

예제

1. 함수 $y = 2x^2 + 3x - 1$의 도함수 $\dfrac{dy}{dx}$를 구하고, 음함수 정리를 통해 구한 $y - 2x^2 - 3x + 1 = 0$의 도함수와 비교하시오.

2. 미분이 가능한 음함수 $2y^2 + x^3 - 3z^2 - xy + 10 = 0$의 $\dfrac{dz}{dx}$와 $\dfrac{dz}{dy}$를 구하시오.

3. 다음 음함수 $f(x, y) = 0$인 경우 도함수 $\dfrac{dy}{dx}$를 구하시오.

(1) $f(x,y) = 2x^2 + xy + 4y^3 = 0$

(2) $f(x,y) = 10x^4 - 2y = 0$

(3) $f(x,y) = 5x^3 - 10y = 0$

(4) $f(x,y) = y^2 - \dfrac{x-3}{2x+1} = 0$

(5) $f(x,y) = \dfrac{y}{x-y} = 0$

4. 다음 함수 $f(x,y,z)$에 대하여 $\dfrac{dt}{dx}$와 $\dfrac{dy}{dz}$를 구하시오.

(1) $f(x,y,z) = x^2y^2 + z + yz = 0$

(2) $f(x,y,z) = x^3z^2 + 2y^2 + xyz = 0$

(3) $f(x,y,z) = x^3y + xy^2z^3 + 4xyz + z^2x = 0$

(4) $f(x,y,z) = x^2 + 3xy + 2yz + y^2 + z^2 - 11 = 0$

(5) $f(x,y,z) = 2y^2 + x^3 - 3z^2 - xy + 10 = 0$

풀이

1. 양함수는 다음과 같이 도함수를 구할 수 있다.

$$\frac{dy}{dx} = 4x + 3$$

음함수로 정리하면 다음과 같이 쓸 수 있다.

$$F(x,\ y) = y - 2x^2 - 3x + 1 = 0$$

이를 미분하면 다음과 같다.

$$F_x dx + F_y dy = 0$$

따라서 미분 값은 다음과 같다.

$$\frac{dy}{dx} = -\frac{F_x}{F_y} = -\frac{-4x-3}{1} = 4x + 3$$

2. $F(x,\ y,\ z) = 2y^2 + x^3 - 3z^2 - xy + 10 = 0$

$F_x = 3x^2 - y,\ F_y = 4y - x,\ F_z = -6z$

$$\frac{dz}{dx} = -\frac{F_x}{F_z} = \frac{3x^2 - y}{6z}$$

$$\frac{dz}{dy} = -\frac{F_y}{F_z} = \frac{4y - x}{6z}$$

3.

(1) $\dfrac{dy}{dx} = -\dfrac{f_x}{f_y} = -\dfrac{4x + y}{x + 12y^2}$

(2) $\dfrac{dy}{dx} = -\dfrac{f_x}{f_y} = -\dfrac{40x^3}{-2} = 20x^3$

(3) $\dfrac{dy}{dx} = -\dfrac{f_x}{f_y} = \dfrac{15x^2}{10} = \dfrac{3}{2}x^2$

(4) $\dfrac{dy}{dx} = -\dfrac{f_x}{f_y} = \dfrac{7}{2y(2x + 1)^2}$

(5) $\dfrac{dy}{dx} = -\dfrac{f_x}{f_y} = \dfrac{y}{x}$

4.

(1) $\dfrac{dy}{dx} = -\dfrac{f_x}{f_y} = \dfrac{2xy^2}{2x^2y + z}, \quad \dfrac{dy}{dz} = -\dfrac{f_z}{f_y} = -\dfrac{1 + y}{2x^2y + z}$

(2) $\dfrac{dy}{dx} = -\dfrac{f_x}{f_y} = \dfrac{3x^2z^2 + yz}{4y + xz}, \quad \dfrac{dy}{dz} = -\dfrac{f_z}{f_y} = -\dfrac{2x^3z + xy}{4y + xz}$

(3) $\dfrac{dy}{dx} = -\dfrac{f_x}{f_y} = -\dfrac{3x^2y + y^2z^3 + 4yz + z^2}{x^3 + 2xyz^3 + 4xz}, \quad \dfrac{dy}{dz} = -\dfrac{f_z}{f_y} = -\dfrac{3xy^2z^2 + 4xy + 2zx}{x^3 + 2xyz^3 + 4xz}$

(4) $\dfrac{dy}{dx} = -\dfrac{f_x}{f_y} = -\dfrac{2x + 3y}{3x + 2z + 2y}, \quad \dfrac{dy}{dz} = -\dfrac{f_z}{f_y} = -\dfrac{2y + 2z}{3x + 2z + 2y}$

(5) $\dfrac{dy}{dx} = -\dfrac{f_x}{f_y} = -\dfrac{3x^2 - y}{4y - x}, \quad \dfrac{dy}{dz} = -\dfrac{F_z}{F_y} = \dfrac{6z}{4y - x}$

11.4 응용: 한계대체율과 한계기술대체율, 효용함수

1. 한계대체율과 한계기술대체율

소비자의 효용함수에서 도출되는 무차별곡선(indifference curve)과 생산자의 생산함수에서 도출되는 등량곡선(isoquant)은 수학적으로 등고선(level curve)과 같은 개념이다. 무차별곡선이란 동일한 효용 수준을 가져오는 재화의 조합을 좌표로 표시한 것이다. 따라서 $U(x,y) = \overline{u}$를 만족하는 x와 y의 조합을 연결한 선이 무차별곡선이다. 여기서 x, y는 각 재화의 소비량을 뜻하며 $\overline{u}$는 상수로써 고정된 효용 수준을 뜻한다. 마찬가지로 등량곡선이란 동일한 생산량을 가져오는 생산요소의 조합을 연결한 것이며, $F(L, K) = \overline{Q}$로 표시한다. 여기서 L, K는 각 생산요소인 노동과 자본의 투입량을 의미하며, $\overline{Q}$는 상수로써 고정된 기수적 속성을 지닌 생산량을 뜻한다.

기초 미시경제이론에서 중요하게 다루고 있는 개념인 무차별곡선상의 한 점에서의 기울기 (dy/dx)는 한계대체율(marginal rate of substitution)이며, 등량곡선의 기울기(dK/dL)는 한계기술대체율(marginal rate of technical substitution)이다. 이 값들은 음함수의 미분(음함수 정리)을 이용하여 쉽게 구할 수 있다.

효용함수 $U(x,y) = \overline{u}$에서 한계대체율을 도출하기 위해서는 먼저 다음과 같이 전미분을 구해야 한다.

$$\frac{\partial U}{\partial x}dx + \frac{\partial U}{\partial y}dy = 0$$

다음으로 한계대체율의 정의에 따라서 정리하면 다음과 같다.

$$\frac{dy}{dx} = -\frac{\dfrac{\partial U}{\partial x}}{\dfrac{\partial U}{\partial y}} = -\frac{MU_x}{MU_y}$$

마찬가지로 생산함수 $F(L, K) = \overline{Q}$에서 한계기술대체율은 다음과 같다.

$$\frac{dK}{dL} = -\frac{\dfrac{\partial F}{\partial L}}{\dfrac{\partial F}{\partial K}} = -\frac{MP_L}{MP_K}$$

여기서 MU_x는 x재의 한계효용을 말하며, MP_L은 노동의 한계생산물을 말한다.

2. 효용함수

효용(utility)은 소비자가 재화 x와 y를 소비함으로써 느끼는 만족도이다. 이를 함수로 표시한 효용함수(utility function)는 일반적으로 다음과 같다.

$$U = u(x, \ y)$$

미분가능한 효용함수는 다음과 같은 성질을 가진다.

(1) 효용함수를 x에 대해 미분한 한계효용(MU_x)은 x의 소비를 추가적으로 하는 경우 그 추가분으로 인하여 발생하는 효용의 크기를 말한다.

(2) x의 소비를 증가시킴에 따라 한계효용이 감소하는 현상을 의미하는 한계효용체감의 법칙(diminishing marginal utility)은 미분으로 표기하면 다음과 같다.

$$\frac{dMU_x}{dx} < 0$$

(3) 무차별곡선이란 소비자에게 동일한 만족을 주는 재화 x와 y의 조합을 연결한 선이다.

(4) 한계대체율(marginal rate of substitution)은 무차별곡선의 기울기이다. 이는 두 재화 x와 y 사이의 소비자의 주관적인 교환비율이며 $\frac{dy}{dx}$로 표기할 수 있다.

(5) x와 y의 균형 소비량은 무차별곡선의 기울기인 한계대체율($\frac{dy}{dx}$)과 소득제약선의 기울기인 $\left(\frac{P_x}{P_y}\right)$가 같은 점에서 이루어진다. 단, 두 기울기는 절대값으로 비교한다.

예제

효용함수의 균형 소비량 x, y를 구하시오. (단, 예산제약식은 $I = P_x X + P_y y$이다.)

(1) $u = x^a y^b$ (단, $ab > 0$)

(2) $u(x, y) = ax + by$

(1) 먼저 한계대체율(MRS)은 다음과 같다.

$$MRS = \frac{dy}{dx} = \frac{\left(\dfrac{\partial u}{\partial x}\right)}{\left(\dfrac{\partial u}{\partial y}\right)} = \frac{ax^{a-1}y^b}{bx^ay^{b-1}} = \frac{ay}{bx}$$

예산제약식인 $I = P_x X + P_y y$의 기울기 $\dfrac{P_x}{P_y}$를 이용하여 균형 소비량을 구하면 다음과 같다.

$$MRS = \frac{P_x}{P_y}$$

$$\frac{ay}{bx} = \frac{P_x}{P_y}$$

$$y = \frac{bP_x}{aP_y}x$$

$y = \dfrac{bP_x}{aP_y}$를 예산제약식에 대입하면 다음과 같은 균형 소비량을 구할 수 있다.

$$x^* = \frac{a}{a+b}\frac{I}{P_x}, \quad y^* = \frac{b}{a+b}\frac{I}{P_y}$$

그림으로 나타내면 다음과 같다.

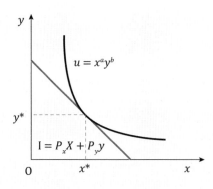

(2) 선형함수는 가격이 상대적으로 저렴한 하나의 상품만을 소비하게 된다. 먼저, 한계대체율

(MRS)은 다음과 같다.

$$MRS = \frac{a}{b}$$

또한, 예산제약식의 기울기는 $\frac{P_x}{P_y}$이다.

따라서 다음과 같은 3가지 조건에 따라 균형값이 달라진다.

첫째, MRS가 예산선의 기울기보다 큰 경우, x만 소비하게 된다. 수식으로는 다음과 같다.

$$\text{if } \frac{a}{b} > \frac{P_x}{P_y}, \quad x^* = \frac{I}{P_x}, \quad y^* = 0$$

둘째, MRS가 예산선의 기울기와 같은 경우 x, y중 무엇을 선택하여도 무관하다. 수식으로는 다음과 같다.

$$\text{if } \frac{a}{b} = \frac{P_x}{P_y}, \quad x^* \in \left[0, \frac{I}{P_x}\right], \quad y^* = \left(I - P_x x^*\right)/P_y \in \left[0, \frac{I}{P_y}\right]$$

소비자의 선호가 두 상품 간에 무차별하므로 x, y중 무엇을 선택하여도 무관하다. 단, 예산제약식을 만족시켜야 한다. 따라서 x만 다 소비하여도 균형이 된다.

셋째, MRS가 예산선의 기울기보다 작은 경우, y만 소비하게 된다.

$$\text{if } \frac{a}{b} < \frac{P_x}{P_y}, \quad x^* = 0, \quad y^* = \frac{I}{P_y}$$

지금까지 논의한 내용을 그림으로 나타내면 다음과 같다.

①은 첫째의 균형점이다. 마찬가지로 ②와 ③은 둘째와 셋째의 균형점을 각각 나타낸다.

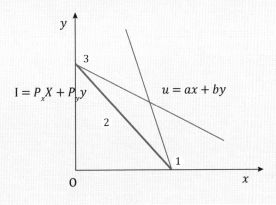

1. 다음의 효용함수가 주어진 경우 다음 물음에 답하시오.

$$U(x,\ y) = x^a y^b \ (단,\ ab > 0)$$

(1) 무차별 곡선의 한계대체율(MRS)을 구하시오.

(2) $(x = 1, y = 2)$인 경우, 함수 $U(x,y)$에 대한 무차별곡선상의 MRS를 구하시오.

(3) $U(x,y)$가 생산함수인 경우, $U = 0$, $U = 10$의 의미를 설명하고, 한계기술대체율($MRTS$)을 구하시오.

2. 기업의 생산함수가 다음과 같은 Cobb-Douglas(C-D) 함수인 경우, 다음 물음에 답하시오.

$$Q = AL^\alpha K^\beta$$

(1) 노동(L)과 자본(K)에 대한 한계생산물(MP)을 구하시오.

(2) L과 K가 각각 $(1, 2)$ 혹은 $(2, 1)$인 경우, 노동과 자본의 한계생산물(MP)을 구하시오.

(3) L과 K에 대한 총생산량의 변화를 전미분을 이용하여 구하시오.

(4) 등량곡선의 한계기술대체율($MRTS$)을 구하시오.

풀이 😊

1.

(1) $\dfrac{dy}{dx} = -\dfrac{f_x}{f_y} = -\dfrac{ax^{a-1}y^b}{bx^a y^{b-1}} = -\dfrac{ay}{bx}$

(2) $MRS = -\dfrac{a2}{b}$

(3) 생산함수인 경우 $U = 0$, $U = 10$는 생산량이 $U(x,y) = 0$과 $U(x,y) = 10$을 의미한다. 따라서 생산량이 각각 0과 10이 되는 생산요소의 관계를 좌표로 표시하면 생산량이 0과 10인 등량곡선이 된다. 이 경우 한계기술대체율($MRTS$)은 다음과 같다.

$$MRTS = -\frac{MP_x}{MP_y} = -\frac{ax^{a-1}y^b}{bx^ay^{b-1}} = -\frac{ay}{bx}$$

2.

(1) $MP_L = \dfrac{\partial Q}{\partial L} = \alpha AL^{\alpha-1}K^{\beta}$, $MP_K = \dfrac{\partial Q}{\partial K} = \beta AL^{\alpha}K^{\beta-1}$

(2) L과 K가 $(1,2)$인 경우 $MP_L = \alpha A2^{\beta}$, $MP_K = \beta A2^{\beta-1}$

     L과 K가 $(2,1)$인 경우 $MP_L = \alpha A2^{\alpha-1}$, $MP_K = \beta A2^{\alpha}$

(3) $dQ = \alpha AL^{\alpha-1}K^{\beta}dL + \beta AL^{\alpha}K^{\beta-1}dK$

(4) $MRTS = \dfrac{dK}{dL} = \dfrac{\left(\dfrac{\partial Q}{\partial L}\right)}{\left(\dfrac{\partial Q}{\partial K}\right)} = \dfrac{MP_L}{MP_K} = \dfrac{\alpha AL^{\alpha-1}K^{\beta}}{\beta AL^{\alpha}K^{\beta-1}} = \dfrac{\alpha K}{\beta L}$

CHAPTER
12

지수함수의 미분

지수함수(exponential function)는 일반적으로 실생활에서 일어나는 자연현상을 설명할 때 주로 사용된다. 1장에서는 지수함수에 대해 간단히 소개하였다. 본 장에서는 지수함수의 개념, 특징, 그래프를 그리는 방법에 대해 좀 더 구체적으로 살펴보고 자연지수함수의 도함수를 구하는 방법에 대해 소개한다. 또한 지수함수의 응용으로 연속복리(continuously compound interest)에서의 원리금(balance) 총액, 현재가치(present value) 등의 개념에 대해 살펴본다.

12.1 지수함수

1. 지수함수의 개념과 특징

지수함수는 간단하게 말해서 함수의 독립변수가 지수의 역할을 하는 함수를 말한다. 어떤 실수 a가 1이 아닌 양의 실수($a \in R^+$, $a \neq 1$)일 때 지수함수(exponential function)는 다음과 같이 표시된다.

$$y = f(x) = a^x$$

여기서 함수 y는 종속변수, x는 독립변수로 지수(exponent)라고 하고 a는 밑수(base)라고 한다.

어떤 실수 a가 1이 아닌 양의 실수이고 m과 n이 임의의 실수일 때, 지수함수 $y = f(x) = a^x$는 다음과 같이 역함수 $y = g(x) = x^a$와 유사한 특징을 가진다.

(1) $a^0 = 1$

(2) $a^{-1} = \dfrac{1}{a}$

(3) $a^{-m} = \dfrac{1}{a^m}$

(4) $(a^m)^n = a^{mn}$

(5) $a^{m+n} = a^m \cdot a^n$

(6) $a^m \div a^n = a^{m-n}$

(7) $\left(\dfrac{1}{a}\right)^m = \dfrac{b^m}{a^m}$

(8) $\dfrac{a^m}{a^n} = a^{m-n}$

(9) $a^{\frac{1}{n}} = \sqrt[n]{a}$

한편, 지수함수 $y = f(x) = a^x$가 다음과 같이 주어졌다고 하자.

$$y = f(x) = a^x,\ 0 < a < 1 \text{ 또는 } a > 1$$

그러면 함수 y는 일대일 대응이고 다음의 두 성질을 만족하며 이러한 두 성질은 동치이다.

(1) $a^{x_1} = a^{x_2}$이면 $x_1 = x_2$이다.

(2) $x_1 \neq x_2$이면 $a^{x_1} \neq a^{x_2}$이다.

2. 지수함수 그래프의 특징

어떤 실수 a가 1이 아닌 양의 실수($a \in R^+$, $a \neq 1$)일 때, 지수함수 $y = f(x) = a^x$의 그래프는 다음과 같은 특징이 있다.

(1) 모든 점 x에 대해서 $y = a^x$는 항상 양수($y = a^x > 0$)이다.

(2) 모든 실수 a에 대해 $x = 0$이면 $y = a^0 = 1$이다. 즉, $y = a^x$의 그래프는 항상 $(0, 1)$을 통과한다.

(3) x축, 즉 직선 $y = 0$은 $y = a^x$의 그래프의 수평 점근선(horizontal asymptote)이다.

(4) $a = 1$이면 x값에 상관없이 y는 항상 1이다.

(5) 밑수 a의 값이 커지면 지수함수 $y = a^x > 0$의 그래프는 y축에 가까워진다.

(6) $a > 1$인 경우, 모든 점 x에 대해서 $y = a^x$는 미분가능한 단조 증가하는 함수이다.

(7) $0 < a < 1$인 경우, 모든 점 x에 대해서 $y = a^x$는 미분가능한 단조 감소하는 함수이다.

(8) $g(x) = a^{-x}$인 경우 $g(-x) = a^x = f(x)$이고 $f(-x) = a^{-x} = g(x)$이다.

예를 들어, $y = 3^x$와 $y = 5^x$는 증가함수이고 x가 $-\infty$에 접근할 때는 3^x와 5^x는 0에 접근하며 x가 $+\infty$에 접근할 때는 3^x와 5^x는 $+\infty$에 접근한다. 또한 $y = 5^x$는 $y = 3^x$보다 밑수의 크기가 크므로 y축에 더 가깝다.

유사하게, $y = (\frac{1}{3})^x$와 $y = (\frac{1}{5})^x$는 감소함수이고, x가 $-\infty$에 접근할 때는 $(\frac{1}{3})^x$와 $(\frac{1}{5})^x$는 $+\infty$에 접근하며 x가 $+\infty$에 접근할 때는 $(\frac{1}{3})^x$와 $(\frac{1}{5})^x$는 0에 접근한다. 또한 $y = (\frac{1}{2})^x$가 $y = (\frac{1}{3})^x$보다 밑수의 크기가 크므로 y축에 더 가깝다.

12.2 지수함수의 그래프

지수함수 $y = a^x$는 밑수 a의 크기에 따라 다음과 같은 다양한 그래프가 그려진다.

(1) $a > 1$인 경우, $y = a^x$의 모든 점 x에 대해서 미분가능한 단조 증가하는 함수이다. $1 < b < a$인 경우 그래프는 [그림 12.1]과 같다.

그림 12.1 $1 < b < a$인 **지수함수**

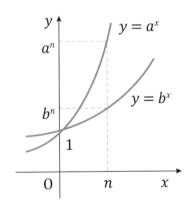

(2) $0 < a < 1$인 경우 $y = a^x$의 모든 점에 x에 대해서 미분가능한 단조 감소하는 함수이다. $0 < b < a < 1$인 경우 그래프는 [그림 12.2]와 같다.

그림 12.2 $0 < b < a < 1$인 **지수함수**

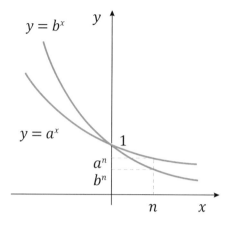

(3) $a = 1$이면 x값에 상관없이 y는 항상 1이다.

💡 **생각 열기**

$y = f(x)$의 함수에서 기하급수적으로 증가하는 그래프는 어떤 모습을 가질까?

한강변 자전거 길이 늘어나면서 자전거를 타는 사람이 기하급수적으로 증가하였다고 가정하자. 이 경우 x는 시간이 되고 y는 자전거 타는 사람 수가 된다면, $y = a^x$와 같은 지수함수로 표현할 수 있다. 단 $a > 1$이어야 한다.

만약 $a = 1$이 되는 경우도 기하급수적으로 증가하는 함수가 될 수 있을까? $a = 1$이면 x값에 상관없이 y는 항상 1인 상수가 된다. 따라서 기하급수적으로 증가하기 위해서는 $a > 1$이어야 한다.
이번에는 감소하는 지수함수를 생각해 보자. 방사성 동이원소의 양이 절반이 될 때까지 걸리는 시간이 반감기(half-life)이다. 100이 50으로 줄어드는데 1시간이 걸리고 50이 다시 25로 줄어드는데 걸리는 시간이 1시간이면, 이를 반감기라고 한다.

고고학에서 시기를 추정할 때 일반적으로 사용하는 탄소연대 측정법인 $14C$가 있다. 생명체가 죽으면 탄소가 $14C$로 감소하는데 그 반감기가 약 5,730년이다. 따라서 유물에 남아있는 탄소의 양을 측정하면 그 생명체의 연대기를 추정할 수 있다.

또 다른 예를 들어보자. 베스트셀러인 책이라도 시간이 지나면 판매량이 감소한다. 감소하는 판매량이 감소한다. 감소하는 판매량도 반감기를 따르는 경우가 종종 있다. 이를 함수로 표시하면 $y = a^x$이고 단, $0 < a$

< 1을 만족시켜야 한다. 혹은 $y = a^{-x}$이고 단, $a > 1$이다.

그렇다면 $y = a^x$에서 $a < 0$이 되는 경우는 지수함수가 될 수 있을까? $a = -2$이고 $x = \dfrac{1}{2}$이라면 $y = \sqrt{-2}$가 된다. 따라서 -2의 제곱근이 되므로 허수(imaginary number)가 되어서 좌표평면에 나타나지 않으므로 지수함수가 되지 않는다. 여기서 허수는 간단하게 대수적인 필요에 의해 가상으로 만들어낸 숫자로서 실존하지 않는 수라는 의미이다.

다음 지수함수의 그래프를 그리시오. (단, $a > 1$이라고 가정하자.)
(1) $y = a^x$
(2) $y = \left(\dfrac{1}{a}\right)^x$

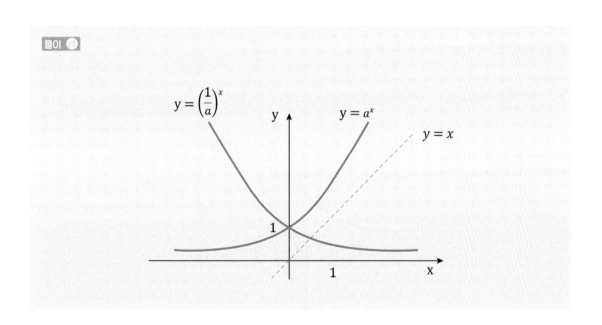

12.3 지수함수의 이동

지수함수 $y = a^x$를 그래프상에서 대칭이동하거나 평행이동하는 경우를 생각해 보자.

(1) 대칭이동

지수함수 $y = a^x$를 수평 혹은 수직으로 평행이동시키는 대칭이동의 경우, $y = a^x$를 x축에 대해 대칭이동시키면 y값이 $-y$로 변환되므로 $-y = a^x$가 된다. 마찬가지로 $y = a^x$를 y축에 대해 대칭이동시키면 x값이 $-x$로 변하여 $y = a^{-x} = (\frac{1}{a})^x$이 된다. 만약 $y = a^x$를 원점에 대해서 대칭이동시키면 어떻게 될까? 원점 대칭이동 시 y값이 $-y$로 변환되고 동시에 x값이 $-x$로 변환되므로 $-y = (a)^{-x}$가 된다.

한편, 지수함수 $y = a^x$를 $y = x$ 직선에 대칭이동시키면 y 대신에 x를 대입하고 x대신에 y를 대입하면 되므로 $x = a^y$가 된다. 참고로 이후 소개할 로그(log)를 이용하여 이를 y에 대하여 정리하면 $y = \log_a x$가 된다. 따라서 $y = a^x$와 $y = \log_a x$는 역함수 관계이다.

(2) 평행이동

x축 방향으로 m만큼 평행이동하면 $y = a^{x-m}$이 되고, y축 방향으로 n만큼 평행이동하면 $y - n = a^x$가 된다. 예를 들어, $y = a^x$를 x축 방향으로 m만큼 평행이동하면 아래 그림과 같이 독립변수 x에 대한 $y = a^x$의 값이 $y = a^{x-m}$로 감소한다. 그런 이유로 x축 방향으로 m만큼 평행이동하면 $y = a^x$는 $y = a^{x-m}$이 된다.

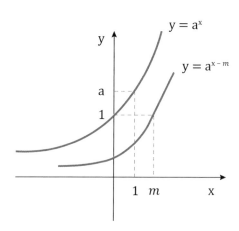

12.4 자연지수함수

1. 자연지수 e

자연지수함수(natural exponential function)를 소개하기에 앞서 무리수인 자연지수(natural exponential) e의 개념을 예금 이자(deposit interest)를 이용하여 확인해 보자.

우선, 이자 계산식에서 지급될 이자를 원금에 포함시켜 다시 이자를 계산하여 주는 방식을 복리(compound interest)라고 하고, 복리와 달리, 최초 원금에만 이자를 계산하여 주는 방식을 단리(simple interest)라고 한다. 예를 들어 1원을 저축하여 1년 후 100% 이자를 받는 경우 1년 만기 시점에 원리금(balance) 합계는 다음과 같다.

$$원금+이자 = 1+1 \ (1년에 \ 1번 \ 이자 \ 지급)$$

1년간 이자를 2번 복리로 지급하는 경우, 6개월 뒤의 원금과 이자의 합인 $(1+\frac{1}{2})$이 원금이 되어 다시 6개월 뒤에 다음과 같은 원리금 합계를 받게 된다.

$$원금+이자 = (1+\frac{1}{2})(1+\frac{1}{2}) = (1+\frac{1}{2})^2 \ (1년에 \ 2번 \ 이자 \ 지급)$$

1년간 이자를 3번 복리로 지급하는 경우 1년 만기 시점의 원리금 합계는 다음과 같다.

$$원금+이자 = (1+\frac{1}{3})^3 \ (1년에 \ 3번 \ 이자 \ 지급)$$

1년간 이자를 n번 복리로 지급하는 경우 1년 만기 시점의 원리금 합계는 다음과 같다.

$$원금+이자 = (1+\frac{1}{n})^n \ (1년에 \ n번 \ 이자 \ 지급)$$

1년간 이자를 연속으로 무한 번 지급하는 경우 1년 만기 시점의 원리금 합계는 다음과 같다.

$$\lim_{n \to \infty}(1+\frac{1}{n})^n \ (1년에 \ n번 \ 이자 \ 지급)$$

1년간 이자를 연속으로 무한 번 지급하는 경우 1년 만기 시점의 원리금 합계는 다음과 같다.

$$\lim_{n \to \infty}(1+\frac{1}{n})^n = e = 2.7182818...$$

이처럼 100% 이자를 무한 번 복리로 지급하는 경우, 1년 후의 원리금 합계는 자연지수 e가 된다.

2. 자연지수함수의 그래프

자연지수함수(natural exponential function)란 밑수가 상수 e인 함수를 말하며 다음과 같이 표기한다.

$$f(x) = e^x \text{ 혹은 } f(x) = \exp(x)$$

자연지수함수는 e가 1보다 크므로 아래와 같은 그래프가 된다.

그림 12.3 자연지수함수

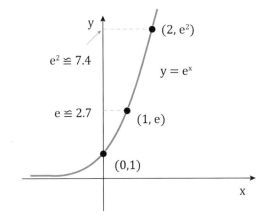

자연지수함수는 $x < z$이면 항상 $f(x) < f(z)$가 성립하므로 자연지수함수 $f(x) = e^x$는 단조 증가함수이다.

예제

투자금액 100만 원에 대하여 연속복리로 연 3%의 이자율이 적용된다면, 16개월 후의 투자금 액의 미래가치(future value)는 얼마인가?

16개월은 $\dfrac{16}{12} = \dfrac{4}{3}$ 년이므로 투자액의 가치는 다음과 같다.

$$Ae^{rt} = (100\text{만 원})e^{(0.03)(\frac{4}{3})} = (100\text{만 원})e^{(0.04)} \approx 104.08\text{만 원}$$

12.5 자연지수함수의 도함수

자연지수함수 $y = e^x$ 혹은 $y = \exp(x)$의 도함수(derivative)는 다음과 같다.

$$\frac{dy}{dx} = y' = \frac{de^x}{dx} = e^x$$

[증명] 먼저 $\triangle y$를 구하면 다음과 같다.

$$\triangle y = e^{x + \triangle x} - e^x = e^x(e^{\triangle x} - 1)$$

도함수의 정의에 의해서 다음이 성립한다.

$$\frac{dy}{dx} = \lim_{\triangle x \to 0} \frac{\triangle y}{\triangle x} = \lim_{\triangle x \to 0} \frac{e^x(e^{\triangle x} - 1)}{\triangle x} = e^x\left(\lim_{\triangle x \to 0} \frac{(e^{\triangle x} - 1)}{\triangle x}\right) = e^x$$

따라서 자연지수함수의 미분은 다음과 같다.

$$\frac{dy}{dx} = y' = \frac{de^x}{dx} = e^x$$

이와 유사하게, 자연지수함수 $y = e^{g(x)}$의 도함수는 다음과 같다.

$$\frac{dy}{dx} = y' = g'(x)e^{g(x)}$$

[증명] 자연지수함수 $y = e^x$의 도함수 증명에서 $y = f(x)$로 두고, 합성함수 $f \circ g(x) = e^{g(x)}$의 연쇄법칙(합성함수의 미분법)을 적용하면 된다.

참고로 지수함수의 미분(도함수)은 자연로그(natural logarithm)와 로그함수의 미분에 대한 이해가 필요하므로 로그함수를 다루는 다음 장에서 소개하기로 한다.

12.6 지수함수의 도함수

지수함수의 도함수는 다음 장에서 소개할 자연로그(natural logarithm)와 로그 미분에 대한 이해가 필요하지만 지수함수를 다루는 이번 장에서 우선 소개하기로 한다.

지수함수 $y = a^x$의 도함수는 다음과 같다.

$$\frac{dy}{dx} = y' = a^x \ln a$$

여기서 $\ln$은 자연로그함수(natural logarithmic function)를 나타내는 기호이며, 자연로그함수는 밑수가 e인 로그함수로 $y = f(x) = \log_e x$이다. 따라서 $y = f(x) = \ln x$이다. 로그함수와 관련된 구체적인 내용은 다음 장에서 다루기로 한다.

[증명] 지수함수 $y = a^x$의 양변에 자연로그를 취해서 로그 미분을 하면 쉽게 정리된다.

$$\ln y = x \ln a$$

$$\frac{d}{dx}(\ln y) = \frac{d}{dx}(x \ln a)$$

$$\frac{d \ln y}{dy} \cdot \frac{dy}{dx} = \ln a$$

$$\frac{1}{y} \cdot \frac{dy}{dx} = \ln a$$

$$\frac{dy}{dx} = y \ln a = a^x \ln a$$

이와 유사하게 지수함수 $y = a^{g(x)}$의 도함수는 다음과 같다.

$$\frac{dy}{dx} = y' = a^{g(x)} g'(x) \ln a$$

또 다른 방법을 보면, 지수함수 $y = a^x$의 도함수 증명에서 $y = f(x)$로 두고, 합성함수 $f \circ g(x) = a^{g(x)}$의 연쇄법칙(합성함수의 미분법)을 적용하면 된다.

한편, a가 양의 값($a > 0$)을 가질 때, 지수함수 $y = a^x$는 다음과 같은 자연지수함수로 전환된다.

$$y = a^x = e^{x \ln a}$$

[증명] 다음이 성립한다고 가정하자.

$$a^x = e^{x \ln a} \qquad (1)$$

$e^{x \ln a}$는 $e^{\ln a^x}$로 전환되므로 식 (1)의 우변은 다음과 같이 정리된다.

$$a^x = e^{x \ln a} = e^{\ln a^x} \qquad (2)$$

식 (2)의 양변에 자연로그를 취하면, 다음과 같이 정리된다.

$$\ln a^x = \ln e^{\ln a^x} \qquad (3)$$

식 (3)의 우변을 정리하면 다음과 같다.

$$\ln e^{\ln a^x} = \ln a^x \qquad (4)$$

따라서 식 (2)와 식 (4)에 의해서 다음이 성립한다.

$$a^x = e^{x \ln a}$$

또한, 지수함수인 $y = a^{f(x)}$의 도함수는 다음과 같다.

$$\frac{d\left[a^{f(x)}\right]}{dx} = a^{f(x)} \ln a f'(x)$$

[증명] 먼저 간단한 지수함수 $y = a^{f(x)}$를 자연지수함수 $y = e^{f(x) \ln a}$로 전환하여 도함수를 구하면 다음과 같다.

$$\frac{dy}{dx} = \frac{d\left(a^{f(x)}\right)}{dx} = \frac{d\left(e^{f(x) \ln a}\right)}{d(f(x) \ln a)} \frac{d(f(x) \ln a)}{dx}$$
$$= e^{f(x) \ln a} (\ln a) f'(x) = a^{f(x)} \ln a f'(x)$$

12.7 응용: 연속복리와 현재가치

1. 연속복리

앞서 살펴본 바와 같이, 이자를 계산하는 대표적인 방식으로 단리(simple interest)와 복리(compound interest)가 있다. 단리란 단순히 어떤 시간 주기 동안 투자된 원금(principal)에 대해서만 이자를 계산하는 방식이고, 복리란 원금과 이자의 합인 원리금(balance)에 대한 이자를 계산하는 방식이다.

예를 들어, A를 원금, i_s를 연 단리이자율이라고 하자. 이 경우 t년 후의 원리금 $B(t)$는 $B(t) = A(1 + i_s t)$로 계산할 수 있다. 이때 $A i_s t$는 t년 후의 단리이다.

복리에서는 현재 기간의 원리금이 다음 기간의 원금으로 간주되기 때문에 원금은 시간이 지날수록 증가한다. 예를 들어, A를 원금, i_c를 연 복리이자율이라고 하자. 이 경우 t년 후의 원리금 $B(t)$는 $B(t) = A(1 + i_c)^t$로 계산할 수 있다. 즉, 1년 후의 원리금은 $B(1) = A(1 + i_c)^1$이며, $B(1)$은 2년째의 원금으로 간주되며 2년 후의 원리금은 $B(2) = A(1 + i_c)^2$이다.

만약, 이자가 매년 n회 주기적인 복리(예컨대 반년, 분기, 월, 주, 일 단위)로 적용되는 경우 t년 후의 원리금은 $B(t) = A(1 + \dfrac{i_c}{n})^{nt}$이다. 여기서 연 이자율 i_c가 매년 주기적으로 n회 복리로 적용된다면 연 이자율은 각 주기에 균등하게 분배되어야 하므로 각 주기당 이자율은 $\dfrac{i_c}{n}$가 된다. 즉, t년 동안 이자율 $\dfrac{i_c}{n}$가 nt회 복리로 적용되는 것이다.

자연지수 e는 연속복리(continuous compouding)를 계산하는 데 이용된다. 연속복리란 주어진 기간 동안 복리가 연속적으로 발생하는 경우를 말한다. 즉, 복리이자율이 적용되는 주기의 횟수가 매우 많아지는 경우를 의미하며 위 주기적인 복리 계산식에서 n이 궁극적으로 무한대(∞)로 증가하는 경우이다.

연속복리를 통해 구해진 원리금은 지수함수의 형태로 나타난다. 예를 들어, 원금 A를, 연 이자율 r을 n번 나누어 만기 시 지급한다고 가정하자. 1년간 예금한 경우, 받게 되는 원리금 B는 다음과 같다.

매 지급 시기의 이자율 $\dfrac{r}{n}$

$n = 1$인 경우 원리금(B) = 원금+이자 = $A(1 + r)$

$n = 2$인 경우 원리금$(B) = A(1+\dfrac{r}{2})(1+\dfrac{r}{2}) = A(1+\dfrac{r}{2})^2$

$n = n$인 경우 원리금$(B) = A(1+\dfrac{r}{n})(1+\dfrac{r}{n})\dots\dots(1+\dfrac{r}{n}) = A(1+\dfrac{r}{n})^n$

$n \to \infty$인 경우 원리금$(B) = \lim\limits_{n \to \infty} A(1+\dfrac{r}{n})^n$

위 식을 상수 e를 이용하여 간단히 만들어 보자. 먼저 $m = \dfrac{n}{r}$이라고 가정하고, 다시 n에 대해 정리하면 다음과 같다.

$$n = mr$$

따라서 다음과 같이 정리된다.

$$\lim\limits_{n \to \infty} A(1+\dfrac{r}{n})^n = \lim\limits_{n \to \infty} A(1+\dfrac{1}{m})^{mr} = A\Big(\lim\limits_{m \to \infty}(1+\dfrac{1}{m})^m\Big)^r = Ae^r$$

즉, 원금이 A이고 연속복리 이자율이 r인 경우 1년 후에 받게 되는 금액은 $Ae^r = A exp(r)$이다. 여기서 e는 자연 지수이다.

그렇다면 t년간 연속복리인 경우의 원리금(B)는 어떻게 될까?

$t = 1$인 경우 원리금$(B) = Ae^r$

$t = 2$인 경우 원리금$(B) = Ae^r e^r = Ae^{2r}$

$t = 3$인 경우 원리금$(B) = Ae^r e^r e^r = Ae^{3r}$

$t = t$인 경우 원리금$(B) = Ae^{rt} = A exp(rt)$

여기서 A를 현재가치(present value), B를 미래가치(future value)라고 부른다. 일반적으로 A를 원금, t년 후의 원리금을 $B(t)$라고 할 경우, 주어진 이자율에 대해서 $B(t)$는 A의 미래가치(future value)이고 A는 $B(t)$의 현재가치(present value)이다.

지금까지의 내용을 정리하면, 원금이 A이고 연속복리 이자율이 r이며 1년 후 받게 되는 금액은 $Ae^r = A exp(r)$이다. 유사하게 원금이 A이고 연속복리 이자율이 r이며 t년 후 받게 되는 금액은 $Ae^{rt} = A exp(rt)$이다.

2. 현재가치

현재가치(present value)란 미래가치(future value)를 현재의 시점에서 재평가한 가치이다. 미래가치를 현재가치로 재평가하기 위해 사용되는 할인율(discount rate)에 따라 현재가치의 크기는 변한다. 일반적으로 할인율에 해당하는 이자율(interest rate)이 높을수록 미래가치의 현재가치는 작아지고 이와 반대로 할인율 혹은 이자율이 낮을수록 미래가치의 현재가치는 커진다.

$$현재가치\,(PV) = \frac{미래가치}{할인율}$$

예를 들어, $t = 0$인 시점에서 원금 A를 연속복리이고 연 이자율이 r인 상품에 저축한다면 t년 후 원리금은 다음과 같다.

$$B = Ae^{rt}$$

반대로 B의 가치를 $t = 0$인 현재의 시점에서 재평가하면 다음과 같다.

$$A = Be^{-rt}$$

여기서 r은 할인율이 되고 r이 높으면 A의 가치는 떨어지게 된다.

한편, $A = Be^{-rt}$는 미래가치 B가 종속변수가 되고 현재가치 A가 독립변수가 되는 함수의 다른 표현이 됨을 알 수 있다.

예제

1. 기업은 현재 $t = 0$시기에 와인을 주조하여 판매하고 있다. 미래 시점인 t기에 판매하는 A기업의 와인 양 a는 매년 불변이고, t기 동안 숙성한 후 판매할 때의 와인 가격$p(t)$는 단조증가하고 있다. (단, 연 이자율은 r로 고정되어 있다.)

    (1) $t = 10$기에 10년 숙성된 와인을 a만큼 판다면 와인의 판매수익은 $ap(10)$이 된다. $t = 0$ 시점에서의 와인 판매수익 $ap(10)$의 현재가치는 얼마인가?

    (2) 10년간 숙성시킨 와인을 a만큼 판매하는 행위를 매년 반복적으로 지속한다. 즉, $t = 0$시기에 주조하여 10년 뒤인 $t = 10$시기에 $p(10)$에 판매하고, 다시 $t = 1$ 시기에 주조하여 10년 뒤인 $t = 11$인 시기에 $ap(10)$에 판매하는 행위를 계속한다. 현재 시점인 $t = 0$시점에서 이 와인 미래 판매가치의 현재가치는 총 얼마인가?

2. 철수는 출퇴근에 전철 또는 자가용을 이용하는데, 무엇을 이용해도 동일한 만족도를 가진다. 철수가 전철을 이용하는 경우 비용은 매년 100만 원씩이다. 반면, 철수가 1,000만 원짜리 중고 자동차를 구입하여 3년간 운행 후 다시 중고차 시장에서 이 차를 매도하면 500만 원을 받는다. 철수가 중고 자동차를 구입하여 3년간 자가용으로 출퇴근하는 것이 합리적이라고 말할 수 있는지 비용의 현재가치를 가지고 판단하시오. (단, 할인율로 이용되는 연간 이자율은 10%이며 자가용 이용 시 발생하는 추가적인 비용은 고려하지 않는다.)

풀이 ⊗

1.

(1) $t=10$기에 와인의 판매수익은 $B=ap(10)$이 된다. $t=0$시점에서 와인의 현재가치는 단순히 다음과 같이 정의된다.

$$\frac{ap(10)}{e^{r10}}$$

(2) $t=0$ 시점에서 와인을 주조하여 10년 후에 a만큼 판매한 경우의 현재가치: $\frac{ap(10)}{e^{r10}}$

$t=1$ 시점에서 와인을 주조하여 10년 후에 a만큼 판매한 경우의 현재가치: $\frac{ap(10)}{e^{r11}}$

$t=2$ 시점에서 와인을 주조하여 10년 후에 a만큼 판매한 경우의 현재가치: $\frac{ap(10)}{e^{r12}}$

결국 반복적으로 주조하여 10년 뒤에 판매하는 경우의 총 현재가치는 다음과 같다.

$$\frac{ap(10)}{e^{r10}}+\frac{ap(10)}{e^{r11}}+\frac{ap(10)}{e^{r12}}+\cdots=\frac{\dfrac{ap(10)}{e^{r10}}}{1-\dfrac{1}{e^{r}}}1$$

2.

① (중고차 운용 비용의 현재가치)=(현재 자동차의 가격)−(3년 후 중고차 가격의 현재가치)

(중고차 운용 비용의 현재가치)=$10,000,000-\dfrac{5,000,000}{e^{0.1\times3}}>6,000,000$원

② (대중교통 이용 비용의 현재가치)=(매년 들어가는 교통비용 현재가치의 합)

$$\text{(대중교통 이용 비용의 현재가치)} = \frac{1,000,000}{e^{0.1 \times 1}} + \frac{1,000,000}{e^{0.1 \times 2}} + \frac{1,000,000}{e^{0.1 \times 3}} < 3,000,000원$$

중고차 운용 시 발생하는 비용을 현재가치로 환산하면 600만 원보다 크고, 대중교통 이용 시 발생하는 비용을 현재가치로 환산하면 300만 원보다 작다. 따라서 철수는 차를 구매하지 않고 대중교통을 이용하는 것이 합리적이다.

예제

[2016년 행정고시] 기간 1과 기간 2의 두 기간에 걸친 정부의 예산제약식이 다음과 같이 주어졌다.

$$T_1 + \frac{T_2}{(1+r)} = G_1 + \frac{G_2}{(1+r)} \tag{1}$$

기간 1과 기간 2에서 정부지출에는 변화가 없는 상태에서 정부가 기간 1의 조세만 $\triangle T_1$만큼 삭감하였다고 가정하자. (단, T_1과 G_1은 기간 1에서의 정부의 조세와 지출, T_2와 G_2는 기간 2에서의 정부의 조세와 지출, r은 이자율을 나타낸다.) 다음 물음에 답하시오.

(1) 정부가 예산제약을 지키는 경우 기간 2에서 조세$\triangle T_2$는 어떻게 변해야 하는가?
(2) 리카르도의 동등성 정리(Ricardian equivalence theorem)가 성립한다고 할 때, 소비자의 저축은 어떻게 변화하는가?

풀이 ●

차분을 미분으로 바꾸어서 정리하고 소비자의 예산제약식을 세우면 간단한 문제가 된다. 문제풀이는 e^{rt}를 사용하지 않고$(1+r)$을 이용하였으나 e^{rt}로 바꿔도 된다.

(1) 정부의 예산제약식 식 (1)을 조세와 지출에 대해 미분하면 다음과 같다.

$$dT_1 + \frac{dT_2}{(1+r)} = dG_1 + \frac{dG_2}{(1+r)} \qquad (2)$$

정부지출에 변화가 없으므로 $dG_1 =$이 성립한다. 따라서 식 (2)는 다음과 같이 정리된다.

$$dT_1 + \frac{dT_2}{(1+r)} = 0 \qquad (3)$$

따라서 조세 $\triangle T_2$에 대해 정리하면 다음과 같다.

$$-dT_1(1+r) = dT_2 > 0 \qquad (4)$$

식 (4)를 해석하면 정부가 기간별 예산 제약조건을 만족하기 위해서는 기간 2에서 $(1+r)\triangle T_1$ 만큼 세금을 인상해야 한다는 것이다.

(2) 리카르도의 동등성 정리란 정부지출 수준이 일정할 때, 정부지출의 재원 조달 방법의 변화는 민간의 경제활동에 아무 영향도 주지 못한다는 이론이다.
소비자의 두 기간 예산제약조건은 다음과 같이 표기할 수 있다.

$$C_1 + \frac{C_2}{(1+r)} = (Y_1 - T_1) + \frac{(Y_2 - T_2)}{(1+r)} \qquad (5)$$

정부가 기간 1에서 조세를 dT_1만큼 삭감하고 기간 2에서만큼 $dT_1(1+r)$인상하면 소비자의 기간간 예산 제약조건은 다음과 같이 수정된다.

$$C_1 + \frac{C_2}{(1+r)} = (Y_1 - (T_1 - dT_1)) + \frac{(Y_2 - (T_2 + dT_1(1+r)))}{(1+r)} = (Y_1 - T_1) + \frac{(Y_2 - T_2)}{(1+r)} \quad (3)$$

결국, 식 (2)와 식 (3)이 같게 된다. 따라서 소비자의 기간간 예산 제약조건에는 변화가 없으므로 각 기간의 소비에도 변화가 없다. 그러나 저축은 변화가 발생한다. 조세 삭감 전의 저축은 $S = (Y_1 - T_1) - C_1$이 되나, 삭감 후는 저축은 $S^* = Y_1 - (T_1 - \triangle T_1) - C_1$이다. 따라서 저축은 $\triangle S = S^* - S = \triangle T_1$만큼 증가한다. 결국, 조세의 변화는 저축의 변화와 일치한다.

로그함수의 미분

로그함수는 일반적으로 경제성장과 관련된 경제 동태분석(dynamic analysis)에 광범위하게 응용되는 함수이다. 1장에서는 로그함수(logarithmic function)에 대해 간단히 소개하였다. 본 장에서는 지수함수(exponential function)와 밀접하게 관련된 로그함수의 개념과 기본성질, 그래프를 그리는 방법에 대해 좀 더 구체적으로 살펴보고 로그함수의 도함수를 구하는 방법에 대해 소개한다. 또한 로그함수의 응용으로 인구증가율, 경제성장률 연속복리 등의 개념에 대해 살펴본다.

13.1 로그함수

1. 로그함수의 개념

a가 1이 아닌 양의 실수($a \in R^+$, $a \neq 1$)에 대하여 $a^{f(x)} = x$인 관계가 있을 때, $f(x)$는 a를 밑수(base)로 하는 x의 로그함수(logarithmic function)라고 정의되고 다음과 같이 나타낸다.

$$y = f(x) = \log_a x$$

1장에서도 소개된 바와 같이, 여기서 함수 y는 종속변수, x는 독립변수로 진수(antilogarithm)라고 한다.

로그함수의 밑수 $a = 10$이면 $y = f(x) = \log_{10} x$를 상용로그함수(common logarithmic function)라 하고 다음과 같이 표기한다.

$$y = \log_{10} x$$

앞서 로그함수와 마찬가지로 상용로그함수 $y = \log_{10} x$에서 10을 몇 번 제곱하면 x가 나오는가의 답이 y가 된다.

한편, 상용로그함수의 정의역은 $x > 0$이 되어야 한다. 왜냐하면, $x = -1$인 경우 10을 어떤 수로 제곱하더라도 음수가 되지 않기 때문이다.

로그함수의 밑수 $a = e$이면 $y = f(x) = \log_e x$를 자연로그함수(natural logarithmic function)라 하고 다음과 같이 표기한다.

$$\log_e(x) = \ln(x)$$

자연로그함수는 많이 사용되는 함수이므로 별도의 기호인 ln을 사용하여 $f(x) = \ln x$로 나타낸다.

2. 로그함수의 기본 성질

$a > 0,\ a \neq 1,\ c \neq 1,\ p > 0,\ b > 0,\ c > 0$일 때, 로그함수는 다음과 같은 성질을 갖는다(증명 생략).

(1) $\log_a a = 1$

(2) $\log_a 1 = 0$

(3) $\log_a pq = \log_a p + \log_a q$

(4) $\log_a \dfrac{x}{y} = \log_a x - \log_a y$

(5) $\log_a b = \dfrac{1}{\log_b a}$

(6) $\log_a \dfrac{1}{p} = -\log_a p$

(7) $\log_a \dfrac{p}{q} = \log_a p - \log_a q$

(8) $\log_a p^r = r \log_a p$

(9) $a^{\log_a x} = x$

(10) $\log_a x = (\log_a b)(\log_b x)$

(11) $\log_a e = \dfrac{1}{\log_e a} = \dfrac{1}{\ln a}$

(12) $\log_e x = \ln x$

(13) $\log_a x = \dfrac{\ln x}{\ln a}$

한편, 로그함수 $y = f(x) = a^x$가 다음과 같이 주어졌다고 하자.

$$y = f(x) = \log_a x, \ a \neq 1, \ x > 0$$

그러면 함수 y는 일대일 대응이고 다음의 두 성질을 만족하며 이러한 두 성질은 동치이다.

(1) $\log_a x_1 = \log_a x_2$이면 $x_1 = x_2$이다.

(2) $x_1 \neq x_2$이면 $\log_a x_1 \neq \log_a x_2$이다.

3. 지수함수와 로그함수의 관계

로그함수는 지수함수와 역함수 관계이다. $y = \log_a x$는 x 집합에서 y 집합으로 가는 함수이고 이를 $y = x$에 대하여 대칭이동한 $y = a^x$는 로그함수의 역함수가 된다.

지수함수 $y = a^x$의 역함수 $x = a^y$가 구해지면 로그함수 $y = \log_a x$은 단순히 y를 x의 함수로 나타낸 다른 방식의 표현일 뿐이다. 즉, 로그함수 $y = \log_a x$는 $a^y = x$를 로그(logarithm)로 표현한 것이다. 따라서 다음이 성립한다.

$$a^y = x \Leftrightarrow y = \log_a x$$

이때 $a^y = x$의 y는 $\log_a x$를 말하므로 $a^{\log_a x} = x$로 나타낼 수 있다.

참고로 로그함수 $y = \log_a x$에서 '밑수 a를 몇 번 제곱하면 x가 나오게 되는가?'라는 질문의 답은 y가 된다.

로그함수와 지수함수의 역함수 관계를 다음과 같이 간단하게 증명해 보자.

우선, 원함수 로그함수는 다음과 같다.

$$y = \log_a x$$

로그함수 $y = \log_a x$를 $y = x$에 대해서 대칭이동하면 다음과 같다.

$$x = \log_a y$$

이를 다시 로그함수의 정의에 따라 y에 대해 정리하면 다음과 같다.

$$y = a^x$$

따라서 로그함수 $y = \log_a x$와 지수함수 $y = a^x$는 역함수 관계이다.

13.2 지수함수와 로그함수의 그래프

지수함수와 로그함수는 역함수의 관계이기 때문에 지수함수의 절편이 $(0,1)$이라면 로그함수 $y = \log_a x$의 절편은 $(1,0)$이 된다. 즉, $y = \log_a x$의 그래프는 항상 $(1,0)$을 통과한다.

[그림 13.1]은 지수함수 $y = a^x \, (a > 0, \, a \neq 1)$와 $y = x$에 대해 대칭이동한 역함수(inverse function)는 $y = \log_a x$이다. 두 그래프의 공통점은 $a > 1$일 때, x의 값이 증가하면 y의 값도 증가하는 증가함수이고, $0 < a < 1$일 때, x의 값이 증가하면 y의 값은 감소하는 감소함수라는 점이다. 한편, y축, 즉 직선 $x = 0$은 $y = \log_a x$의 그래프의 수직 점근선(vertical asymptote)이다.

또한, [그림 13.1]에서 확인할 수 있듯이, 지수함수 $y = a^x \, (a > 0, \, a \neq 1)$와 $y = \log_a x$는 서로 $y = x$에 대해 대칭이동한 역함수 관계이므로 두 함수는 그래프 $y = x$에 대해서 대칭(symmetric)이다.

예를 들어, $y = \log_3 x$과 $y = \log_5 x$의 경우, x의 값이 증가함에 따라 두 함수의 값은 증가한다. 또한 x가 0의 우측으로부터 0에 접근할 때 $\log_3 x$과 $\log_5 x$는 $-\infty$로 접근하는 반면, x가 $+\infty$에 접근할 때 $\log_3 x$과 $\log_5 x$는 $+\infty$에 접근한다.

유사하게, $y = \log_{\frac{1}{3}} x$와 $y = \log_{\frac{1}{5}} x$의 경우, x의 값이 증가함에 따라 두 함수의 값은 감소한다. 또한 x가 0의 우측으로부터 0에 접근할 때 $\log_{\frac{1}{3}} x$과 $\log_{\frac{1}{5}} x$는 $+\infty$로 접근하는 반면 x가 $+\infty$에 접근할 때 $\log_{\frac{1}{3}} x$과 $\log_{\frac{1}{5}} x$는 $-\infty$에 접근한다.

그림 13.1 지수함수와 로그함수의 관계

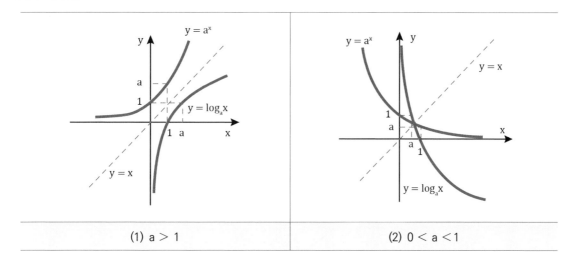

| (1) a > 1 | (2) 0 < a < 1 |

13.3 로그함수의 이동

로그함수 $y = \log_a x \, (a > 0, a \neq 0)$를 그래프상에서 평행이동하거나 대칭이동한 그래프의 식을 알아보자. 기본적인 원리는 12장에서 설명한 지수함수와 동일하다.

우선, 로그함수가 다음과 같다고 가정하자.

$$y = \log_a x$$

(1) x축에 대해 대칭이동한 함수는 $-y = \log_a x$이고 따라서 $y = \log_a \dfrac{1}{x}$이다. 점근선(asymptote)의 방정식은 $x = 0$으로 다음과 같다.

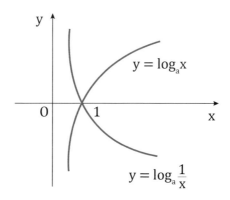

(2) y축에 대해 대칭이동한 함수는 $y = \log_a(-x)$이다. 점근선의 방정식은 $x = 0$으로 다음과 같다.

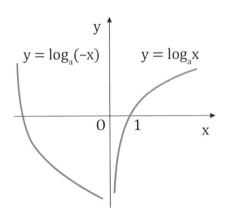

(3) 원점에 대해 대칭이동한 함수는 $-y = \log_a(-x)$이고 $y = \log_a(-\dfrac{1}{x})$이다. 따라서 점근선의 방정식은 $x = 0$으로 다음과 같다.

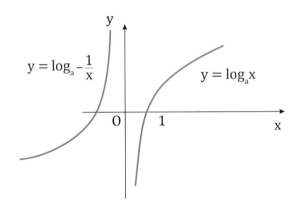

(4) $y = x$에 대한 대칭이동 즉, 역함수는 $y = a^x$이다. 따라서 점근선의 방정식은 $y = 0$으로 다음과 같다.

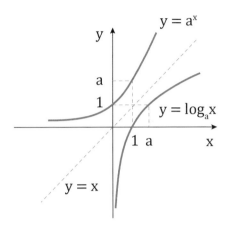

(5) x축 방향으로 m만큼 평행이동한 함수는 $y = \log_a(x - m)$이다. 그래프는 아래와 같고 점근선의 방정식은 $x = m$이다.

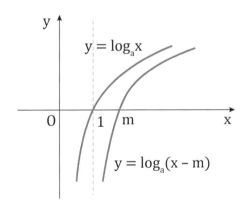

(6) y축 방향으로 n만큼 평행이동한 함수는 $y - n = \log_a x$이다. $y = (\log_a x) + n$이므로 $y = \log_a x$그래프를 y축의 방향으로 n만큼 평행이동한 것이다. 그래프는 아래와 같고 점근선의 방정식은 $x = 0$이다.

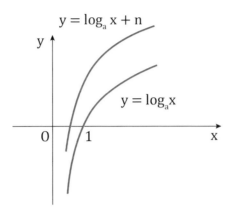

예제

1. 섬 국가인 A국의 GDP는 현재 10억 원이며 매년 r%씩 성장한다. A국의 10년 뒤 GDP가 16억 원이라면 경제성장률 r은 몇 %인가? (단, 경제성장률 r은 고정되어 있으며 $\ln 1.6 \approx 0.47$이다.) (Hint. 경제성장률과 인구증가율은 복리의 이자와 같은 개념을 사용하고 있다.)

2. B국의 현재 인구는 200만 명이고 5년 뒤의 인구는 400만 명이었다. B국의 연간 인구증가율은 몇 %인지 계산하시오. (단, $\ln 2 = 0.7$로 계산한다.)

풀이

1. r%씩 10년간 증가하면 10년 뒤의 경제성장률은 다음과 같다.
$$16 = (10)e^{(r)(10)}$$
$$r = \frac{\ln 1.6}{10} \approx 0.047$$
따라서 경제성장률은 4.7%이다.

2. $200e^{(r)(5)} = 400$

$e^{5r} = 2$

$r = \dfrac{\ln 2}{5} \approx 0.14$

따라서 인구증가율은 14%이다.

---

1. 함수 $f(x) = 10(1 - a^{-0.5(x+2)})$ ($a > 1$인 양수)에서, 치역의 범위가 5 이상이 되는 경우 정의역의 범위를 구하시오. (단, $\log_a 2 = 2.5$로 계산한다.)

2. 함수 $f(x) = \begin{cases} 15 - \dfrac{1}{2}x & (x < 10) \\ 2 - \log 2(x+2) & (x \geq 10) \end{cases}$ 의 역함수를 $g(x)$라고 하자. $(g \circ g)(x) = 2$를 만족시키는 (x)의 값을 구하시오.

3. 현재 A국은 연간 오염물질을 1만 톤씩 배출하고 있다. 그러나 A국은 오염물질 배출 규제 법안에 의해서 매년 오염물질 배출량을 줄일 계획을 세우고 있다. 만약 A국의 오염 배출량이 매년 10%씩 감소한다면, 법안 시행 후 연간 오염물질 배출량이 4천 톤 이하가 되는 것은 몇 년부터인지 구하시오. (단, $\log 4 = 0.6, \log 9 = 0.95$로 계산한다.)

4. 실질(real) 연봉은 명목(nominal) 연봉을 당해 년도의 물가지수로 나눈 값이다. 예를 들어, 물가지수가 1.5이고 3,000만 원의 연봉을 받는 경우 실질 연봉은 $\dfrac{3,000만\ 원}{1.5} = 2,000만$ 원이다. A의 연봉 매년 6%씩 인상되고, 물가는 매년 3%씩 상승한다고 가정하자. A의 실질 연봉이 처음으로 현재 실질 연봉의 2배 이상이 되는 해는 몇 년 후부터인지 구하시오. (단, $\log 1.06 = 0.03, \log 1.03 = 0.01, \log 2 = 0.3$으로 계산하며, 현재인 올해의 임금과 물가를 각각 1이라고 가정하자.)

1. 주어진 식을 다시 쓰면 다음과 같다.

$$10(1 - a^{-0.5(x+2)}) \geq 5$$

이를 다시 정리하면

$$a^{-0.5(x+2)} \leq \frac{1}{2}$$

양변에 로그를 취하면

$$-0.5(x+2)\log_a a \leq \log_a \frac{1}{2}$$

주어진 $\log_a 2 = 2.5$을 이용하면 $\log_a 2^{-1} = -\log_a 2 = -2.5$이 되므로

$$-0.5(x+2) \leq -2.5$$
$$따라서 \ x \geq 3$$

2. $(g \circ g)(x) = 2$ 이므로 양변에 g의 역함수인 g^{-1}를 부가하여 합성함수로 만들면 다음과 같다.

$$\left(g^{-1} \circ g^{-1} \circ g \circ g\right)(x) = \left(g^{-1} \circ g^{-1}\right)(2)$$

따라서 역함수의 성질에 의하여 x는 다음과 같이 정리할 수 있다.

$$x = (g^{-1} \circ g^{-1})(2) = (f \circ f)(2) = f(f(2))$$

이를 계산하면, $f(2) = 15 - \frac{1}{2}(2) = 14$이고, 다시 $f(14) = 2 - \log_2((14+2)) = -2$가 된다.
따라서 이를 정리하면 x는 다음과 같다.

$$x = f(f(2)) = f(14) = -2$$

3. 현재 배출량이 10% 감소하면 오염 배출량은 $10,000 \times 0.9$이 된다.
그 다음 해에도 오염 배출량이 10% 감소하면 오염 배출량은 $10,0000. \times 0.9^2$이 된다.
n년까지 매년 오염 배출량이 10% 감소하면 n년도 오염 배출량은 $10,000 \times 0.9^n$이 된다.
따라서 "n년도 오염 배출량 $= 10,00 \times 0.9^n \leq 4$천톤"의 식을 세우면 다음과 같다.

$$10,000 \times 0.9^n \leq 4,000 \quad \rightarrow \quad 0.9^n \leq 0.4$$

$$n \log 0.9 \leq \log 0.4$$

$$n(\log 9 + \log 10^{-1}) \leq \log 4 + \log 10^{-1}$$

$$n(0.95 - 1) \leq 0.6 - 1 \quad \rightarrow \quad -0.05n \leq -0.4 \quad \rightarrow \quad n \geq 8$$

따라서 8년 후부터이다.

4. 부등식은 "n년 후의 실질 연봉 $\geq$ 올해 실질 연봉의 두 배"이다. 따라서 실질 연봉을 1이라 하고 첫해의 물가수준을 1이라고 한다면 다음과 같은 식이 성립한다.

$$\frac{(1+0.06)^n}{(1+0.03)^n} \geq \frac{2}{1} \geq n(\log 1.06 - \log 1.03) \geq \log 2$$

$$n(0.03 - 0.01) \geq 0.3$$

$$0.02n \geq 0.3 \quad \Leftrightarrow \quad n \geq 15$$

따라서 15년 후부터이다.

13.4 자연로그함수의 도함수

자연지수함수와 자연로그함수가 역함수 관계라는 사실을 이용하면, 둘 중 하나의 도함수에서 다른 함수의 도함수를 쉽게 도출할 수 있다.

이미 자연지수함수 $y = e^x$의 미분을 알고 있으므로 자연로그함수 $y = \ln x$의 도함수(derivative)는 다음과 같다.

$$\frac{dy}{dx} = y' = \frac{d\ln x}{dx} = \frac{1}{x}$$

[증명] $y = \ln x$를 지수함수로 전환하면 $x = e^y$가 된다. 이미 자연지수함수의 미분을 알고 있으므로 이를 미분하면 다음과 같다.

$$\frac{d}{dx}(x) = \frac{d}{dx}(e^y)$$

$$1 = \frac{de^y}{dy} \cdot \frac{dy}{dx}$$

$$1 = e^y \cdot \frac{dy}{dx}$$

$$\frac{dy}{dx} = y' = \frac{1}{e^y} = \frac{1}{x}$$

따라서 자연로그함수 $y = \ln x$의 도함수는 다음과 같다.

$$\frac{dy}{dx} = \frac{d \ln x}{dx} = \frac{1}{x}$$

이와 유사하게, 자연로그함수 $y = \ln g(x)$의 도함수는 다음과 같다.

$$\frac{dy}{dx} = y' = \frac{g'(x)}{g(x)}$$

💡 생각 열기

'효율성을 시간으로 설명하기'
효율성을 시간 변수인 t를 이용해 설명하기 위해 다음의 3가지 함수를 생각해 보자.

[1] t를 시간 변수라고 한다면 자기 자신에서 자기 자신으로 가는 함수를 다음과 같이 표기할 수 있다.

$$f(t) = t \qquad\qquad (1)$$

따라서 함수 $f(t) = t$는 x축이 t이고 y축이 t인 45°의 우상향하는 직선의 함수이다.

[2] 식 (1)에 자연로그를 취하면 다음과 같은 함수가 된다.

$$\ln f(t) = \ln t \qquad\qquad (2)$$

함수 $\ln(t)$의 1차 미분 값은 $\frac{1}{t} > 0$가 되고 2차 미분 값은 $-\frac{1}{t^2} < 0$이기에 $\ln(t)$는 기울기가 감소하는

단조증가함수이다.

[3] 로그함수를 차분한 다음과 같은 로그차분함수인지를 생각해 보자.

$$\triangle \ln(t) = \ln(t) - \ln(t-1) \qquad (3)$$

함수 $\triangle \ln(t)$의 1차 미분 값은 $t > 1$인 경우 $\dfrac{-1}{t(t-1)} < 0$, $t < 1$의 구간에서는 $\dfrac{-1}{t(t-1)} > 0$이 된다.

[4] 식 (3)을 응용하여 비용함수에 $\triangle \ln(t)$가 추가된 경우를 생각해 보자.

$$C(l,t) = l + \triangle \ln(t) \qquad 단, \quad t > 1 \qquad (4)$$

여기서 l은 생산요소인 노동이고, t는 시간이며, $\triangle \ln(t)$는 생산의 효율성을 나타내는 변수가 된다. 비용함수를 노동 l에 대해 미분하면 양(+)이 되고 t에 대해 미분하면 음(-)이 된다. 비용함수는 l만 고려하면 비용이 증가하지만, 시간만 고려한다면 비용이 감소한다.

$\triangle \ln(t)$를 다시 설명하면, 시간(t)이 흘러가면 $\ln(t)$이 증가하고 $\triangle \ln(t)$는 감소한다. 이를 생산의 효율성이 증가했다고 말한다. 따라서 시간이 흘러 생산의 효율성이 증가하여 비용이 감소하는 함수가 된다.

예제

1. 다음 방정식의 x값을 구하시오.
   (1) $2e^{(x-1)} = 10$
   (2) $4\ln x^2 = 8$

2. 현재 세계 인구가 A이고 인구증가율은 매년 $r\%$라고 가정하자. (단, $\ln 2 \approx 0.7$이다.)
   (1) 미래 인구B가 현재 인구A의 두 배가 되는 인구증가율r과 시간 t의 관계식을 도출하시오.
   (2) r이 10%인 경우 미래 인구가 현재 인구의 두 배가 되는 시기는 몇 년 후인지 계산하시오.

3. 총수입함수는 가격과 매출액의 곱으로 이루어진 합성함수이다. 매출이 2% 감소하고 가격이 3% 상승하면 기업의 총수입은 몇 % 변하였는가?

4. A기업의 x재화 가격이 1만 원에서 5천 원으로 하락하여 이 기업의 x재화 판매 수입이 증가하였다. 이 경우, "판매 수입 변화율이 가격 변화율보다 작다."를 증명하시오. 단, 판매 수입은 가격과 판매량의 곱으로 표시되며 변화율은 (−)와 (+)의 값을 모두 가질 수 있다.

5. 2000년 A국의 1인당 국내총생산(GDP)은 25,000달러이고 1인당 GDP는 2%씩 증가한다. A국의 GDP가 30,000달러에 도달하는 연도는 언제부터인가? (단, $\ln 1.2 \approx 0.2$)

풀이 ◉

1.

(1) $\ln 2 e^{(x-1)} = \ln 10 \Rightarrow \ln 2 + (x-1) = \ln 10 \Rightarrow x = \ln 5 + 1$

(2) $4\ln x^2 = 8 \Rightarrow \ln x^2 = 2 \Rightarrow x = e$

2.

(1) $B = Ae^{rt}$가 된다. 따라서 $e^{rt} = \dfrac{B}{A} = 2$가 된다. 따라서 양변에 자연로그를 취하면 다음과 같은 관계식이 도출된다.

$$\ln\left(e^{rt}\right) = \ln(2)$$
$$rt = \ln(2) \approx 0.7$$

(2) 인구증가율이 10이므로 $rt \approx 0.7$에 의해서 7년 후에 인구가 두 배가 된다.

3. 기업의 총수입=가격×판매량이다. 따라서 자연로그를 양변에 취하고 미분을 하면 다음과 같다.

수입 변화율 = 가격 변화율 + 판매량 변화율

따라서 가격이 3% 상승하여 판매량이 2% 줄어들면, 총수입은 1% 상승한다.

4. "음(−)의 판매 수입의 변화율 = 음(−)의 가격 변화율 + 양(+)의 수요량 변화율"이며 따라서 판매 수입 변화율은 가격 변화율보다 적다.

5. 함수식으로 표시하면 다음과 같다.

$$30,000 = 25,000 e^{0.02t}$$
$$t = 10년$$

따라서 2010년에 30,000달러에 도달한다.

13.5 로그함수의 도함수

로그함수인 $y = \log_a x$의 도함수는 다음과 같다.

$$\frac{dy}{dx} = \frac{d\log_a x}{dx} = \frac{1}{x \ln a}$$

[증명] 로그함수인 $y = \log_a x$를 지수함수로 전환하면 다음과 같다.

$$a^y = x$$

이를 다시 자연로그로 전환한 후에 대해 정리하면 다음과 같다.

$$y \ln a = \ln x$$
$$y = \frac{1}{\ln a} \ln x$$

따라서 도함수는 다음과 같다.

$$\frac{dy}{dx} = \frac{1}{\ln a} \frac{1}{x} = \frac{1}{x \ln a}$$

이와 유사하게 지수함수 $y = \log_a g(x)$의 도함수는 다음과 같다.

$$\frac{dy}{dx} = y' = \frac{g'(x)}{g(x)} \frac{1}{\ln a}$$

13.6 응용: 인구증가율과 경제성장률

국내총생산(Pross Domestic Product, GDP)를 Y, 인구수를 L이라고 하면, 1인당 GDP는 $y = \dfrac{Y}{L}$로 표현할 수 있다. $y = \dfrac{Y}{L}$의 양변에 자연로그를 취한 후에 시간에 대해 미분하면 다음과 같다.

$$\frac{d\ln y}{dt} = \frac{d\ln Y}{dt} - \frac{d\ln L}{dt}$$

$$\frac{d\ln y}{dy}\frac{dy}{dt} = \frac{d\ln Y}{dY}\frac{dY}{dt} - \frac{d\ln L}{dL}\frac{dL}{dt}$$

다시 표현하면,

$$\frac{1}{y}\frac{dy}{dt} = \frac{1}{Y}\frac{dY}{dt} - \frac{1}{L}\frac{dL}{dt}$$

$dt = 1$이라고 가정하면

$$\frac{dy}{y} = \frac{dY}{Y} - \frac{dL}{L}$$

따라서 다음이 성립한다.

"1인당 GDP증가율 = 경제성장률 − 인구성장률"

따라서 1인당 GDP 증가율이 0이면 인구성장률은 경제성장률과 같게 된다. 또한 경제성장률과 인구증가율이 같다면 1인당 GDP는 변함이 없다.

예제

1. 다음 함수들을 미분하시오.

   (1) $y = (\frac{x}{1+x})$

   (2) $y = (\frac{x}{\ln x})$

   (3) $y = (\frac{\ln x}{e^x})$

2. 함수 $y = \ln x^2$의 역함수를 $g(x)$라 할 때 $g'(4)$를 구하시오.

1.

(1) $\left(\dfrac{x}{1+x}\right)' = \dfrac{(x)'(1+x) - x(1+x)'}{(1+x)^2} = \dfrac{1+x-x}{(1+x)^2} = \dfrac{1}{(1+x)^2}$

(2) $\left(\dfrac{x}{\ln x}\right)' = \dfrac{\ln x - x\left(\dfrac{1}{x}\right)}{(\ln x)^2} = \dfrac{\ln x - 1}{(\ln x)^2}$

(3) $\left(\dfrac{\ln x}{e^x}\right)' = \dfrac{(\ln x)'e^x - \ln x(e^x)'}{(e^x)^2} = \dfrac{\left(\dfrac{1}{x}\right)e^x - (\ln x)e^x}{e^{2x}} = \dfrac{(1 - x\ln x)}{xe^x}$

2. 로그함수의 역함수를 구하기 위해서는 지수함수로 변화하여 역함수를 구하는 것이 편하다. 주어진 로그함수 $y = \ln x^2$을 지수함수로 전환하면 다음과 같다.

$$e^y = x^2$$

x와 y를 바꿔주면 다음과 같다.

$$e^x = y^2$$

이를 다시 y에 대해서 정리하면 다음과 같은 역함수 $g(x)$를 구할 수 있다.

$$y = g(x) = e^{\frac{1}{2}x}$$

$g(x)$를 미분하여 도함수 $g'(x)$를 구하면 다음과 같다.

$$\frac{dy}{dx} = g'(x) = \frac{1}{2}e^{\frac{1}{2}x}$$

따라서 $x = 4$인 경우 도함숫값은 다음과 같다.

$$g'(4) = \frac{1}{2}e^{\frac{1}{2}(4)} = \frac{1}{2}e^2$$

1. 다음 지수함수의 도함수를 구하시오.

    (1) $y = 4^x$

    (2) $y = 3^{x^2}$

    (3) $y = 5^{x+7}$

2. 다음 함수의 도함수를 구하시오.

    (1) $h(x) = \ln(4x - 1)$

    (2) $f(x) = x^2 \ln(2 - x)$

3. 다음 수요함수의 가격탄력성이 항상 일정함을 증명하시오.

$$\ln Q(P) = a - b \ln P$$

4. 다음은 화폐수량설의 항등식으로 각 변수는 시간에 따라 변화한다.

$$M(t)\, V(t) = P(t)\, Y(t)$$

변수 M, P, Y, V는 각각 경제 내의 통화량, 물가 수준, GDP, 화폐의 유통 속도를 나타낸다. 이 경우 인플레이션(물가수준의 변화율)을 통화량과 GDP 증가율로 표시하시오. (Hint: 변수를 시간에 대해 미분하면 변화율을 얻을 수 있다. 단 화폐의 유통속도는 항상 일정한 상수라고 가정하자.)

1.

(1) $y = 4^x = e^{x \ln 4} \implies \dfrac{dy}{dx} = 4^x \ln 4$

(2) $y = 3x^2 = e^{x^2 \ln 3}$이 되므로 $\dfrac{dy}{dx} = 3x^2 2x \ln 3$

(3) $y = 5^{x+7} = e^{(x+7)\ln 5}$이 되므로 $\dfrac{dy}{dx} = 5^{x+7} \ln 5$

2.

(1) $h'(x) = \dfrac{dn(4x-1)}{d(4x-1)} \dfrac{d(4x-1)}{dx} = \dfrac{4}{4x-1}$

(2) $f'(x) = x^2 \cdot \dfrac{d}{dx}[\ln(2-x)] + \ln(2-x)\dfrac{d}{dx}(x^2)$

$= x^2\left(\dfrac{-1}{2-x}\right) + (2x)\ln(2-x) = \dfrac{-x^2}{2-x} + 2x\ln(2-x)$

3. 함수 $\ln Q(P) = a - b\ln P$의 양변을 P로 미분하면

$$\frac{1}{Q} \times \frac{dQ}{dP} = -b\frac{1}{P}$$

따라서 다음이 성립한다.

$$\frac{dQ}{dP}\frac{P}{Q} = -b$$

따라서 가격탄력성은 항상 $-b$이다.

4. $M(t)V(t) = P(t)Y(t)$에 대해 자연로그를 양변에 취하면 다음과 같다.

$$\ln M(t) + \ln V(t) = \ln P(t) + \ln Y(t)$$

위 식을 시간(t)에 대해 미분하면

$$\frac{d\ln M}{dM}\frac{dM}{dt} + \frac{d\ln V}{dV}\frac{dV}{dt} = \frac{d\ln P}{dP}\frac{dP}{dt} + \frac{d\ln Y}{dY}\frac{dY}{dt}$$

자연로그에 대한 미분을 정리하면 다음과 같다.

$$\frac{1}{M}\frac{dM}{dt} + \frac{1}{V}\frac{dV}{dt} = \frac{1}{P}\frac{dP}{dt} + \frac{1}{Y}\frac{dY}{dt}$$

$\dfrac{dM}{dt} = M'$ 이라고 가정하고, V, P, Y에 적용하면,

$$\frac{M'}{M} + \frac{V'}{V} = \frac{P'}{P} + \frac{Y'}{Y}$$

화폐의 유통속도가 상수이므로 다음과 같이 정리된다.

$$\frac{M'}{M} = \frac{P'}{P} + \frac{Y'}{Y}$$

따라서 $\dfrac{P'}{P}$는 인플레이션이므로 이를 종속변수로 간주하여 정리하면 다음과 같은 식이 도출된다.

$$\frac{P'}{P} = \frac{M'}{M} - \frac{Y'}{Y}$$

인플레이션(inflation)과 인플레이션율(inflation rate), 경제성장과 경제성장률, 혹은 이자와 이자율은 어떤 의미의 차이가 있을까?

먼저, 인플레이션은 지속적으로 물가가 상승하는 현상을 말한다. 따라서 인플레이션은 부분적이고 일시적인 특정 상품의 가격 상승과는 다른 의미이다. 그런 측면에서 일반적인 상품의 가격이 상승한다는 의미의 물가 상승은 인플레이션과 같은 의미이다. 인플레이션율은 인플레이션을 구체적으로 수치화하여 표시한 것이다. 예를 들면 '올해 인플레이션은 5%이다'라고 하면 5%가 인플레이션율이 된다. 유사하게, 경제성장 혹은 이자는 모두 추상적인 개념이라고 할 수 있다. 이를 구체적으로 표시한 것이 경제성장률이고 이자율이다.

PART

04

최적화

CHAPTER 14

일변수 함수의 극대·극소

본 장에서는 최적화 문제의 개념에 대해 살펴보고 독립변수의 수가 하나이며 제약조건이 존재하지 않는 목적함수의 최적화에 대해 소개한다. 특히, 일변수 함수의 모든 최적해가 만족해야 하는 필요조건인 일계조건(first-order condition)과 그 최적해가 극댓값인지 극솟값인지 판단하는 데 기준이 되는 충분조건인 이계조건(second-order condition)을 다룬다. 이러한 내용들은 이후 다변수 함수의 최적화 문제를 이해하는 데 큰 도움이 되기 때문에 충분한 이해가 필요하다.

14.1 최적화

우리는 앞서 함수의 개념을 학습함으로써 기업의 이윤극대화(profit maximization) 혹은 비용극소화(cost minimization) 등과 같은 경제적 의사결정의 문제를 함수로 규정하여 분석할 수 있음을 이해하였다. 이처럼 함수의 값을 극대화(maximization) 혹은 극소화(minimization)하는 모든 문제를 최적화 문제(optimization problem)라고 한다. 이때, 극대화와 극소화를 통칭하여 최적화(optimization)라고 부른다.

최적화 문제에서 함수의 값은 독립변수(또는 선택변수) 값에 따라 변한다. 따라서 최적화 문제는 극댓값 혹은 극솟값을 결정하는 독립변수(최적해)를 찾는 문제와 같다고 볼 수 있다.

14.2 최댓값과 최솟값

1. 최댓값과 최솟값의 개념

최적화에 대한 본격적인 설명에 앞서 본 절에서는 최댓값(maximum value)과 최솟값(minimum value)에 대한 개념을 소개한다. 우선, 함수 $f(x)$의 정의역 전체에 걸쳐 가장 큰 함숫값을 가져오는 독립변수(선택변수) x^*를 최대점(maximum point)이라고 하고 이때 $f(x^*)$를 최댓값이라고 한다. 유사하게, 함수 $f(x)$의 정의역 전체에 걸쳐 가장 작은 함숫값을 가져오는 독립변수(선택변수) x^*를 최소점(minimum point)이라고 하고 이때 $f(x^*)$를 최솟값이라고 한다.

구체적으로 최댓값과 최솟값은 다음과 같이 정의된다.

정의역의 모든 x에 대하여 $f(x) \le f(x^*)$를 만족시키는 x^*는 최대점, $f(x^*)$는 최댓값이다.

정의역의 모든 x에 대하여 $f(x) \ge f(x^*)$를 만족시키는 x^*는 최소점, $f(x^*)$는 최솟값이다.

여기서 최댓값과 최솟값은 정의역의 모든 x에 대해 정의되었다. 따라서 최댓값을 절대적 최댓값(absolute maximum) 또는 전역적 최댓값(global maximum)이라고 하며, 최솟값을 절대적 최솟값(absolute minimum) 또는 전역적 최솟값(global minimum)이라고 한다. 절대적(전역적) 극댓값과 절대적(전역적) 극솟값을 통칭하여 절대적 극값(absolute extremum)이라고 부른다.

2. 닫힌구간의 최댓값과 최솟값

만일 함수 f가 닫힌구간(closed interval) $[a, b]$에서 정의되며, 이 구간에서 연속함수일 때 f는 반드시 최댓값과 최솟값을 가진다. 예를 들어 연속인 함수 f가 닫힌구간 $[a, b]$에서 정의되었다면 a와 b 구간 내에서 반드시 최댓값과 최솟값을 존재한다. 하지만 연속인 함수 f가 닫힌구간에서 정의되지 않을 경우, a와 b 구간 내에서 최댓값과 최솟값이 반드시 존재한다고 할 수 없다.

닫힌구간(closed interval) $[a, b]$에서 연속인 함수 f의 최댓값과 최솟값은 닫힌구간의 양쪽 끝점인 a와 b에서의 f의 함숫값과 $f'(x) = 0$일 때의 함숫값 $f(x)$값을 비교하여 구할 수 있다. 앞서 살펴보았듯이 함수 f의 1차 미분은 기울기를 의미한다. 즉, $f'(x)$는 함수 $y = f(x)$의 그래프상의 점 $(x, f(x))$에서 접선의 기울기(slope of the tangent)를 의미한다.

참고로 두 실수 $a < b$에 대해, a와 b 사이의 모든 실수의 집합을 '구간(interval)'이라고 한다. 이때 양 끝점 a와 b를 포함하는 구간을 '닫힌구간(closed interval)'이라고 하며 $[a, b] = \{x \in R | a \le x \le b\}$로 나타낸다. '닫힌구간'을 '폐구간(閉區間)'이라고도 한다. 유사하게, 양 끝점 a와 b를 포함하지 않는 구간을 '열린구간(open interval)'이라고 하며 $[a, b] = \{x \in R | a < x < b\}$로 나타낸다. '열린

구간'을 '개구간(開區間)'이라고도 한다.

예제

다음 주어진 구간에 대하여 함수의 최댓값, 최솟값을 구하시오.

(1) $f(x) = 2x - 2x^2, [0,1]$

(2) $f(x) = x^3 - 3x^2 + 1, [-1,2]$

(3) $f(x) = 2x^4 - x, [-1,1]$

(4) $f(x) = x^3 + 2x^2 - 7x + 1, [-1,1]$

풀이

(1) $f'(x) = 2 - 4x = 0 \Rightarrow x = \dfrac{1}{2}$

$f(\dfrac{1}{2}) = \dfrac{1}{2}, f(0) = f(1) = 0$이므로 최댓값은 $\dfrac{1}{2}$, 최솟값은 0이다.

(2) $f'(x) = 3x^2 - 6x = 0$, $3x(x-2) = 0$이므로 $x = 0$ 또는 $x = 2$이다.
$f(-1) = -3, f(0) = 1, f(2) = -3$이므로, 최댓값은 1, 최솟값은 -3이다.

(3) $f'(x) = 8x^3 - 1 = 0$ 이므로 $x = \dfrac{1}{2}$이다.

$f(-1) = 3, f(\dfrac{1}{2}) = -\dfrac{3}{8}, f(1) = 1$이므로 최댓값은 3, 최솟값은 $-\dfrac{3}{8}$이다.

(4) $f'(x) = 3x^2 + 4x - 7 = (3x+7)(x-1) = 0$에서 정의역 구간 안에 포함되는 점은 $x = 1$이다. $f(1) = -3, f(-1) = 9$이므로, 최댓값은 9, 최솟값은 -3이다.

14.3 극댓값과 극솟값

앞서 소개한 최댓값과 최솟값은 정의역의 모든 x에 대해 정의되었다. 이와는 달리, 극댓값 (relative maximum)과 극솟값(relative minimum)은 주어진 정의역의 제한된 범위에서 정의된다. 구체적으로, 극댓값과 극솟값은 다음과 같이 정의된다.

정의역의 제한된 구간 x에 대하여 $f(x) \leq f(x^*)$를 만족시키는 $f(x^*)$값은 극댓값이다.

정의역의 제한된 구간 x에 대하여 $f(x) \geq f(x^*)$를 만족시키는 $f(x^*)$값은 극솟값이다.

극댓값과 극솟값은 정의역의 제한된 구간 x에 대해 정의된다. 따라서 극댓값을 상대적 최댓 값(relative maximum) 또는 국소적 최댓값(local maximum)이라고 하며, 최솟값을 상대적 최솟값 (relative minimum) 또는 국소적 최솟값(local minimum)이라고 한다. 한편, 상대적(국소적) 최댓 값과 상대적(극소적) 최솟값을 통칭하여 상대적 극값(relative extremum)이라고 부른다.

극댓값과 극솟값을 좀 더 엄밀하게 정의하면 다음과 같다.

함수 f의 극댓값이란 $x^* - \delta < x < x^* + \delta$ 구간의 모든 x의 값에 대해 $f(x) \leq f(x^*)$가 성립하는 양수 δ가 존재할 때의 $f(x^*)$값을 의미한다.

함수 f의 극솟값이란 $x^* - \delta < x < x^* + \delta$ 구간의 모든 x의 값에 대해 $f(x) \geq f(x^*)$가 성립하는 양수 δ가 존재할 때의 $f(x^*)$값을 의미한다.

극댓값과 극솟값이 정의되기 위해서는 극댓값이나 극솟값을 갖는 점 x^*를 포함한 열린구간 $(x^* - \delta, x^* + \delta)$와 $\delta > 0$이 정의역에 포함되어야 한다. 즉, 연속인 함수 f가 닫힌구간 $[a, b]$에서 정의되었다면 양 끝점인 a와 b점에서는 극댓값이나 극솟값을 가질 수 없다.

14.4 절대적 극값과 상대적 극값

상대적(국소적) 극값이 반드시 절대적(전역적) 극값일 필요는 없음에 유의할 필요가 있다. 아래 [그림 14.1]을 이용하여 이를 직관적으로 살펴보자. [그림 14.1]에서 x_1, x_3에 해당하는 함숫값 은 상대적(국소적) 최댓값이고, x_2, x_4에 해당하는 함숫값은 상대적(국소적) 최솟값에 해당한다. 따라서 상대적(국소적) 극값에서의 기울기는 모두 0임을 알 수 있다.

한편 x_3에 해당하는 함숫값은 상대적(국소적) 최댓값인 동시에 절대적(전역적) 최댓값도 된다. 하지만 절대적(전역적) 최솟값은 0이 아닌 x범위의 왼쪽 끝 점인 x_0에 해당하는 함숫값이다. 또한 점 x_0에서의 기울기는 0이 아니다. 따라서 연속인 함수 $f(x)$가 어떤 구간에서 항상 절대적

(전역적) 극값을 갖는 것은 아님을 알 수 있다.

그림 14.1 절대적 극값과 상대적 극값

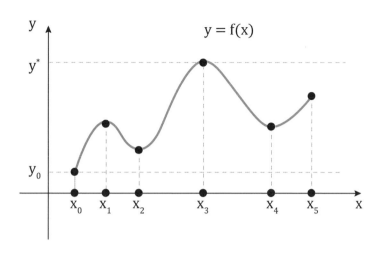

14.5 일변수 함수의 극대·극소

본 절에서는 도함수를 이용하여 상대적(국소적) 극값인 극댓값 또는 극솟값을 판정할 수 있는 방법을 소개한다. 구체적인 논의에 앞서 도함수의 표시 방법에 대해 간략하게 살펴보면 다음과 같다.

1차 도함수는 $f'(x)$ 또는 $\dfrac{dy}{dx}$로 표기된다.

2차 도함수는 $f''(x)$ 또는 $\dfrac{d^2y}{dx^2}$로 표기된다.

여기서 $\dfrac{d^2y}{dx^2}$는 $\dfrac{d}{dx}\left(\dfrac{dy}{dx}\right)$를 간략히 줄인 것이다.

마찬가지로 n차 도함수는 $f^{(n)}(x)$로 표기하거나 $\dfrac{d^n y}{dx^n}$로 표기한다.

1. 일계조건(필요조건)

일변수 함수의 최적화(극대화 또는 극소화) 일계조건(first-order condition)은 극대점 또는 극소점인 $x*$에서 함수 $f(x)$의 1차 도함숫값이 0이라는 것이다. 즉, $\frac{dy}{dx} = f'(x*) = 0$이다. 최적화(극대화 또는 극소화) 일계조건의 의미는 함수 $f(x)$의 기울기인 $f'(x)$의 값이 0이 되는 극대점 또는 극소점인 $x*$를 도출한다는 것이다.

아래 [그림 14.2]를 통해 직관적으로 살펴보자. $f'(x*) = 0$ 왼쪽과 오른쪽 두 함수는 모두 최적화(극대화 또는 극소화) 일계조건인 $f'(x*) = 0$을 만족한다. 하지만 일계조건만으로는 이 함수가 극댓값을 갖는지 혹은 극솟값을 갖는지 알 수 없다. 즉, 일계조건은 단지 극댓값 또는 극솟값이 될 가능성이 있는 특정 점을 구하는 조건이다. 따라서 최적화(극대화 또는 극소화) 일계조건은 극댓값 또는 극솟값을 가지기 위한 필요조건(necessary condition)이 된다.

정리하면, 최적화(극대화 또는 극소화) 일계조건은 인 도함수로 표시하며 이 조건은 $f(x*)$가 극댓값 혹은 극솟값이 되기 위한 필요조건 혹은 일계조건(first-order condition)이라고도 한다.

그림 14.2 극대값 및 극소값 일계조건

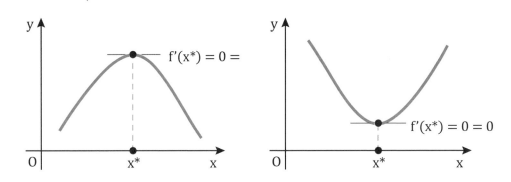

2. 이계조건(충분조건)

일변수 함수 f의 도함수 $f'(x)$가 $x = x*$에서 $f'(x*) = 0$을 만족시킬 때, 최적화(극대화 또는 극소화) 이계조건(second-order condition)은 다음과 같다.

(i) 극댓값 이계조건: $\frac{d^2y}{dx^2} = f''(x*) < 0$이면 $f(x*)$는 극댓값

(ii) 극솟값 이계조건: $\dfrac{d^2y}{dx^2} = f''(x*) > 0$이면 $f(x*)$는 극솟값

$f'(x)$는 함수 $f(x)$의 기울기이고, $f''(x)$는 1차 도함수 $f'(x)$의 기울기이다. 따라서 최적화 (극대화 또는 극소화) 이계조건은 $f(x)$의 기울기가 어떻게 변하는가에 대한 조건을 의미한다.

$f''(x) < 0$의 의미는 x값이 증가하면 $f(x)$의 기울기인 $f'(x)$가 점점 감소하고 있다는 것이다. 따라서 $f''(x) < 0$의 의미는 [그림 14.2]의 좌측 그림처럼 함수 $f(x)$의 기울기가 양(+)에서 영(0)을 거쳐서 음(−)으로 점점 감소한다는 것을 의미한다.

유사하게, $f''(x*) > 0$의 의미는 x값이 증가하면 $f(x)$의 기울기인 $f'(x)$가 점점 증가한다는 것이다. 따라서 $f''(x*) > 0$의 의미는 [그림 14.2]의 우측 그림처럼 함수 $f(x)$의 기울기가 음(−)에서 영(0)을 거쳐서 양(+)으로 점점 증가한다는 것을 의미한다.

따라서 최적화(극대화 또는 극소화) 이계조건인 $f''(x) < 0$ 혹은 $f''(x*) > 0$은 $f(x*)$가 극댓값 혹은 극솟값이 되기 위한 충분조건(sufficient condition)이 된다.

한편, n번 미분이 가능한 $f(x)$의 1차 미분함수 $f'(x) = 0$을 만족시키는 $x*$값을 2차 미분함수에 대입 시 $f''(x*) = 0$이 된다면, 극댓값 혹은 극솟값은 다음 조건에 따라 결정된다.

(i) 극댓값 이계조건: $f^{(n)}(x*) < 0$이고 n이 짝수이면 $f(x*)$는 극댓값

(ii) 극솟값 이계조건: $f^{(n)}(x*) > 0$이고 n이 짝수이면 $f(x*)$는 극솟값

예제

1. 정의역 범위가 모든 실수인 경우와 $-3 \le x \le 1$인 경우, 목적함수 $y = x^2$ 극값(최댓값, 최솟값, 극댓값 혹은 극솟값)을 구하시오.

2. 주어진 구간에서 함수의 최댓값, 최솟값을 구하시오.
   (1) $f(x) = 2x^2 + 4x - 1$ $[-2, -1]$
   (2) $f(x) = -x^2 - 2 + 6$ $[-3, 0]$

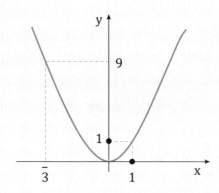

풀이

1. 정의역의 범위가 모든 실수인 경우는 다음과 같다. 함수의 1차 미분 값 $f'(x)=0$인 점 $x=0$이고, 함수의 2차 미분 값 $f''(x=0)=2>0$이므로, $x=0$에 해당하는 $y=0$이 극솟값과 최솟값이다. 그러나 최댓값은 존재하지 않는다.

정의역이 $-3 \leq x \leq 1$인 경우, $f'(x)=0$인 점 $x=0$에 해당하는 $y=0$이 극솟값과 최솟값이다. $x=-3$에 해당하는 $y=9$가 최댓값이다. 최댓값과 최솟값이 모두 존재한다.

2.
(1) 극값을 구하기 위해 1차 미분하면

$$f'(x)=4x+4=0 \Rightarrow x=-1$$

따라서 $f(-1)=-3$의 극값을 갖는다. 극값이 극댓값인지 극솟값인지 판단하기 위하여 2차 미분 값을 구하면

$$f''(x)=4>0$$

따라서 $f(-1)=-3$은 최솟값이자 극솟값이다. $f(1)=5$는 최댓값이 된다.

(2) 극값을 구하기 위해 1차 미분하면

$$f'(x)=-2x-2 \Rightarrow x=-1$$

따라서 $f(-1)=7$의 극값을 갖는다. 2차 미분 값을 구하면

$$f''(x)=-2<0$$

따라서 $f(-1)=7$은 최댓값이자 극댓값이다. $f(-3)=3, f(0)=6$이므로 $f(-3)=3$이 최솟값이 된다.

---

3. 이계조건이 0인 경우

최적화(극대화 또는 극소화) 일계조건을 만족하는 x^*의 2차 도함숫값인 $f''(x^*)=0$인 경우, $f(x^*)$는 극댓값 혹은 극소값이 아니라고 말하기보다는 극댓값 혹은 극솟값을 판단할 수 없다고 말하는 것이 타당하다. 함수 $y=f(x)=x^3$의 최적화 문제를 예를 들어 구체적으로 살펴보자.

그림 14.3 변곡점

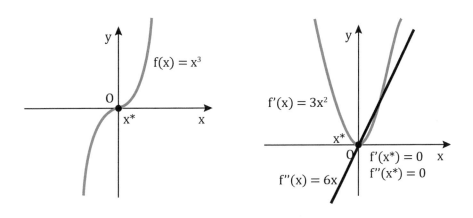

[그림 14.3]의 좌측 그림에서 함수 $y=x^3$는 극댓값 혹은 극솟값이 아니어도 1차 미분 값인 $f'(x)=3x^2$는 $x^*=0$에서 $f'(x^*=0)=0$이 된다. 즉, $x^*=0$에서 $f(x)$의 기울기가 0이 되므로 최적화(극대화 또는 극소화) 일계조건을 만족시킨다. 그러나 2차 미분 값은 $f''(x)=6x$이므로 $x^*=0$에서 2차 미분 값 $f''(0)=0$은 0이 되어 극댓값 혹은 극솟값을 판단할 수 없다. 3차 미분 값은 $f'''(x^*=0)=6$이 되며, 이때의 $f(x^*)$는 변곡점(inflection point)이 된다. 따라서 $f(x)=x^3$은 극댓값 혹은 극솟값을 가지지 못하며, x^*는 극댓값 또는 극솟값이 아닌 변곡점이다.

참고로 변곡점(inflection point)이란 만약 함수 $f(x)$의 그래프상의 특정한 점 $(x^*, f(x^*))$에

서 $f(x)$의 그래프가 오목(concave)에서 볼록(convex)으로 변하거나 볼록(convex)에서 오목(concave)으로 변하면 $(x^{*}, f(x^{*}))$를 변곡점이라고 한다. 그래프의 오목성(concavity)과 볼록성(convexity)에 대한 논의는 다음 장에서 자세히 다루기로 한다.

앞서의 내용을 정리하면 다음과 같다.

(i) 1차 미분 값인 $f'(x) = 0$을 만족시키는 $x^{*} = 0$이 최적화(극대화 또는 극소화) 일계조건을 만족시킨다.

(ii) 2차 미분 값이 $f''(x) = 6x$이므로 $f''(x^*) = 0$이 되어 극댓값 혹은 극솟값의 판단이 되지 않는다.

(iii) 3차 미분 값이 $f'''(x) = 6$이므로 $x^{*} = 0$은 변곡점에 해당한다.

예제

1. 다음 함수들의 극댓값 혹은 극솟값을 판단하시오.

(1) $f(x) = \dfrac{1}{3}x^3$

(2) $f(x) = 2x^3$

(3) $f(x) = 3x^4$

(4) $f(x) = x^4 - 2x^3$

(5) $f(x) = \dfrac{1}{x^2}$

2. 다음 함수들의 극댓값 혹은 극솟값을 구하시오.

(1) $f(x) = 2e^x - 2x$

(2) $f(x) = e^{x^2} - 4x + 1$

(3) $f(x) = x \ln x - 3x$

(4) $f(x) = \dfrac{\ln x}{x}$

1.

(1) 1차 미분 값이 $f'(x) = x^2$이므로 $x = 0$은 1차 조건을 만족시킨다.

2차 미분 값이 $f''(x) = 2x$이므로 $f''(x = 0) = 0$이 되어 극값의 판단이 안 된다.

3차 미분 값이 $f'''(x) = 2$이므로 $f'''(x = 0) = 2$가 되지만 $n = 3$이 홀수이므로

$f(x) = \dfrac{1}{3}x^3$는 극값을 가지지 않는다.

(2) 1차 미분 값이 $f'(x) = 6x^2 = 0$이므로 $x = 0$은 1차 조건을 만족시킨다.

2차 미분 값이 $f''(x) = 12x$이므로 $f''(x = 0) = 0$이 되어 극값의 판단이 안 된다.

3차 미분 값이 $f'''(x) = 12$이므로 $f'''(x = 0) = 12$이 되어 극값을 가지지 않는다.

(3) 1차 미분 값이 $f'(x) = 12x^3 = 0$이므로 $x = 0$은 1차 조건을 만족시킨다.

2차 미분 값이 $f''(x) = 36x^2$이므로 $f''(x = 0) = 0$이 되어 극값의 판단이 안 된다.

3차 미분 값이 $f'''(x) = 72x$이므로 $f'''(x = 0) = 0$이 되어 극값의 판단이 안 된다.

4차 미분 값이 $f''''(x) = 72$이므로 $f''''(x = 0) = 72$가 되어 $x = 0$에서 극솟값 $f(0) = 0$을 가진다.

(4) 1차 미분 값이 $f'(x) = 4x^3 - 6x^2 = 0$이므로 $x = 0$과 $x = \dfrac{3}{2}$은 1차 조건을 만족시킨다.

2차 미분 값이 $f''(x) = 12x^2 - 12x$이므로 $f''(0) = 0$, $f''(\dfrac{3}{2}) = 9$임을 알 수 있다.

따라서 $f(\dfrac{3}{2}) = 0$은 극솟값임을 알 수 있으나 $f(0)$이 극값인지 판단하기 위해서는 $f'''(0)$을 구해야 한다.

3차 미분 값이 $f'''(0) = (24)(x) - 12 = -12 < 0$이지만 3차 미분이 홀수이므로 $f(0)$은 극값이 되지 않는다.

(5) 1차 미분 값이 $f'(x) = -2x^{-3}$이므로 $f'(x) = 0$을 만족하는 $x = 0$은 1차 조건을 만족시킨다.

2차 미분 값이 $f''(x) = 6x^{-4}$로 $f''(0)$은 분모의 정의에 어긋난다.

3차 미분 값이 $f'''(0) = -24x^{-5}$로 $f'''(0)$도 분모의 정의에 어긋난다. 따라서 극값은 존재하지 않는다.

$f(x) = -\dfrac{1}{x^2}$의 그래프를 생각해보자. $f(x)$는 항상 $(-)$의 값이고, $x > 0$의 범위에서 x값이 커지면 $f(x)$의 값은 0에 가까워지고, $x < 0$의 범위에서 x값이 작아지면 $f(x)$의 값도

0에 가까워진다. 따라서 그래프는 3과 4사분면에 그려지므로 극값은 존재하지 않는다.

2.

(1) $f'(x) = 2e^x - 2 = 0$을 만족시키는 $x* = 0$이 1차 조건을 만족시킨다.

$f'' = 2e^x > 0$이므로 $f(0) = 2e^x - 2x = 2$는 극솟값이다.

(2) $f'(x) = (2x - 4)e^{x^2 - 4x + 1} = 0$을 만족시키는 $x* = 2$가 1차 조건을 만족시킨다.

$f''(x) = 2e^{x^2 - 4x + 1} + (2x - 4)^2 e^{x^2 - 4x + 1} > 0$이므로 $f(2) = e^{x^2 - 4x + 1} = e^{-3}$는 극솟값이다.

(3) $f'(x) = \ln x - 2 = 0$을 만족시키는 $x* = e$가 1차 조건을 만족시킨다.

$f''(x) = \dfrac{1}{x}$(단 $x > 0$)> 0이므로 $f(e^2) = x \ln x - 3x = -e^2$은 극솟값이다.

(4) $f'(x) = \dfrac{1 - \ln x}{x^2} = 0$을 만족시키는 $x* = e$가 1차 조건을 만족시킨다.

$f''(x) = \dfrac{2\ln x - 3}{x^3}$(단 $x > 0$)< 0이므로 $f(e) = \dfrac{1}{x}$은 극댓값이다.

CHAPTER 15

최적화 문제의 응용

본 장에서는 독립변수의 수가 하나이며 제약조건이 존재하지 않는 목적함수의 최적화 문제에서 함수의 상대적 극값의 위치를 정할 수 있는 기준인 이계도함수(second derivative)를 이용하여 함수가 볼록함수(convex function)인지 오목함수(concave function)인지를 판단하는 방법에 대해 살펴보고 최적화 문제의 응용 사례로 기업의 이윤극대화(profit maximization) 문제와 위험성향에 따른 기대효용(expected utility)에 대해 소개한다.

15.1 함수의 오목성과 볼록성

볼록함수(convex function)와 오목함수(concave function)를 구별하는 방법은 크게 두 가지로 구분할 수 있다. 첫째, 선형 결합(linear combination) 방법이다. 이는 독립변수인 x의 선형 결합과 종속변수인 y의 선형 결합을 이용하여 판단하는 방법이다. 둘째, 이계도함수(second derivative)를 이용하는 방법이다. 이는 함수 $y = f(x)$의 미분 값을 구하여 판단하는 방법이다.

1. 선형 결합 방법

함수 $y = f(x)$의 선형 결합은 x의 선형 결합과 y의 선형 결합이 있으며, 이를 이용하여 주어진 함수가 볼록함수인지 오목함수인지 판단한다. 두 개의 점 x_1과 x_2가 주어져 있을 때 이 두 점을 λ를 이용하여 선형 결합한 직선(line segment)은 다음과 같다. 단, $0 \le \lambda \le 1$이다.

$$\lambda x_1 + (1 - \lambda)x_2$$

이러한 선형 결합을 집합으로 표시하면 $x l x = \lambda x_1 + (1 - \lambda)x_2,\ 0 \le \lambda \le 1$이 된다. 한편, $y_1 = f(x_1)$와 $y_2 = f(x_2)$의 선형 결합은 다음과 같다.

$$\lambda y_1 + (1 - \lambda)y_2$$

우선, 함수 $y = f(x)$가 볼록함수가 되기 위해서는 다음과 같은 선형 결합의 조건을 만족시켜야 한다.

$$f\left[x_3 = \lambda x_1 + (1 - \lambda)x_2\right] \le \lambda y_1 + (1 - \lambda)y_2$$

이 식은 정의역인 x 집합의 두 점 x_1과 x_2의 선형 결합인 $x_3 = \lambda x_1 + (1 - \lambda)x_2$의 함숫값인 $f(x_3) = f[\lambda x_1 + (1 - \lambda)x_2]$가 y_1와 y_2를 선형 결합한 값 $\lambda y_1 + (1 - \lambda)y_2$보다 작거나 같다는 의미이다. 이런 경우 함수 $y = f(x)$는 x축에 대해 볼록한 볼록함수(convex function)가 된다.

또한, 아래의 조건이 성립하면 $y = f(x)$를 강볼록함수(strictly convex function)라 한다.

$$f\left[\lambda x_1 + (1 - \lambda)x_2\right] < \lambda y_1 + (1 - \lambda)y_2$$

한편, x축에 볼록한 강볼록함수를 그림으로 표기하면 다음 [그림 15.1]과 같다.

그림 15.1 강볼록함수

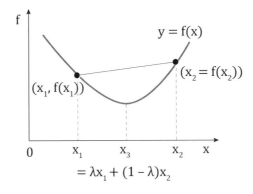

유사하게, 함수 $y = f(x)$가 오목함수가 되기 위해서는 다음과 같은 선형 결합의 조건을 만족시켜야 한다.

$$f\left[x_3 = \lambda x_1 + (1 - \lambda)x_2\right] \geq \lambda y_1 + (1 - \lambda)y_2$$

즉, $y = f(x)$의 정의역인 임의의 두 점 x_1과 x_2를 $\lambda(0 \leq \lambda \leq 1)$로 선형 결합한 새로운 점의 함숫값 $f(x_3)$가 x_1과 x_2의 함숫값을 선형 결합한 $\lambda y_1 + (1 - \lambda)y_2$보다 작지 않다면 함수 $f(x)$는 오목함수(concave function)가 된다.

또한, 다음이 성립하면 $f(x)$는 강오목함수(strictly concave function)가 된다.

$$f\left[\lambda x_1 + (1 - \lambda)x_2\right] > \lambda y_1 + (1 - \lambda)y_2$$

강오목함수를 그림으로 표기하면 다음 [그림 15.2]와 같다.

그림 15.2 강오목함수

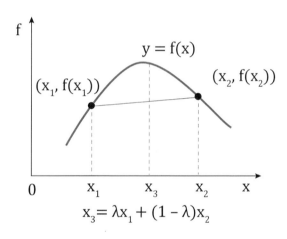

예제

다음에 주어진 각각의 함수가 볼록함수인지 오목함수인지 선형 결합을 이용하여 판정하시오.

(1) $f(x) = 2x^2 - 3x$

(2) $f(x) = -3x^2$

(1) $\lambda = \dfrac{1}{2}$일 때의 $f[\lambda x_1 + (1-\lambda)x_2] - [\lambda f(x_1) + (1-\lambda)f(x_2)]$를 계산해 보면

$$f\left(\frac{1}{2}x_1 + \frac{1}{2}x_2\right) - \left[\frac{1}{2}f(x_1) + \frac{1}{2}f(x_2)\right]$$

$$= \frac{1}{2}\left(x_1^2 + 2x_1 x_2 + x_2^2\right) - \frac{3}{2}(x_1 + x_2) - \left(x_1^2 - \frac{3}{2}x_1 + x_2^2 - \frac{3}{2}x_2\right)$$

$$= -\frac{1}{2}\left(x_1^2 - 2x_1 x_2 + x_2^2\right) = -\frac{1}{2}(x_1 - x_2)^2 \leq 0$$

따라서 (1)은 볼록함수임을 알 수 있다.

(2) $f(x) = -3x^2$

$$f\left(\frac{1}{2}x_1 + \frac{1}{2}x_2\right) - \left[\frac{1}{2}f(x_1) + \frac{1}{2}f(x_2)\right]$$

$$= -\frac{3}{4}\left(x_1^2 + 2x_1 x_2 + x_2^2\right) - \left(-\frac{3}{2}x_1^2 - \frac{3}{2}x_2^2\right) = \frac{3}{4}(x_1 - x_2)^2 \geq 0$$

따라서 (2)는 오목함수임을 알 수 있다.

---

2. 이계도함수 방법

2차 미분이 가능한 함수 $f(x)$가 존재할 때, $f''(x) \geq 0$이면 $f(x)$는 x축에 대해 볼록한 볼록함수가 된다. 반대로 $f''(x) \leq 0$이면 $f(x)$는 x축에 대해 오목한 그래프를 가지게 된다. 특히, $f''(x) > 0$이 성립하면 $f(x)$는 강볼록함수(strictly convex function)이며 $f''(x) < 0$이 성립하면 $f(x)$는 강오목함수(strictly concave function)이다. 따라서 이계도함수를 이용한 함수의 구분은 다음과 같다.

(1) $f''(x) > 0$이면 x축에 대해 강볼록함수이며 극솟값을 가진다.

(2) $f''(x) < 0$이면 x축에 대해 강오목함수이며 극댓값을 가진다.

참고로 볼록함수가 극솟값과 동시에 최솟값을 가지면, 오목함수는 극댓값과 최댓값을 갖는다. 또한 강볼록함수의 극솟값은 그 함수의 최솟값일 뿐만 아니라 최솟값을 갖게 하는 x^*값이

단 하나뿐이라는 것을 의미하며, 강오목함수의 극댓값은 그 함수의 최댓값일 뿐만 아니라 최댓값을 갖게 하는 x^* 값이 단 하나뿐이라는 것을 의미한다.

예제

다음에 주어진 각각의 함수가 볼록함수인지 오목함수인지 2차 미분을 이용하여 판정하시오.

(1) $f(x) = x^2 - 2x + 4$

(2) $f(x) = -2x^2 + 4x + 5$

(3) $f(x) = 3x + \dfrac{5}{x}$

(4) $f(x) = x^3 + 2x^2 + 3$

풀이

(1) $f'(x) = 2x - 2$, $f''(x) = 2 > 0$ 이므로 $f(x)$는 강볼록함수이다.

(2) $f'(x) = -4x + 4$, $f''(x) = -4 < 0$ 이므로 $f(x)$는 강오목함수이다.

(3) $f'(x) = 3 - 5x^{-2}$, $f''(x) = \dfrac{10}{x^3}$ 이므로 x값에 따라 0보다 클 수도 있고 작을 수도 있다. 따라서 $f(x)$는 볼록함수도 오목함수도 아니다.

(4) $f'(x) = 3x^2 + 4x$, $f''(x) = 6x + 4$ 이므로 $f''(x)$는 x값에 따라 0보다 클 수도 있고 작을 수도 있다. 따라서 $f(x)$는 볼록함수도 오목함수도 아니다.

예제

다음 중 강볼록함수를 고르시오.

(1) $f(x) = 2x^2 + x - 10$

(2) $g(x) = -x^2 + 10x + 3$

(3) $h(x) = x^2 - 3x + 5$

(4) $j(x) = -x^2 - 10x - 2$

풀이 😊

주어진 함수들은 $y = ax^2 + bx + c$ $(a \neq 0)$와 같은 2차 함수이다. 따라서 2차 미분 값은 $\dfrac{d^2 y}{dx^2}$ 이 된다. (1)은 2차 미분 값이 $4 (> 0)$, (3)은 2차 미분 값이 $2 (> 0)$이다. 2차 함수의 이계도함수가 양(+)이면 강볼록함수이므로 강볼록함수는 (1)과 (3)이다.

15.2 기업의 이윤극대화

1. 이윤함수

기업의 총수입(total revenue)과 총비용(cost)을 각각 재화의 판매량(Q)의 함수라고 하면 이윤함수(profit function)는 다음과 같다.

$$\pi(Q) = TR(Q) - TC(Q)$$

$\pi(Q)$는 이윤함수, $TR(Q)$는 총수입함수, $TC(Q)$는 총비용함수이다.

2. 최적화 일계조건

기업은 한계비용(marginal cost)과 한계수입(marginal revenue)이 같아지도록 최적 생산량(optimal production quantity)을 선택한다. 이 조건을 수학적으로 도출해 보자.

판매량 Q^*가 이윤을 극대화하는 최적 생산량이라면 이윤극대화의 일계조건은 다음과 같다.

$$\frac{d\pi}{dQ} = \pi'(Q^*) = R'(Q^*) - C'(Q^*) = 0$$

여기서, $TR'(Q^*) = MR$은 한계수입이고 $TC'(Q^*) = MC$는 한계비용이다. 따라서 이윤함수의 도함숫값이 0이 되는 판매량 Q^*는 다음의 일계조건을 만족시켜야 한다.

$$MR = MC$$

이윤을 극대화하는 판매량 Q^*는 방정식 $TR'(Q^*) = TC'(Q^*)$ 즉, 한계수입과 한계비용이 같아지도록 생산하는 것이다. 이것이 이윤극대화의 일계조건이다.

이 식의 경제학적 의미를 살펴보면, 한계수입(MR)이 한계비용(MC)보다 작은 경우에는 공급자가 재화를 추가적으로 한 개 더 생산하게 되면 손해가 발생하게 되어 생산을 감소시킬 유인이 있다는 의미이다. 이와 유사하게, 한계수입(MR)이 한계비용(MC)보다 큰 경우에는 공급자가 재화를 한 개 더 추가적으로 생산하면 이익이 발생하게 되어 추가적으로 더 생산할 유인이 있다는 의미이다. 한편, $MR = MC$가 되는 산출량 Q^*는 생산을 감소시킬 유인도 추가적으로 생산을 할 유인도 존재하지 않는 생산량, 즉 이윤을 극대화하는 생산량이 된다.

3. 최적화 이계조건

이윤극대화 일계조건을 만족시키는 생산량은 최대 이윤도 되고 최소 이윤도 될 수 있다. 따라서 이윤극대화의 이계조건을 만족시켜야 한다.

최적화 이계조건은 이윤함수의 도함수를 한 번 더 생산량(Q)에 대해 미분하면 된다. 다음의 식은 Q^*가 최적판매량이 되기 위한 이계조건이다.

$$\frac{d^2\pi}{dQ^2} \equiv \pi''(Q) = TR''(Q^*) - TC''(Q^*) < 0$$

이계조건은 이윤함수가 강오목함수가 된다는 의미이다.

[그림 15.3]을 이용하여 이윤극대화를 설명해 보면 다음과 같다.

우선, (a)는 총수입곡선(R)과 총비용곡선(C)을 그린 그림이고, (b)는 총수입곡선과 총비용곡선의 차이인 이윤 $\pi(Q)$를 그린 그림이다. (c)는 한계수입인 MR과 한계비용인 MC를 그린 그림이다.

(a)와 (b)에서 최적화 일계조건에 따라 $\frac{d\pi}{dQ} = 0$을 만족시키는 판매량은 이윤함수의 기울기가 0이 되는 Q_1과 Q_3이다. 그러나 Q_1에서는 이윤이 0보다 작다. 따라서 이런 극값을 제외시키기 위해 최적화 이계조건의 확인이 필요하다.

최적화 이계조건은 $\pi''(Q^*) < 0$, 즉 $R''(Q^*) < C''(Q^*)$인데, 이는 (c)에서 확인할 수 있다.

산출량 Q_3에서 한계수입(MR)의 기울기는 음(−)이고 한계비용(MC)의 기울기는 양(+)이므로 최적화 이계조건이 만족된다. 따라서 산출량 Q_3가 이윤을 극대화시키는 판매량이 된다.

그림 15.3 기업의 이윤극대화 문제

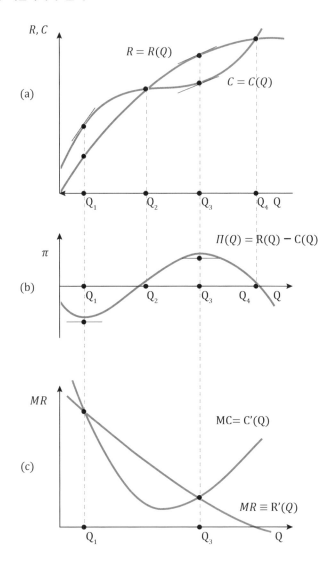

1. A 기업의 총비용함수가 다음과 같이 주어져 있다. 한계비용이 가장 낮은 생산량을 구하시오.

$$TC(Q) = a + bQ - cQ^2 + dQ^3 \quad (단, \ a, \ b, \ c, \ d > 0, \ c^2 < 3bd)$$

2. 하나의 상품만을 생산하는 어떤 기업의 총수입, 총비용함수가 각각 $R(Q) = 1500Q - 4Q^2$, $C(Q) = \dfrac{1}{3}Q^3 - 32Q^2 + 1800Q + 6000$이라고 할 때 이윤을 극대화하는 산출량 및 이윤을 구하시오.

3. 중국의 B시에 진출한 S기업은 G제품을 생산하기 위해 중국의 B시에게 총수입의 20%를 지불하기로 계약하였다. 중국에서 G제품의 수요는 $G(p) = 100 - 4p$로 추정하고 있다. 한편 S기업의 생산비용은 $C(G) = 20 + G + 2G^2$이다. S기업과 B시가 각각 자기의 이익을 최대화하는 생산량은 얼마나 차이가 나는가? (단, G제품은 1개 단위로 판매되고 있다.)

4. 총비용함수가 $C(Q) = \dfrac{1}{30}Q^2 + 200Q + 480$일 때, 평균비용($AC$)을 최소화 할 수 있는 생산량수준 Q^*를 구하시오.

5. 완전경쟁 시장에 이윤극대화를 추구하는 기업 A의 총비용함수와 수요함수는 다음과 같다.

$$TC(Q) = \frac{1}{3}Q^3 - 4Q^2 + 28Q + 30,$$

$$Q(P) = 100 - P$$

이때 이윤을 극대화하는 생산량 Q^*와 극대화된 이윤을 구하시오

풀이 😊

1. 한계비용함수는 총비용함수를 1차 미분한 도함수이다. 따라서 1차 미분한 도함수가 목적함수가 되고 목적함수의 1차 및 2차 미분 값을 확인하면 된다.
   목적함수는 다음과 같다.

$$MC = \frac{d(TC)}{dQ} = b - 2cQ + 3dQ^2$$

최적화 일계조건과 이계조건은 각각 다음과 같다.

$$\frac{d(MC)}{dQ} = -2c + 6dQ = 0 \Rightarrow Q^* = \frac{c}{3d}$$

$$\frac{d^2(MC)}{dQ^2} = 6d > 0$$

따라서 $Q^* = \frac{c}{3d}$에서 극솟값을 갖는다.

2. 목적함수는 다음과 같다.

$$\pi(Q) = R(Q) - C(Q) = -\frac{1}{3}Q^3 + 28Q^2 - 300Q - 6000$$

최적화 일계조건은 다음과 같다.

$$\pi' = -Q^2 + 56Q - 300 = 0$$

따라서 주어진 이윤함수는 2개의 임계값 $Q^* = 6$, $Q^* = 50$을 가진다.

최적화 이계조건은 다음과 같다.

$$\pi'' = -2Q + 56 \quad \begin{cases} \pi''(6) = 44 > 0 \\ \pi''(50) = -44 < 0 \end{cases}$$

따라서 이윤극대화 산출량 $Q^* = 50$이고 극대이윤 $\pi(50) = 7333.33$이다.

3. 목적함수인 B시의 수입(R)은 다음과 같다.

$$p = 25 - 0.25G$$
$$R(G) = (0.)p \cdot G = (0.2)(25 - 0.25G)(G) = 5G - 0.05G^2$$

최적화 일계조건과 이계조건은 각각 다음과 같다.

$$R'(G) = 5 - 0.1G = 0 \Rightarrow G_A^* = 50$$
$$R'' = -0.1$$

S기업의 이윤함수를 구해보면 다음과 같다.

$$\pi(G) = 0.8pG - (20 + G + 2G^2)$$
$$= 0.8(25 - 0.25G)(G) - (20 + G + 2G^2)$$

$$= -2.2G^2 + 19G - 20$$

최적화 일계조건과 이계조건은 각각 다음과 같다.

$$\pi'(G) = 0 \;\Rightarrow\; 19 - 4.4G = 0 \;\Rightarrow\; G^* = \frac{19}{4.4} = 4.31$$

G제품은 1개 단위로 판매되므로 $G^* = 4$이다.

$$\frac{\partial^2 \pi}{\partial G^2} = -4.4 < 0$$

B시와 S기업의 이윤극대화 생산량의 차이는 $50 - 4 = 46$이다.

4. 목적함수인 평균비용함수는 다음과 같다.

$$\frac{C(Q)}{Q} = AC(Q) = \frac{1}{30}Q + 20 + \frac{480}{Q}$$

최적화 일계조건과 이계조건은 각각 다음과 같다.

$$AC'(Q) = \frac{1}{30} - 480Q^{-2} = 0 \;\Rightarrow\; Q^* = 120$$
$$AC''(Q) = 960Q^{-3}$$

$AC''(Q)$는 Q값에 관계없이 언제나 0보다 크거나 같다$(\because Q > 0)$. 따라서 $AC(Q)$는 볼록함수이며, 이에 따라 $Q^* = 120$이 평균생산비용을 최소화하는 생산량수준이라는 결론을 내릴 수 있다.

5. 주어진 수요함수를 P에 대해 정리하면 다음과 같은 총수입함수가 도출된다.

$$Q(P) = 100 - P \;\Rightarrow\; P(Q) = 100 - Q, \quad TR(Q) = P(Q)Q = 100Q - Q^2$$

목적함수는 다음과 같다.

$$\pi(Q) = TR - TC = -\frac{1}{3}Q^3 + 3Q^2 + 72Q - 30$$

최적화 일계조건과 이계조건은 각각 다음과 같다.

$$\frac{d\pi}{dQ} = -Q^2 + 6Q + 72 = 0 \implies (Q-12)(Q+6) = 0$$

$$\frac{d^2(\pi)}{dQ^2} = -2Q + 6 \quad \therefore \quad \pi''(12) < 0$$

Q는 양수(+)이므로 $Q^* = 12$의 함숫값 $\pi(Q=12) = 690$은 이윤 극대화 값이다.

15.3 위험 성향에 따른 기대효용

1. 공정한 게임

150을 지불한 후, 동전을 던져서 앞면이 나오면 100을 받고 뒷면이 나오면 200을 받는 게임을 가정하자. 앞면과 뒷면이 나올 확률이 50%로 동일하므로, 이 게임의 기대 이득(expected value)은 확률분포에 따른 평균값이다. 따라서 기대 이득은 다음과 같다.

$$EV = \frac{1}{2} \times 100 + \frac{1}{2} \times 200 = 150$$

위 게임은 지불한 금액과 기대 이득이 모두 150으로 같으므로 '공정한 게임(fair game)'이라고 볼 수 있다. 다만, '공정한 게임'이라도 사람에 따라 게임에 참여하기도 하고 혹은 게임 자체를 싫어하기도 한다. 즉, 확률적으로 공정한 게임인 경우에도 게임에 대한 참여 여부는 게임에 대한 개인의 위험 성향(risk appetite)에 따라 다르다. 이러한 개인의 위험 성향은 개인의 효용함수에 의해서 결정된다.

2. 위험에 대한 성향

개인의 위험에 대한 성향(태도)은 개인의 고유한 특성으로 사람마다 다르다. 개인의 불확실한 상황에서의 의사결정을 분석하는 수단인 경제학의 기대효용이론(expected utility theory)에서는 위험을 기피하는 성향을 위험 기피적(risk averse), 위험을 추구하는 성향을 위험 선호적(risk loving), 위험의 여부와는 관계없이 기댓값(expected value)만을 고려하는 성향을 위험 중립적(risk neutral)이라고 한다.

위험을 싫어하는(risk-averse) 사람은 비록 게임이 공정하다 하더라도 이 게임에 참여하지 않으려고 할 것이다. 반면, 위험을 선호하는(risk-loving) 사람은 지불 금액이 기대 이득을 초과하는 게임, 즉 '불공정 게임(unfair game)'이라 하더라도 이 게임에 참여할 가능성이 있을 것이다.

효용함수를 이용하여 설명해 보면 사람들의 효용함수가 강볼록함수 혹은 강오목함수인가에 따라 위험에 대한 개인의 성향이 달라진다. 예를 들어, x를 금액이라 하고 $U(x)$를 개인의 효용함수라고 가정하자. 금액 x만 보면 공정한 게임이라도, 개인의 효용함수인 $U(x)$에 따라 개인들의 게임 선택 여부는 확연히 달라진다는 의미이다.

안전한 자산에 대한 선호도가 높은 사람은 위험을 싫어하는 사람이다. 이러한 개인의 효용함수는 강오목함수의 형태를 가진다. 앞에서 언급한 동전 던지기 예를 들어 오목함수를 살펴보자. 게임에 참여하지 않는 사람은 참가비에 해당하는 150을 안전하게 보유하고 있으므로 150에 대한 효용 $U(150)$을 얻는다. 그러나 만약 게임에 참여한다면 $U(x)$값은 홀수일 경우 얻게 될 효용 100과 짝수일 경우 얻게 될 효용 200을 선형 결합한 것이므로 효용은 $\frac{1}{2}U(100) + \frac{1}{2}U(200)$이 된다. 강오목함수의 경우 $U(150) > \frac{1}{2}U(100) + \frac{1}{2}U(200)$이 성립한다.

따라서 강오목함수의 효용을 가지고 있는 개인들은 비록 게임이 공정하다 할지라도 주사위 게임에 참여하지 않을 가능성이 높다. 반대로 위험을 선호하는 사람들의 효용함수는 강볼록함수이고, 이러한 성향을 가진 개인들은 위험에 대한 선호도가 높아 $U(150) < \frac{1}{2}U(100) + \frac{1}{2}U(200)$이 성립하므로 게임에 참여할 가능성이 높다.

결론적으로, 이계도함수를 이용한 위험 성향에 대한 구분은 다음과 같다.

(1) $U''(x) > 0$이면 x축에 대해 강볼록함수이며 위험을 선호(risk-loving)한다.

(2) $U''(x) < 0$이면 x축에 대해 강오목함수이며 위험을 기피(risk-averse)한다.

예제

1. 효용함수가 $U = U(x)$인 A는 다음과 같은 게임에 참여할지를 고민하고 있다. 150을 주고 게임에 참여하는 경우 50% 확률로 100을 받고 $U(100)$의 효용을 얻거나 50%의 확률로 200을 받고 $U(200)$을 얻는다. 이 경우 다음 물음에 답하시오.

   (1) '공정한 게임'이 되는지 판단하시오. 이 경우 기대 이득(기댓값)을 구하시오.

(2) $MU(x) > 0$, $MU'(x) > 0$인 사람의 의사결정을 설명하시오.

(3) $MU(x) > 0$, $MU'(x) < 0$인 사람의 의사결정을 설명하시오.

2. [2016년 행정고시 문제] 다음 표는 '갑'의 소득과 효용의 관계를 보여준다. '갑'의 현재 소득은 1,000원이다. '갑'은 50%의 확률로 200원을 받거나 50%의 확률로 100원을 잃는 게임을 제안받았다. 그러나 이 게임 참가비용은 0원이다. 다음 물음에 답하시오.

소득(원)	900	950	1,000	1,050	1,100	1,150	1,200
효용	200	220	238	253	264	268	270

(1) '갑'이 이 게임에 참여할 것인지에 대하여 설명하시오.

(2) '갑'과 동일한 소득과 효용함수를 갖고 있는 개인 '을'이 있다고 가정하자. '갑'과 '을'이 한 팀으로 이 게임에 참여하여 게임의 이익과 손해를 똑같이 나눈다고 가정한다면, 이들이 이 게임에 참여할 것인지에 대해 설명하시오. (Hint. 하나의 게임에 두 사람이 같이 투자하여 참여하는 경우이다.)

(3) 또한, 다른 개인 '병'의 효용함수를 다음과 같이 가정하자. '병'의 효용함수를 소득으로 미분한 한계효용은 양(+)이고 다시 소득으로 2차 미분한 2차 도함숫값도 양(+)이므로 '병'의 효용함수는 효용이 체증하는 모습을 가진다. '병'이 위에 제시된 게임에 참여할지 여부를 그래프를 이용하여 설명하시오.

풀이 ⊗

1.

(1) 게임에 참여하지 않는다면 배팅 비용 150에 해당하는 아래 그림 (a), (b) 곡선 위의 점 O에 해당하는 효용 수준 $U(150)$를 확률 100%로 얻는다. 그러나 게임에 참여 시 50%의 확률로 100을 받고 50%의 확률로 200을 받으므로 기대 이득(기댓값)은 다음과 같다.

$$EV = \frac{1}{2} \times 100 + \frac{1}{2} \times 200 = 150$$

기대 이득(기댓값)과 배팅비용이 모두 150으로 같으므로 공정한 게임이 된다.

(2) $M(x) > 0$, $M'(x) > 0$은 효용함수가 강볼록함수임을 의미한다. 즉, 위험을 선호하는 사람의 효용함수이다.

[Case #1: 게임에 참여하지 않는 경우] 효용은 $U(150)$이 된다.

[Case #2: 게임에 참여하는 경우] 기대효용(expected utility)은 다음과 같다.

$$EU = \frac{1}{2} \times U(100) + \frac{1}{2} \times U(200)$$

아래의 그림 (a)처럼 게임에 참여하지 않은 경우의 150에 해당하는 효용인 $U(150)$이 게임에 참여한 경우의 효용 $\frac{1}{2} \times U(100) + \frac{1}{2} \times U(200)$보다 항상 낮기 때문에 이 잠재적 참가자는 게임에 참여할 것이다. 따라서 강볼록 효용함수는 위험선호적이라고 할 수 있다.

(3) $M(x) > 0$, $M'(x) > 0$는 효용함수가 강오목함수이다. 즉, 위험을 기피하는 사람의 효용함수이다.

[게임에 참여하지 않는 경우] 효용은 $U(150)$이 된다.

[게임에 참여하는 경우] 참가자의 효용함수가 강오목함수이므로 위험기피자이며, 위험기피자가 게임에 참여하는 경우의 기대효용은 앞서 계산한 (2)의 경우와 마찬가지로 $EU = \frac{1}{2} \times U(100) + \frac{1}{2} \times U(200)$이 된다.

[게임에 참여 여부] 위험기피자는 강오목 효용함수를 가지므로 위험선호자와 반대의 행동을 하게 된다. 아래 그림 (b)처럼 게임에 참여하지 않을 때의 기대효용은 점 O'에 해당하는 $U(150)$이다. 그러나 게임에 참여하는 경우, $U(x)$의 선형 결합인 선분 $U'V'$의 중간점에 해당하는 점 P'에 대응하는 기대효용을 얻게 된다. 강오목함수의 경우 선분 $U'V'$는 호(arc) $U'V'$의 아래에 위치하므로 점 P'은 점 O'보다 더 낮게 위치한다. 따라서 게임에 참여하지 않는 경우의 150에 해당하는 효용인 $U(150)$가 게임에 참여한 경우의 효용인 $\frac{1}{2} \times U(100) + \frac{1}{2} \times U(200)$보다 항상 높기 때문에 이 잠재적 참가자는 게임에 참여하지 않는다.

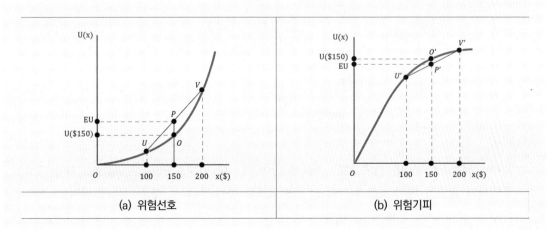

| (a) 위험선호 | (b) 위험기피 |

2. 위험기피, 위험분산, 위험선호 세 가지를 묻는 질문이다.

(1) '갑'이 게임에 참여하지 않을 경우, 효용은 $U(1,000) = 238$이다. 게임에 참여할 경우의 기대효용은 다음과 같다.

$$EU = \frac{1}{2} \times U(900) + \frac{1}{2} \times U(1200) = \frac{1}{2} \times 200 + \frac{1}{2} \times 270 = 235$$

따라서 '갑'은 게임에 참여하지 않을 것이다.

(2) 하나의 게임에 두 사람이 같이 투자하여 참여하는 경우, 게임에 참여하지 않을 효용은 $U(1,000) = 238$이고, 두 사람이 함께 참여하여 이익과 손해를 똑같이 나누는 경우 각 참가자는 50%의 확률로 50원을 50%의 확률로 100원을 받게 된다. 이때의 기대효용은 다음과 같다.

$$EU = \frac{1}{2} \times U(950) + \frac{1}{2} \times U(1100) = \frac{1}{2} \times 220 + \frac{1}{2} \times 264 = 242$$

따라서 이들은 게임에 참여할 것이다. 위험을 두 사람이 분산하게 됨에 따라 기대효용이 높은 경우이다.

(3) '병'의 효용함수는 소득의 함수이다. 효용함수를 소득으로 미분한 한계효용이 양(+)이고, 한계효용을 다시 소득으로 2차 미분한 도함수도 양(+)이 된다. 따라서 병은 위험선호자이다. 위험선호자의 효용함수 그래프는 다음과 같이 원점으로부터 우상향하면서 기울기가 볼록한 형태를 갖는다.

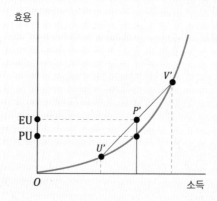

'병'이 위험선호자라면 위와 같은 게임에 참여했을 때 기대효용(expected utility)이 게임에 참여하지 않았을 때 현재효용(present utility)보다 높다. 따라서 병은 게임에 참여할 것이다.

CHAPTER 16

다변수 함수의 극대·극소

14~15장에서는 선택변수가 하나이며 제약조건이 존재하지 않는 목적함수에 관한 최적화 문제를 다루었다. 본 장에서는 독립변수의 수가 둘 또는 그 이상이며 제약조건이 존재하지 않는 목적함수의 최적화에 대해 살펴본다.

16.1 이변수 함수의 극대·극소

1. 일계조건(필요조건)

이번 장에서는 전미분(total derivative)의 개념을 이용하여 두 개 이상의 독립변수(선택변수)로 구성된 함수의 극댓값 혹은 극솟값을 도출하는 과정을 소개한다. 우선, 다변수 함수의 가장 간단한 경우인 이변수 함수의 최적화 조건에 대해서 설명한다.

앞서 소개한 일변수 함수의 최적화 문제를 다시 생각해 보자. 미분가능한 함수 $y = f(x)$가 주어졌을 때 (i) 일계조건인 $f'(x) = 0$인 점에서 극댓값 또는 극솟값을 가지며, (ii) 이계조건인 $\begin{cases} f'' > 0 \\ f'' < 0 \end{cases}$에 따라 $y(x)$가 극솟값 혹은 극댓값을 갖는다.

다변수 함수 역시 마찬가지로 1차 미분과 2차 미분을 통하여 극대값 혹은 극솟값을 도출할 수 있다. 다만, 다변수 함수에는 변수가 여러 개이므로 각 변수에 대한 미분, 즉, 편미분(partial derivative)의 개념이 적용되는 것이 다를 뿐이다.

두 개의 독립변수 x와 y로 이루어진 이변수 함수 $z = f(x,y)$가 극댓값 혹은 극솟값을 갖기 위해서는 다음 두 편미분 식을 만족하는 (x^*, y^*)가 존재해야 한다.

$$\frac{\partial f(x,y)}{\partial x} = f_x = 0, \quad \frac{\partial f(x,y)}{\partial y} = f_y = 0 \qquad (1)$$

두 편미분 값이 모두 0이 되어야 한다는 일계조건은 함수 $z = f(x,y)$의 1차 전미분 값이 0이 된다는 것과 동일한 조건이다. 다음과 같은 함수 $z = f(x,y)$의 전미분은 다음과 같다.

$$dz = \frac{\partial f}{\partial x} dx + \frac{\partial f}{\partial y} dy = f_x dx + f_y dy = 0$$

dx와 dy가 0이 아니므로 f_x와 f_y이 0이면 $dz = 0$이 된다. 이것이 이변수 함수의 일계조건과 동일하다. 일변수 함수와 마찬가지로 위의 식 (1)은 이변수 함수가 극값을 가지기 위한 일계조건 또는 필요조건이다.

참고로 f가 두 개의 독립변수 x와 y의 함수라고 할 때 각 변수에 대한 편도함수 $f_x(x, y)$, $f_y(x, y)$를 요소로 갖는 다음과 같은 벡터함수를 f의 기울기 벡터(gradient vector)라고 한다.

$$\nabla f = (f_x(x, y), f_y(x, y)) = \frac{\partial f}{\partial x} i + \frac{\partial f}{\partial y} j$$

여기서 i와 j는 각각 x와 y축상의 표준단위벡터(standard unit vector), 즉 $i = (1, 0)$와 $j = (1, 0)$이다. 표준단위벡터란 단위벡터(unit vector) 중에서 벡터의 한 성분이 1이고 나머지 성분이 0인 벡터를 의미한다.

기울기 벡터의 정의는 n개의 변수로 확장하여 다음과 같이 일반화(generalization)할 수 있다.

$$\nabla f = (f_x(x, y), f_y(x, y), \cdots, f_n(x, y)) = \frac{\partial f}{\partial x_1} e_1 + \frac{\partial f}{\partial x_2} e_2 + \cdots + \frac{\partial f}{\partial x_n} e_n$$

여기서 $e_1, e_2, e_3, \cdots, e_n$는 R^n의 표준단위벡터이다.

2. 이계조건(충분조건)

주어진 이변수 함수 $z = f(x,y)$의 일계조건(필요조건)인 도함수 $dz = f_x dx + f_y dy = 0$의 이계조건(충분조건)은 다음과 같다.

$$d^2 z = f_{xx} dx^2 + f_{xy} dx dy + f_{yx} dy dx + f_{yy} dy^2$$

이를 다시 정리하면 다음과 같다.

$$d^2z = f_{xx}dx^2 + 2f_{xy}dxdy + f_{yy}dy^2$$

여기서 d^2z의 값이 $d^2z < 0$이면 극댓값, $d^2z > 0$이면 극솟값을 가진다. 여기서 d^2z의 지수 2는 2차 미분을 의미한다.

이계조건(충분조건)을 다시 정리하면 다음과 같다.

$$d^2z = f_{xx}\left(dx + \frac{f_{xy}}{f_{xx}}dy\right)^2 + \left(\frac{f_{xx}f_{yy} - (f_{xy})^2}{f_{xx}}\right)dy^2$$

등식 우측의 첫째 항 $\left(dx + \dfrac{f_{xy}}{f_{xx}}dy\right)^2$는 적어도 음($-$)의 값은 아니며, 둘째 항의 dy^2은 항상 양($+$)의 값이다. 따라서 다음과 같은 경우 수가 발생한다.

(i) $f_{xx} > 0$이고 $f_{xx}f_{yy} - (f_{xy})^2 > 0$인 경우는 $d^2z > 0$이 된다. 따라서 극솟값을 가진다.

(ii) $f_{xx} < 0$이고 $f_{xx}f_{yy} - (f_{xy})^2 > 0$인 경우는 $d^2z < 0$이 된다. 따라서 극댓값을 가진다.

16.2 헤시안 행렬

행렬을 이용하여 앞서 설명한 이계조건(충분조건)을 단순화 해보자. 이를 위해서는 우선 헤시안 행렬(Hessian matrix)의 개념부터 이해해야 한다. 예를 들어 앞서 설명한 이변수 함수 $z = f(x,y)$의 헤시안 행렬은 다음과 같다.

$$H = \begin{bmatrix} f_{xx} & f_{xy} \\ f_{yx} & f_{yy} \end{bmatrix}$$

여기서 f_{xx}는 $\dfrac{\partial^2 f}{\partial x^2}$, f_{yy}는 $\dfrac{\partial^2 f}{\partial y^2}$, f_{xy}는 $\dfrac{\partial^2 f}{\partial x \partial y}$을 의미한다.

헤시안 행렬(H)을 이용하여 구성한 선행 주 소행렬식(leading principal minors)인 $|H_1|$과 $|H_2|$는 다음과 같다.

$$|H_1| = |f_{xx}|$$

$$|H_2| = \begin{vmatrix} f_{xx} & f_{xy} \\ f_{yx} & f_{yy} \end{vmatrix}$$

선행 주 소행렬식 $|H|$는 행렬식을 계산하는 방식으로 쉽게 구할 수 있다. 예를 들어 $|H_2|$의 값은 $f_{xx}f_{yy} - (f_{xy})^2$이다.

헤시안 행렬을 이용한 이변수 함수의 이계조건(충분조건)은 다음과 같다.

(i) 극댓값이기 위해서는 $|H_1| < 0,\ |H_2| > 0$이어야 하며

(ii) 극솟값이기 위해서는 $|H_1| > 0,\ |H_2| > 0$이어야 한다.

따라서, 이변수 함수의 최적화 조건(일계조건 및 이계조건)은 다음과 같다.

$Z = f(x,y)$함수의 경우 (x^*, y^*)가 $f_x = f_y = 0$을 만족할 때

(i) $|H_1| < 0,\ |H_2| > 0$이면 $f(x^*, y^*)$는 극댓값이며,

(ii) $|H_1| > 0,\ |H_2| > 0$이면 $f(x^*, y^*)$는 극솟값이 된다.

(iii) $|H_2| < 0$이면 $f(x^*, y^*)$는 극값이 될 수 없다.

(iv) $|H_2| = 0$이 성립하면 극값 여부를 판정할 수 없다.

예제

1. 다음 함수의 극댓값 또는 극솟값을 구하시오.

   (1) $f(x,y) = x^2 + xy + y^2 - 6x - 6y$

   (2) $f(x,y) = 2x^3 + 2xy - x^2 + y^2 + 2$

2. 완전경쟁시장에서 두 가지 제품을 생산하는 어떤 기업의 총수입함수와 총비용함수가 다음과 같다.

$$TR = 6Q_1 + 4Q_2$$

$$TC = 2Q_1^2 + Q_2^2 + 2Q_1Q_2 + 4$$

   이 기업의 이윤을 극대화하는 생산량과 극대화 이윤을 구하시오.

3. 독점기업 A는 두 개의 공장을 동시에 운영하고 있다. 독점기업 A의 총수입함수는 $TR = 100 + 10x_1 + 12x_2 - x_1x_2$이다. 또한 두 공장의 총비용함수는 각각 $TC_1(x_1) = x_1^2$, $TC_2(x_2) = 2x_2^2$이다. 독점기업 A의 이윤함수를 $\pi = TR - TC_1 - TC_2$라고 할 때 이윤을 극대화하는 두 공장의 생산량을 구하시오.

1.

(1) 일계조건(필요조건)은 다음과 같다.

$$f_x = 2x + y - 6 = 0$$

$$f_y = x + 2y - 6 = 0$$

위 일계조건을 만족하는 값을 구하면 $(x^* = 2, \ y^* = 2)$이다.

이계조건에 적용하기 위해 이계 편도함수를 구해보면 다음과 같다.

$$f_{xx} = 2, \quad f_{yy} = 2, \ f_{xy} = f_{yz} = 1$$

헤시안 행렬의 선행 주 소행렬식의 값은 다음과 같다.

$$f_{xx} > 0, \quad f_{xx}f_{yy} - (f_{xy})^2 = 4 - 1 = 3 > 0$$

따라서 $(x^* = 2, y^* = 2)$일 때의 함숫값 $f(2,2) = -12$이 극솟값이다.

(2) 일계조건(필요조건)은 다음과 같다.

$$f_x = 6x^2 + 2y - 2x = 0$$

$$f_y = 2x + 2y = 0$$

위 연립방정식을 풀면 순서쌍 $(0,0)$과 $\left(\dfrac{2}{3}, -\dfrac{2}{3}\right)$를 얻을 수 있다.

이계조건에 적용하기 위해 이계 편도함수를 구해보면 다음과 같다.

$$f_{xx} = 12x - 2, \quad f_{yy} = 2, \quad f_{xy} = f_{yz} = 2$$

먼저 순서쌍 $(0,0)$에 이계조건을 적용해보면 $f_{xx} = -2 < 0$이므로 $f_{xx}f_{yy} - (f_{xy})^2 < 0$이

되어 이계조건을 만족하지 못한다. 다음 순서쌍 $\left(\dfrac{2}{3}, -\dfrac{2}{3}\right)$에 이계조건을 적용해보면 다음과

같다.

$$f_{xx} > 0, \quad f_{xx}f_{yy} - (f_{xy})^2 = 12 - 4 = 8 > 0$$

따라서 순서쌍 $\left(\dfrac{2}{3}, -\dfrac{2}{3}\right)$일 때의 함숫값 $f\left(\dfrac{2}{3}, -\dfrac{2}{3}\right) = \dfrac{46}{27}$이 극솟값임을 알 수 있다.

2. [목적함수] $\pi(Q_1, Q_2) = 6Q_1 + 4Q_2 - 2Q_1^2 - Q_2^2 - 2Q_1 Q_2 - 4$

   [일계조건]

$$\frac{\partial \pi}{\partial Q_1} = 6 - 4Q_1 - 2Q_2 = 0$$

$$\frac{\partial \pi}{\partial Q_2} = 4 - 2Q_2 - 2Q_1 = 0$$

   연립방정식을 풀면 $Q_1^* = Q_2^* = 1$이다. 이를 목적함수에 대입하면 이윤 $\pi^* = 1$이다.

   [이계조건]

$$H = \begin{bmatrix} -4 & -2 \\ -2 & -2 \end{bmatrix}$$

$|H_1| < 0; |H_2| > 0$이므로 $\pi(Q_1^* = 1, Q_2^* = 1) = 1$은 극댓값이다. 따라서 이 기업의 이윤극대화 생산량은 각각 $Q_1^* = 1, Q_2^* = 1$이다.

3. [목적함수] $\pi(Q) = TR(Q) - TC(Q_1) - TC(Q_2) = 100 + 10x_1 + 12x_2 - x_1 x_2 - x_1^2 - 2x_2^2$

   [일계조건]

$$\frac{\partial \pi}{\partial x_1} = 10 - x_2 - 2x_1 = 0$$

$$\frac{\partial \pi}{\partial x_2} = 12 - x_1 - 4x_2 = 0$$

   연립방정식을 풀면 $x_1^* = 4, \ x_2^* = 2$이다.

   [이계조건]

$$H = \begin{bmatrix} -2 & -1 \\ -1 & -4 \end{bmatrix}$$

$|H_1| < 0; |H_2| > 0$이므로 $\pi(x_1^*, x_2^*)$는 극댓값이다. 따라서 독점기업 A의 이윤극대화 생산량은 각각 $x_1^* = 4, \ x_2^* = 2$이다.

16.3 다변수 함수의 극대·극소

1. 3변수 함수

3변수 함수 $z = f(x_1^*, x_2^*, x_3^*)$이 극대값 혹은 극솟값을 갖기 위한 일계조건(필요조건)은 다음과 같다.

$$(x_1, x_2, x_3) = (x_1^*, x_2^*, x_3^*)\text{일 때 } f_1 = f_2 = f_3 = 0$$

위 3변수 함수 $f(x_1, x_2, x_3)$의 헤시안 행렬은 다음과 같다.

$$H = \begin{bmatrix} f_{11} f_{12} f_{13} \\ f_{21} f_{22} f_{23} \\ f_{31} f_{32} f_{33} \end{bmatrix}$$

헤시안 행렬인 H를 이용하여 만든 선행 주 소행렬식 $|H_1|, |H_2|, |H_3|$은 다음과 같다.

$$|H_1| = |f_{11}|$$

$$|H_2| = \begin{vmatrix} f_{11} f_{12} \\ f_{21} f_{22} \end{vmatrix}$$

$$|H_3| = \begin{vmatrix} f_{11} f_{12} f_{13} \\ f_{21} f_{22} f_{23} \\ f_{31} f_{32} f_{33} \end{vmatrix}$$

일계조건(필요조건)을 만족하는 $f(x_1^*, x_2^*, \cdots, x_n^*)$의 극값은 다음과 같은 이계조건(충분조건)에 의해 결정된다.

(i) $|H_1| < 0, |H_2| > 0, |H_3| < 0$이면 극댓값이다.

(ii) $|H_1| > 0, |H_2| > 0, |H_3| > 0$이면 극솟값이다.

2. n변수 함수의 이계조건(충분조건)

n변수 함수의 헤시안 행렬은 다음과 같다.

$$H = \begin{bmatrix} f_{11} f_{12} \cdots f_{1n} \\ f_{21} f_{22} \cdots f_{2n} \\ \vdots \quad \vdots \quad \vdots \quad \vdots \\ f_{n1} f_{n2} \cdots f_{nn} \end{bmatrix}$$

헤시안 행렬을 이용하여 n변수 함수의 이계조건(충분조건)을 다음과 같이 나타낼 수 있다. 일계조건(필요조건)을 만족하는 $f(x_1^*, x_2^*, \cdots, x_n^*)$가

(i) 극댓값이기 위해서는 $|H_1| < 0, |H_2| > 0, |H_3| < 0, \cdots, (-1)^n |H_n| > 0$이어야 하며

(ii) 극솟값이기 위해서는 $|H_1| > 0, |H_2| > 0, |H_3| > 0, \cdots, |H_n| > 0$이어야 한다.

직관적인 이해를 돕기 위해 그림으로 표현하면 다음과 같다.

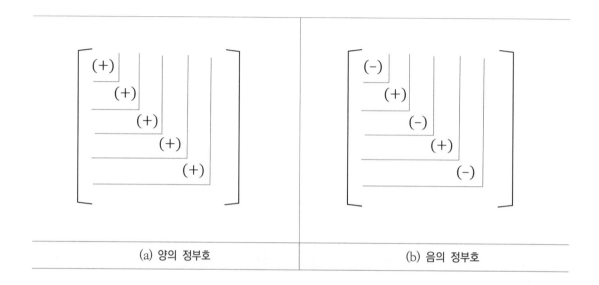

| (a) 양의 정부호 | (b) 음의 정부호 |

한편, 위 그림 (a) 경우와 같이 헤시안 행렬 H의 선행 주 소행렬식이 모두 양(+)인 경우 헤시안 행렬 H를 '양의 정부호행렬(positive definite matrix)'이라고 하고, (b) 경우와 같이 헤시안 행렬 H의 선행 주 소행렬식의 부호가 음(−)·양(+)·음(−)·양(+)·…으로 번갈아 가면서 나타나는 경우 헤시안 행렬 H를 '음의 정부호행렬(negative definite matrix)'이라고 한다. 이 외의 경우는 '부정(indefinite)'이라고 한다.

따라서 위에서 설명한 '헤시안 행렬을 이용한 n변수 함수의 이계조건(충분조건)'은 다음과 같이 나타낼 수 있다.

일계조건(필요조건)을 만족하는 $f(x_1^*, x_2^*, \cdots, x_n^*)$가

(i) 극댓값이기 위해서는 헤시안 행렬 H가 음의 정부호(negative definite)이어야 하며

(ii) 극솟값이기 위해서는 헤시안 행렬 H가 양의 정부호(positive definite)이어야 한다.

참고로 헤시안 행렬 H의 선행 주 소행렬식의 부호가 모두 확실히 음이 아닌 경우, 즉 $|H_1| \geq 0$,

$|H_2| \geq 0, |H_3| \geq 0, \cdots, |H_n| \geq 0$이면 '양의 준정부호(positive semi-definite)'라고 하고, 헤시안 행렬 H의 선행 주 소행렬식의 부호가 '확실히 양이 아닌 경우·확실히 음이 아닌 경우·확실히 양이 아닌 경우·확실히 음이 아닌 경우·...'로 번갈아 가면서 나타나는 경우, 즉 $|H_1| \leq 0$, $|H_2| \geq 0, |H_3| \leq 0, \cdots, (-1)^n |H_n| \geq 0$이면 '음의 준정부호(negative semi-definite)'라고 한다.

예제

1. 다음 함수의 극댓값 혹은 극솟값을 구하시오.

   (1) $f(x,y,z) = x + 2y + 3z - \dfrac{1}{100}x^2 - \dfrac{1}{100}y^2 - \dfrac{1}{200}z^2$

   (2) $f(x,y,z) = 2x^2 + y^2 + 2z^2 + xy + yz + x + z$

2. [2020년 행정고시] 어떤 상품 Q에 대해 A국은 독점시장이고, B국은 완전경쟁시장이며 이 때 B국 시장 내 Q의 가격은 50이다. 이 상품에 대해 A국 기업이 가지는 국내 수요함수와 총비용함수는 다음과 같다.

$$Q(P) = 180 - 2P$$

$$TC(P) = \frac{Q^2}{4} + 2,600$$

   A국 기업이 수출을 하는 것이 유리한지 결정하기 위하여 다음과 같은 과정으로 풀어보자.
   (1) A국의 수출이 없는 경우 독점자의 이윤극대화 함수를 설정하고 1차 미분을 통하여 Q_A 를 구하시오.
   (2) 위 (1)에서 구한 균형량 Q_A에 해당하는 A국 기업의 한계비용(MC)과 B국의 가격 (MR)을 비교하고 그 의미를 논하시오.
   (3) A국이 수출하는 경우 독점자의 이윤극대화 함수를 설정하고 1차 미분을 통하여 Q_A와 Q_B를 구하시오.
   (4) 위 (3)에서 구한 Q_A와 Q_B에 해당하는 A국의 한계비용(MC)과 각국의 가격(MR)을 구하고 이를 설명하시오.
   (5) A국 독점기업이 B국에 수출한다면 B국 정부가 자국 산업의 보호를 위해 어떤 정책을 취할 수 있는지 설명하시오.

1.

(1) 우선 $\dfrac{\partial f}{\partial x}=\dfrac{\partial f}{\partial y}=\dfrac{\partial f}{\partial z}=0$을 만족하는 (x^*,y^*,z^*)을 구해보면 그 과정은 다음과 같다.

$$\frac{\partial f}{\partial x}=1-\frac{2}{100}x=0,\quad \frac{\partial f}{\partial y}=2-\frac{2}{100}y=0,\quad =\frac{\partial f}{\partial z}=3-\frac{2}{200}z=0$$

따라서 $x^*=50,\ y^*=100,\ z^*=300$이 일계조건인 필요조건을 충족시킨다. 이계조건을 확인하기 위해 헤시안 행렬을 구해보면 다음과 같다.

$$H=\begin{bmatrix} -\dfrac{2}{100} & 0 & 0 \\[2mm] 0 & -\dfrac{2}{100} & 0 \\[2mm] 0 & 0 & -\dfrac{1}{100} \end{bmatrix}$$

$$|H_1|=-\frac{2}{100}<0,\quad |H_2|=\frac{4}{10,000}>0,\quad |H_3|=-\frac{4}{1,000,000}<0$$

$(x^*=50,y^*=100,z^*=300)$일 때 극댓값 575를 가진다.

(2) 일계조건을 만족시키는 해는 다음 연립방정식을 만족시켜야 한다.

$$\frac{\partial f}{\partial x}=4x+y+1=0,\quad \frac{\partial f}{\partial y}=2y+x+z=0,\quad \frac{\partial f}{\partial z}=4z+y+1=0$$

연립방정식의 해는 $x^*=-\dfrac{1}{3}\ y^*=\dfrac{1}{3}\ z^*=-\dfrac{1}{3}$가 된다. 이계조건인 확인하기 위해 헤시안 행렬을 구하면 다음과 같다.

$$H=\begin{bmatrix} 4 & 1 & 0 \\ 1 & 2 & 1 \\ 0 & 1 & 4 \end{bmatrix}$$

$$|H_1|=4>0,\quad |H_2|=7>0,\quad |H_3|=(4)(8-1)-(1)(4)>0$$

따라서, $f\!\left(-\dfrac{1}{3},\dfrac{1}{3},-\dfrac{1}{3}\right)=-\dfrac{1}{3}$가 극솟값이다.

2. 다음과 같은 2단계를 거쳐 기업의 덤핑행위가 가능한가를 먼저 확인할 필요가 있다.

〈1단계〉 생산량 증가 시 평균비용(AC)가 감소하므로 규모에 대한 보수 증가(increasing returns to scale; IRTS)이다. 따라서 덤핑행위가 가능하다.

〈2단계〉 생산량 증가로 A국의 MC가 B국의 가격인 50보다 낮다면 B국에 진출하는 것이 이윤극대화 행위가 된다.

(1) 〈비수출〉 경우, 이윤함수는 다음과 같다.

$$\pi(Q) = P(Q)Q - TC(Q)$$

일계조건과 이계조건은 다음과 같다.

$$\pi'(Q) = 0 \Rightarrow 90 - Q - \frac{Q}{2} = 0 \Rightarrow Q^* = 60$$

$$\frac{\partial^2 \pi}{\partial Q \partial Q} = -\frac{3}{2} < 0$$

이때 이윤은 $\pi(Q = 60) = 100$이며 국내 가격 $P = 60$, $AC = 58.33$, $MC = 30$이다.

(2) B국의 가격 50이 MR이 되므로 A국의 $MC = 30$보다 높다. 따라서 A국은 B국에 수출하는 것이 이윤을 극대화하는 행위가 될 수 있다.

(3) 〈수출 경우〉 이윤함수는 다음과 같은 이변수 함수가 된다.

$$\pi(Q_A, Q_B) = \left\{90Q_A - \frac{Q_A^2}{2} + 50Q_B\right\} - \left(\frac{(Q_A + Q_B)^2}{4} + 2{,}600\right)$$

일계조건은 다음과 같다.

$$\frac{\partial}{\partial Q_A}\pi(Q_A, Q_B) = 90 - Q_A - \frac{1}{2}(Q_A + Q_B) = 0$$

$$\frac{\partial}{\partial Q_B}\pi(Q_A, Q_B) = 50 - \frac{1}{2}(Q_A + Q_B) = 0$$

연립방정식을 풀면 다음과 같다.

$$Q_A = 40, \qquad Q_B = 60$$

이계조건은 다음과 같다.

$$H = \begin{bmatrix} -\dfrac{3}{2} & -\dfrac{1}{2} \\ -\dfrac{1}{2} & -\dfrac{1}{2} \end{bmatrix} > 0$$

따라서 $|H_1| < 0; \; |H_2| > 0$이므로 극댓값을 가진다.

이때 이윤은 $\pi(Q_A = 40, Q_B = 60) = 700$이다.

(4) A국 기업의 $MC = 50$이고 $AC(Q = 100) = 51$이다. A국에서의 MR인 가격은 70이고, B국의 MR인 가격은 50이다. 따라서 수출을 하는 것이 유리하다.

(5) A국과 B국 간의 가격 차이 $20(=70-50)$만큼이 반덤핑(anti-dumping)에 해당한다. 이에 따른 반덤핑관세(anti-dumping duty system) 부과가 가능하다.

CHAPTER 17

제약조건하의 극대·극소

최적화 문제에 제약조건이 존재한다면 한 변수에 관한 결정이 나머지 변수의 선택이 어떠한 영향을 미치게 될 것이다. 즉, 모든 선택변수들은 상호 독립적이지 않을 것이다. 본 장에서는 이처럼 제약조건이 존재하는 경우 목적함수의 상대적 극값을 구하는 일반적인 해법에 대해 소개한다.

17.1 제약조건하 최적화 문제

제약조건(constraint)이 존재하지 않는 경우, 함수를 구성하는 독립변수(선택변수)들은 상호 독립적이다. 그러나 제약조건이 주어지면 변수들 사이의 독립성은 없어지게 된다. 변수들이 서로 영향을 미치게 된다면 극값의 도출 방법이 복잡해진다.

다변수 함수의 가장 간단한 경우인 이변수 함수를 이용하여 제약조건하 최적화 문제에 대해 설명해 보자. 두 개의 독립변수 x와 y로 이루어진 이변수 함수 $z = f(x,y)$의 극값(극댓값과 극솟값)을 구하는 문제에서 독립변수인 x와 y가 $c = g(x,y)$라는 제약조건하에서만 변화가능하다고 하자. 이 경우 $c = g(x,y)$라는 제약조건을 가지고 있는 독립변수(선택변수)에 대해 주어진 함수 $z = f(x,y)$의 극값(극댓값 또는 극솟값)을 구해야 할 것이다.

예를 들어, $10 = 3x + y$라는 조건하에서 함수 $z = f(x,y) = 30 - 3x + y^2$의 극값(극댓값 또는 극솟값)을 구해보자. 우선, 두 개의 독립변수 x와 y의 제약조건에 의해 $y = 10 - 3x$라는 식으로 표현된다. 이제 y식을 주어진 함수 $z = f(x,y)$에 대입하면 $z(x) = 30 - 3x + (10 - 3x)^2$이 된다. 이제 z는 독립변수(선택변수) x에 대한 일변수 함수가 되어 일변수 함수의 극값을 구하는 공식을 적용하여 극대값 혹은 극솟값을 구할 수 있다.

다만, 실제로 주어진 함수의 극값(극댓값 또는 극솟값)을 구할 때 x와 y에 대한 제약조건은 복잡한 경우가 일반적이며 이 경우 위의 예처럼 제약조건이 하나의 변수 형태로 치환(perpendicularity)되기 어렵다. 게다가 변수가 많아질 경우 다른 변수들을 하나의 변수로 치환하는 것은 더더욱 어려워진다. 이러한 복잡한 제약조건하 함수의 극값(극댓값 또는 극솟값)을 구하는 문제는 일반적으로 라그랑지 함수(Lagrange function)를 이용한 라그랑지 승수법(Lagrange multiplier method)을 통해서 해결한다.

17.2 라그랑지 승수법

1. 라그랑지 함수

라그랑지 함수(Lagrange function)란 목적함수 $f(x_1, x_2, \cdots, x_n)$와 음함수 형태의 제약조건 $g_0 - g(x_1, x_2, \cdots, x_n) = 0$을 선형 결합하여 만든 함수이다. 즉, 라그랑지 함수란 제약조건이 가미된 최적화 문제를 제약조건이 없는 함수의 최적화 문제로 변환시킨 함수이다.

목적함수가 $z = f(x_1, \cdots, x_n)$로 주어져 있고 제약조건이 $c = g(x_1, \cdots, x_n)$의 형태로 주어져 있는 최적화 문제의 일반 형태는 다음과 같다.

$$\text{Maximize 또는 Minimize } f(x_1, \cdots, x_n)$$
$$\text{subject to } c = g(x_1, \cdots, x_n)$$

라그랑지 승수(Lagrange multiplier) λ를 이용하여 하나의 함수로 만들면 다음과 같다.

$$L(x_1, x_2, \cdots, \lambda) = f(x_1, x_2, \cdots, x_n) + \lambda \left[c - g(x_1, x_2, \cdots, x_n) \right]$$

여기서 라그라지 승수 'λ'를 일반적으로 람다($lamda$)라고 읽는다.

목적함수가 $z = f(x_1, x_2)$로 주어져 있고 제약조건이 $c = g(x_1, x_2)$의 형태로 주어졌다고 하자. 단, $z = f(x_1, x_2)$와 $c = g(x_1, x_2)$의 일계 도함수는 연속이라고 가정한다.

$$\text{Maximize 또는 Minimize } f(x_1, x_2)$$
$$\text{subject to } c = g(x_1, x_2)$$

이 문제를 풀기 위해 라그랑지 승수 λ를 이용하여 하나의 함수로 만들면 다음과 같다.

$$L(x_1, x_2, \lambda) = f(x_1, x_2) + \lambda[c - g(x_1, x_2)]$$

이를 라그랑지 함수라고 하며, 라그랑지 함수는 변수가 x_1, x_2, λ인 함수가 된다. 즉, 라그랑지 함수는 목적함수 $z = f(x_1, x_2)$에 라그랑지 승수인 λ가 추가된 다변수 함수로 간주하면 된다.

한편, 라그랑지 함수에서 목적함수 $f(x_1, x_2)$는 일반적으로 비선형함수(non-linear function)이고, 제약조건 $g(x_1, x_2) = c$는 선형함수(linear function)이다. 따라서 두 함수의 선형 결합인 라그랑지 함수는 비선형이 된다.

2. 라그랑지 승수법의 적용

라그랑지 승수법이란 등식 제약이 존재하는 상황에서 최적화 문제를 푸는 일반적인 방법을 말한다. 라그랑지 승수법(Lagrange multiplier method)을 이용하여 극댓값 혹은 극솟값을 찾는 방법은 다음과 같은 3단계로 구분할 수 있다(증명 생략).

[1단계] 우선, 제약조건이 있는 목적함수는 다음과 같은 라그랑지 함수 $L(x_1, x_2, \lambda)$로 전환한다.

$$L(x_1, x_2, \lambda) = f(x_1, x_2) + \lambda[c - g(x_1, x_2)]$$

[2단계] 이번 단계는 극값(극댓값 또는 극솟값)에 해당하는 극점(극대점 또는 극소점)들이 만족해야 할 일계조건(필요조건)에 해당한다. 따라서 라그랑지 함수를 변수 x_1, x_2, λ에 대해 다음과 같이 편미분한다.

$$\frac{\partial L}{\partial x_1} = L_{x_1} = f_{x_1} - \lambda g_{x_1} = 0$$

$$\frac{\partial L}{\partial x_2} = L_{x_2} = f_{x_2} - \lambda g_{x_2} = 0$$

$$\frac{\partial L}{\partial \lambda} = L_\lambda = c - g(x_1, \ x_2) = 0$$

이후, 미지수가 3개이고 방정식이 3개인 연립방정식을 만족하는 해 $(x_1^*, x_2^*, \lambda^*)$을 도출한다. 여기서 라그랑지 함수를 만들 때 추가된 변수인 라그랑지 승수(λ)에 대해서도 편미분을 한다는 것에 유의하자.

[3단계] 이번 단계는 극값(극댓값 또는 극솟값)에 해당하는 극점(극대점 또는 극소점)들이 만족해야 할 이계조건(충분조건)에 해당한다. 따라서 [2단계]에서 찾은 극점 중에서 다음의 유테 헤시안(bordered Hessian) 판정법을 이용하여 극값(극댓값 또는 극솟값)을 결정한다.

$\dfrac{\partial L}{\partial x_1} = 0, \dfrac{\partial L}{\partial x_2} = 0, \dfrac{\partial L}{\partial \lambda} = 0$의 일계조건을 충족하는 $(x_1^*, x_2^*, \lambda^*)$가 주어졌을 때

(i) $|\overline{H}| < 0$이 성립하면 $f(x_1^*, x_2^*)$는 극솟값이다.

(ii) $|\overline{H}| > 0$이 성립하면 $f(x_1^*, x_2^*)$는 극댓값이다.

라그랑지 함수가 $L(x_1, x_2, \lambda) = f(x_1, x_2) + \lambda[c - g(x_1, x_2)]$로 정의될 때, 라그랑지 함수의 유테 헤시안 행렬(bordered Hessian matrix) 또는 테두른 헤시안 행렬 $\overline{H}$은 다음과 같이 정의된다.

$$\overline{H} = \begin{bmatrix} 0 & g_1 & g_2 \\ g_1 & L_{11} & L_{12} \\ g_2 & L_{21} & L_{22} \end{bmatrix}$$

여기서 g_i와 L_{ij}는 각각 $\dfrac{\partial g}{\partial x_i}$와 $\dfrac{\partial^2 L}{\partial x_i \partial x_j}$를 의미한다.

참고로 지금까지는 다변수 함수의 가장 간단한 경우인 이변수 함수를 이용하여 제약조건하 최적화 문제에 대해 설명하였다. 보다 일반적인 경우인 $n(>2)$개의 독립변수 x와 y로 이루어진 다변수 함수 $z = f(x_1, x_2, x_3, \cdots, y)$의 최적해를 $m(>1)$개의 제약조건하에서도 찾을 수 있다. 그 방법은 지금까지 살펴본 이변수 함수의 제약조건이 하나인 경우와 근본적으로 다르지 않다. 다만, 본 절에서 구체적인 설명은 생략하기로 한다.

☀ 생각열기

경제학에서 많이 사용되는 다음의 함수 3가지를 생각해 보자.
(1) 선형함수: $y(x_1, x_2) = \max(ax_1 + bx_2)$, 제약식 $p_1 x_1 + p_2 x_2 = m$
(2) 콥-더글러스 함수: $y(x_1, x_2) = \max(x_1^a, x_2^b)$, 제약식 $p_1 x_1 + p_2 x_2 = m$
(3) 레온티에프 함수: $y(x_1, x_2) = \min(ax_1, bx_2)$, 제약식 $p_1 x_1 + p_2 x_2 = m$

(1) 선형함수는 선형과 선형이 만나는 점은 각각의 기울기에 따라 해가 결정된다. 기울기가 다르면 한 점에서 만나고 기울기가 같으면 평행하거나 일치하는 선분이다. (1)에 주어진 목적함수와 제약식을 보면, 두 함수 모두 선형인 함수이다. 목적함수의 기울기는 a, b에 의해서 결정되고 제약식의 기울기는 p_1, p_2에 의해서 결정된다. 따라서 기울기에 의해서 '내부해(interior solution)'가 아닌 '모서리 해(corner solution)'가 결정된다. 여기서 '모서리 해'란 제약조건하 최적화 문제에서 최적의 해가 제약 조건의 경

계, 즉 제약조건의 모서리에 위치할 때 발생한다.

한편, 라그랑지 함수의 해를 구하기 위해서는 2차 미분이 필요하다. 그러나 선형과 선형의 결합은 2차 미분 값이 항상 0이 되므로 라그랑지 함수에 의한 최적값 도출은 불가능하다. 따라서 최적화 이계조건도 불필요하다. 따라서 주어진 (1)의 경우 해는 다음과 같다.

$$\text{if } \frac{a}{b} > \frac{p_1}{p_2}, \ x_1^* = \frac{m}{p_1} \text{이고} \ x_2^* = 0$$

$$\text{if } \frac{a}{b} = \frac{p_1}{p_2}, \ x_1^* \in \left[0, \frac{m}{p_1}\right] \text{이고} \ x_2^* \in \left[0, \frac{m}{p_1}\right]$$

$$\text{if } \frac{a}{b} = \frac{p_1}{p_2}, \ x_1^* = 0 \text{이고} \ x_2^* = \frac{m}{p_1}$$

(2) 콥-더글러스 함수는 비선형이고 제약식은 선형이므로 두 함수의 결합인 라그랑지 함수는 비선형이 된다. 따라서 2차 미분 값이 존재한다. 이 경우 라그랑지 함수는 다음과 같다.

$$L(x_1, x_2, \lambda) = x_1^a x_2^b + \lambda(m - p_1 x_1 - p_2 x_2)$$

[일계조건]

$$L_1 = a x_1^{a-1} x_2^b - \lambda p_1 = 0$$
$$L_2 = b x_1^a x_1^{b-1} - \lambda p_2 = 0$$
$$L_3 = m - p_1 x_1 - p_2 x_2 = 0$$

연립방정식의 해를 구해보면

$$\frac{L_1}{L_2} = \frac{a x_1^{a-1} x_2^b}{b x_1^a x_2^{b-1}} = \frac{\lambda p_1}{\lambda p_2}$$

$$\frac{a x_2}{b x_1} = \frac{p_1}{p_2} \ \Rightarrow \ x_2 = \frac{b p_1}{a p_2} x_1$$

x_2를 l_3에 대입하면

$$p_1 x_1 + p_2 \left(\frac{b p_1}{a p_2}\right) = m$$

$$x_1^* = \frac{a}{(a+b)} \frac{m}{p_1}, \qquad x_2^* = \frac{b}{(a+b)} \frac{m}{p_2}$$

[이계조건]

$$\left|\overline{H_2}\right| = \begin{bmatrix} 0 & p_1 & p_2 \\ p_1 & a(a-1)x_1^{a-2}x_2^b & abx_1^{a-1}x_2^{b-1} \\ p_2 & abx_1^{a-1}x_2^{b-1} & b(b-1)x_1^a x_1^{b-2} \end{bmatrix} > 0$$

따라서 극댓값이 존재한다.

(3) 레온티에프 함수는 무차별곡선이 'L'의 형태로 나타나므로 연속적인 함수가 아니다. 따라서 미분이 불가능하며 라그랑지 승수법을 이용하여 해를 구할 수가 없다. 이런 경우 해는 다음과 같은 방법으로 극값 (극댓값 혹은 극솟값)을 구한다.

(i) 첫째, $ax_1 < bx_2$인 경우는 x_2가 비효율적으로 과도하게 투입된 것이며, $ax_1 > bx_2$인 경우는 x_1이 비효율적으로 과도하게 투입된 것이다. 따라서 $ax_1 \neq bx_2$인 경우는 레온티에프 함수를 극대화시키는 점들이 존재하지 않는다.

(ii) 둘째, $ax_1 = bx_2$인 경우, $y = ax_1 = bx_2$이 된다. 따라서 $x_1 = \dfrac{b}{a}x_2$가 된다. 이를 제약식에 대입하고 정리하면 다음과 같다.

$$x_2^* = \frac{am}{(bp_1 + ap_2)}$$

따라서 x_1과 y는 다음과 같다.

$$x_1^* = \frac{bm}{(bp_1 + ap_2)}$$

$$y = \frac{abm}{(bp_1 + ap_2)}$$

17.3 라그랑지 승수법의 의미

1. 라그랑지 방법

$c = g(x_1, x_2)$ 제약조건하에서 목적함수 $z = f(x_1, x_2)$의 최적화 문제는 라그랑지 승수 λ를 또 하나의 독립변수(선택변수)로 추가한 라그랑지 함수 $L(x_1, x_2, \lambda)$의 최적화 문제와 동일하다.

2. 라그랑지 정리

함수 $f(x_1, x_2, \cdots, x_n)$와 $g(x_1, x_2, \cdots, x_n)$가 연속인 일계 도함수를 가지고 있고 $f(x_1, x_2, \cdots, x_n)$가 $c = g(x_1, x_2, \cdots, x_n)$라는 제약 조건하에서 점 $(x_1^*, x_2^*, \cdots, x_n^*, \lambda^*)$에서 극값(극댓값 또는 극솟값)을 갖는다고 할 경우, 만일 $\nabla g(x_1^*, x_2^*, \cdots, x_n^*) \neq 0$이면 $\nabla f(x_1, x_2, \cdots, x_n) = \lambda \nabla g(x_1, x_2,$

$\cdots, x_n$)가 되는 라그랑지 승수(λ)가 존재한다. 이를 라그랑지 정리(Lagrange theorem)라고 한다.

3. 라그랑지 승수

라그랑지 승수법은 라그랑지 승수(λ)의 값을 하나의 해로 포함하고 있으며, 라그랑지 승수의 값은 경제학적으로 중요한 의미를 담고 있다. 라그랑지 함수를 제약조건 상수 c에 대해 미분하면 라그랑지 승수 λ가 된다. 즉, $\dfrac{dL}{dc} = \lambda$이다. 따라서 라그랑지 승수 λ는 매개변수를 통한 제약 c의 변화가 목적함수의 최적값에 미치는 영향의 정도(반응도)를 의미한다. 예를 들어, 예산 제약 하의 소비자 효용극대화 문제에서 라그랑지 승수의 값은 소비자의 제약조건인 예산(budget constraint)이 변화함에 따라 효용(목적함수)의 값이 어떻게 달라지는지를 나타내는 소득의 한계효용(marginal utility of income)을 의미한다.

4. 부등식 제약

라그랑지 승수법은 등식 형태를 가진 제약조건하의 극값(극댓값 또는 극솟값) 도출을 쉽게 해주는 방법이다. 이와 구분하여 부등식 형태를 가진 제약조건하 극값(극댓값 또는 극솟값) 도출은 쿤-터커 조건(Kuhn-Tuker conditions)을 이용한다. 일반적으로 쿤-터커 조건은 최적화 이론에서 제약 조건이 있는 비선형 최적화 문제를 해결하기 위해 사용하는 중요한 수학적 도구로서 주로 비선형 계획법(nonlinear programming)에서 사용된다. 따라서 라그랑지 승수법은 쿤-터커 조건의 특수한 경우로 볼 수 있다. 쿤-터커 조건은 직관적으로 이해가 어려우므로 본서에서는 다루지 않기로 한다.

17.4 라그랑지 승수법의 일반화

1. 다변수 목적함수

앞서 우리는 한 개의 제약조건하에서 2개의 독립변수를 가지고 있는 함수의 극값을 찾는 방법에 대해 살펴보았다. 본 절에서는 좀 더 일반적인 형태의 라그랑지 승수법으로 목적함수가 $z = f(x_1, x_2, \cdots, x_n)$이고 제약조건이 $c = g(x_1, x_2, \cdots, x_n)$인 최적화 문제를 살펴보기로 한다. 목적함수와 제약조건의 변수가 많다고 하더라도 최적해를 찾는 라그랑지 승수법의 적용 과정은 앞서 살펴본 2변수 함수의 제약조건이 하나인 경우와 차이가 없다.

앞서 살펴본 바와 같이, 목적함수가 $z = f(x_1, \cdots, x_n)$로 주어져 있고 제약조건이 $c = g(x_1, \cdots, x_n)$의 형태로 주어져 있는 최적화 문제의 일반 형태는 다음과 같다.

$$\text{Maximize 또는 Minimize } f(x_1, \cdots, x_n)$$
$$\text{subject to } c = g(x_1, \cdots, x_n)$$

[1단계] 라그랑지 승수(λ)를 이용하여 하나의 라그랑지 함수로 만들면 다음과 같다.

$$L(x_1, x_2, \cdots, \lambda) = f(x_1, x_2, \cdots, x_n) + \lambda[c - g(x_1, x_2, \cdots, x_n)]$$

[2단계] 다음의 연립방정식을 만족하는 $(x_1^*, x_2^*, \cdots, x_n^*, \lambda^*)$을 구한다.

$$\frac{\partial L}{\partial x_1} = \frac{\partial f}{\partial x_1} - \lambda \frac{\partial g}{\partial x_1} = 0$$

$$\frac{\partial L}{\partial x_2} = \frac{\partial f}{\partial x_2} - \lambda \frac{\partial g}{\partial x_2} = 0$$

$$\vdots \qquad \vdots \qquad \vdots \qquad \vdots$$

$$\frac{\partial L}{\partial x_n} = \frac{\partial f}{\partial x_n} - \lambda \frac{\partial g}{\partial x_n} = 0$$

$$\frac{\partial L}{\partial \lambda} = c - g(x_1, x_2, \cdots, x_n) = 0$$

[3단계] 이번 단계에서는 [2단계]의 일계조건(필요조건)을 충족시키는 $(x_1^*, x_2^*, \cdots, x_n^*, \lambda^*)$가 이계조건(충분조건)도 충족시키는지 여부를 판정하기 위해서는 유테 헤시안 행렬 $\overline{H}(x_1, x_2, \cdots, x_n, \lambda_1, \lambda_2, \cdots, \lambda_n)$을 다음과 같이 도출한다.

$$\overline{H} = \begin{bmatrix} 0 & g_1 & g_2 \cdots g_n \\ g_1 & L_{11} & L_{12} \cdots L_{1n} \\ g_2 & L_{21} & L_{22} \cdots L_{2n} \\ \vdots & \vdots & \vdots \qquad \vdots \\ g_n & L_{n1} & L_{n2} \cdots L_{nn} \end{bmatrix}$$

이 식에서 $g_i = \dfrac{\partial g}{\partial x_i}$이며, $L_{ij} = \dfrac{\partial^2 L}{\partial x_i \partial x_j}$를 의미한다.

유테 헤시안 행렬 $\overline{H}(x_1, x_2, \cdots, x_n, \lambda_1, \lambda_2, \cdots, \lambda_n)$이 위와 같이 주어질 때, 순차적인 유테 헤

시안의 선행 주 소행렬식(principal minor determinant) $\left|\overline{H_n}\right|$은 다음과 같다.

$$\left|\overline{H_2}\right| = \begin{vmatrix} 0 & g_1 & g_2 \\ g_1 & L_{11} & L_{12} \\ g_2 & L_{21} & L_{22} \end{vmatrix}$$

$$\left|\overline{H_3}\right| = \begin{vmatrix} 0 & g_1 & g_2 & g_3 \\ g_1 & L_{11} & L_{12} & L_{13} \\ g_2 & L_{21} & L_{22} & L_{23} \\ g_3 & L_{31} & L_{32} & L_{33} \end{vmatrix}$$

$$\cdots$$

$$\left|\overline{H_n}\right| = \begin{vmatrix} 0 & g_1 & g_2 & \cdots & g_n \\ g_1 & L_{11} & L_{12} & \cdots & L_{1n} \\ g_2 & L_{21} & L_{22} & \cdots & L_{2n} \\ \vdots & \vdots & \vdots & & \vdots \\ g_n & L_{n1} & L_{n2} & \cdots & L_{nn} \end{vmatrix}$$

(i) 만일 $\left|\overline{H_2}\right|$이 양(+)의 부호를 가지며, 이하 모든 유테 헤시안의 선행 주 소행렬식의 부호가 (−)과 (+)를 번갈아 가며 반복한다면 목적함수는 극댓값을 갖는다.

(ii) 만일 $\left|\overline{H_2}\right|$를 포함하여 모든 유테 헤시안의 선행 주 소행렬식의 부호가 음(−)의 부호를 갖는다면 목적함수는 극솟값을 갖는다.

일반적으로 n변수 함수의 극값(극댓값 또는 극솟값) 조건은 다음과 같다.

$\dfrac{\partial L}{\partial x_1} = \dfrac{\partial L}{\partial x_2} = \cdots = \dfrac{\partial L}{\partial x_n} = \dfrac{\partial L}{\partial \lambda} = 0$의 일계조건(필요조건)을 충족하는 $(x_1^*, x_2^*, \cdots, x_n^*, \lambda^*)$가 주어졌을 때

(i) $\left|\overline{H_2}\right| > 0, \left|\overline{H_3}\right| < 0, \left|\overline{H_4}\right| > 0, \cdots, (-1)^n \left|\overline{H_n}\right| > 0$을 만족하면 $f(x_1^*, x_2^*, \cdots, x_n^*, \lambda^*)$는 극댓값이다.

(ii) $\left|\overline{H_2}\right|, \left|\overline{H_3}\right|, \cdots, \left|\overline{H_n}\right| < 0$이면 $f(x_1^*, x_2^*, \cdots, x_n^*, \lambda^*)$는 극솟값이다.

목적함수, 제약조건이 다음과 같이 주어졌을 때, 라그랑지 승수법을 이용하여 극댓값 또는 극솟값을 판단하고 극점(극대점 또는 극소점)을 구하시오.

(1) 목적함수 $f(x,y,z) = x^2 + 2y^2 + z^2$, 제약조건 $g(x,y,z) = x + y + z = 10$

(2) 목적함수 $f(x,y,z) = xy + xz + yz$, 제약조건 $g(x,y,z) = xyz = 1000$

풀이 ⊗

(1) $L(x,y,z,\lambda) = x^2 + 2y^2 + z^2 + \lambda(10 - x - y - z)$

[일계조건]

$$\frac{\partial L}{\partial x} = 2x - \lambda = 0, \quad \frac{\partial L}{\partial y} = 4y - \lambda = 0$$

$$\frac{\partial L}{\partial z} = 2z - \lambda = 0, \quad \frac{\partial L}{\partial \lambda} = 10 - x - y - z = 0$$

이를 정리하면

$$2x = 4y = 2z = z^*, \quad x + y + z = 10$$

따라서 $(x^*, y^*, z^*, \lambda^*) = (4, 2, 4, 8)$이다.

[이계조건]

유테 헤시안을 정의하면 다음과 같다.

$$|\overline{H}| = \begin{bmatrix} 0 & g_x & g_y & g_z \\ g_x & L_x & L_{xy} & L_{xz} \\ g_y & L_{yx} & L_{yy} & L_{yz} \\ g_z & L_{zx} & L_{zy} & L_{zz} \end{bmatrix} = \begin{bmatrix} 0 & -1 & -1 & -1 \\ -1 & 2 & 0 & 0 \\ -1 & 0 & 4 & 0 \\ -1 & 0 & 0 & 2 \end{bmatrix}$$

$|\overline{H_2}| = -2 < 0$, $|\overline{H_3}| = -4 < 0$이므로 $f(x,y,z) = (4,2,4)$에서 극솟값을 갖는다.

(2) $L(x,y,z,\lambda) = xy + xz + yz + \lambda(1000 - xyz)$

[일계조건]

$$\frac{\partial L}{\partial x} = y + z - \lambda yz = 0, \quad \frac{\partial L}{\partial y} = x + z - \lambda xz = 0,$$

$$\frac{\partial L}{\partial z} = x + y - \lambda xy = 0, \quad \frac{\partial L}{\partial \lambda} = 1000 - xyz = 0$$

이를 정리하면, $xy + xz = xy + yz = xz + yz = \lambda xyz$

따라서 $x^* = y^* = z^*$임을 알 수 있다. 제약식 $xyz = x^3 = 1000$에서 다음 결과가 도출된다.

$$x^* = y^* = z^* = 10, \ \lambda^* = \frac{1}{5}$$

[이계조건]

유테 헤시안을 정의하면 다음과 같다.

$$|\overline{H}| = \begin{bmatrix} 0 & g_x & g_y & g_z \\ g_x & L_{xx} & L_{xy} & L_{xz} \\ g_y & L_{yx} & L_{yy} & L_{yz} \\ g_z & L_{zx} & L_{zy} & L_{zz} \end{bmatrix} = \begin{bmatrix} 0 & yz & xz & xy \\ yz & 0 & 1 - \lambda z & 1 - \lambda y \\ xz & 1 - \lambda z & 0 & 1 - \lambda x \\ xy & 1 - \lambda y & 1 - \lambda x & 0 \end{bmatrix}$$

$|\overline{H_2}| < 0$, $|\overline{H_3}| < 0$이므로 $(x^* = 10, y^* = 10, z^* = 10)$은 함수의 극솟값이 되는 점들이다.

---

2. 다수의 제약조건

제약조건이 2개 이상인 경우에도 라그랑지 승수법을 이용하여 극값(극댓값 또는 극솟값)을 구할 수 있다. 목적함수 f와 제약조건이 다음과 같이 주어져 있다고 하자.

$$\text{Maximize 또는 Minimize } f(x_1, \ x_2, \ \cdots, x_n)$$

$$\text{subject to } \begin{cases} g^1(x_1, x_2, \cdots, x_n) = c_1 \\ g^2(x_1, x_2, \cdots, x_n) = c_2 \\ \qquad\qquad \vdots \\ g^m(x_1, x_2, \cdots, x_n) = c_m \end{cases}$$

이때의 라그랑지 함수는 다음과 같이 정의된다.

$$L(x_1,\ x_2,\ \cdots,\ x_n,\ \lambda_1,\ \lambda_2,\ \cdots,\ \lambda_m) = f(x_1,\cdots,x_n) + \sum_{j=1}^{m} \lambda_j \left[c_j - g^j(x_1,\cdots,x_n) \right]$$

이는 각 제약식 g^i에 대해 λ_i가 추가되어 라그랑지 함수에 포함되는 형태이다. 이러한 경우에 일계조건(필요조건)은 다음과 같다.

$$\frac{\partial L}{\partial x_i} = \frac{\partial f}{\partial x_i} + \sum_{j=1}^{m} \lambda_j \frac{\partial g^j}{\partial x_i} = 0 \quad (i = 1,\ 2,\ \cdots,\ n)$$

$$\frac{\partial L}{\partial \lambda_j} = c_j - g^j(x_1, x_2,\ \cdots, x_n) = 0 \quad (j = 1,\ 2,\ \cdots,\ m)$$

목적함수와 제약조건이 일계조건(필요조건)을 만족한다면, 다음과 같은 형태의 유테 헤시안 행렬을 만들 수 있다.

$$\overline{H} = \begin{vmatrix} 0 & 0 & \cdots & 0 & g_1^1 & g_2^1 & \cdots & g_n^1 \\ 0 & 0 & \cdots & 0 & g_1^2 & g_2^2 & \cdots & g_n^2 \\ \vdots & \vdots & \ddots & \vdots & \vdots & \vdots & \ddots & \vdots \\ 0 & 0 & \cdots & 0 & g_1^m & g_2^m & \cdots & g_n^m \\ g_1^1 & g_1^2 & \cdots & g_1^m & L_{11} & L_{12} & \cdots & L_{1n} \\ g_2^1 & g_2^2 & \cdots & g_2^m & L_{21} & L_{22} & \cdots & L_{2n} \\ \vdots & \vdots & \ddots & \vdots & \vdots & \vdots & \ddots & \vdots \\ g_n^1 & g_n^2 & \cdots & g_n^m & L_{n1} & L_{n2} & \cdots & L_{nn} \end{vmatrix}$$

위의 유테 헤시안을 살펴보면, $g_i^i(x_1, x_2, \cdots, x_n)$는 j번째 제약식의 일계 편도함수(first-order partial derivative)를 의미하며, L_{ii}은 라그랑지 함수의 이계 편도함수(second-order partial derivative)임을 의미한다. 이와 같은 유테 헤시안에 대하여 선행 주 소행렬식 $\left| \overline{H_2} \right|, \left| \overline{H_3} \right|, \cdots, \left| \overline{H_n} \right|$ 은 다음과 같다.

$$\left| \overline{H_2} \right| = \begin{vmatrix} 0 & 0 & \cdots 0 & g_1^1 \, g_2^1 \\ 0 & 0 & \cdots 0 & g_1^2 \, g_2^2 \\ \vdots & \vdots & \vdots & \vdots \\ 0 & 0 & \cdots 0 & g_1^m \, g_2^m \\ g_1^1 \, g_1^2 \cdots g_1^m & L_{11} \, L_{12} \\ g_2^1 \, g_2^2 \cdots g_2^m & L_{21} \, L_{22} \end{vmatrix}$$

$$\left| \overline{H_3} \right| = \begin{vmatrix} 0 & 0 & \cdots & 0 & g_1^1 & g_2^1 & g_3^1 \\ 0 & 0 & \cdots & 0 & g_1^2 & g_2^2 & g_3^2 \\ \vdots & \vdots & \vdots & & \vdots & \vdots & \vdots \\ 0 & 0 & \cdots & 0 & g_1^m & g_2^m & g_3^m \\ g_1^1 & g_1^2 & \cdots & g_1^m & L_{11} & L_{12} & L_{13} \\ g_2^1 & g_2^2 & \cdots & g_2^m & L_{21} & L_{22} & L_{23} \\ g_3^1 & g_3^2 & \cdots & g_3^m & L_{31} & L_{32} & L_{33} \\ & & & \cdots \end{vmatrix}$$

$$\left| \overline{H_n} \right| = H$$

즉, $\left| \overline{H_n} \right|$는 L_{ii}가 선 가장 끝인 우측 아래에 있는 선행 주 소행렬식이다. 이렇게 구해진 선행 주 소행렬식으로 이계조건(충분조건)을 정리하면 아래와 같다.

일계조건(필요조건)은 $\dfrac{\partial L}{\partial x_i} = 0 \ (i = 1, 2, \cdots, n)$와 $\dfrac{\partial L}{\partial} \lambda = 0$을 만족하는 $(x_1^*, x_2^*, \cdots, x_n^*, \lambda^*)$를 찾는 것이며 이계조건(충분조건)은 다음과 같다.

(i) $\left| \overline{H_2} \right| > 0, \left| \overline{H_3} \right| < 0, \left| \overline{H_4} \right| > 0, \cdots, (-1)^n \left| \overline{H_n} \right| > 0$을 만족한다면 함수 $f(x_1^*, x_2^*, \cdots, x_n^*, \lambda^*)$는 극댓값이다.

(ii) $\left| \overline{H_2} \right| < 0, \left| \overline{H_3} \right| < 0, \left| \overline{H_4} \right| > 0, \cdots, (-1)^n \left| \overline{H_n} \right| < 0$을 만족한다면 함수 $f(x_1^*, x_2^*, \cdots, x_n^*, \lambda^*)$는 극솟값이다.

예제

1. 다음 Cobb-Douglas 함수 형태의 효용함수와 제약 조건하에서의 극댓값을 가져오는 x_1, x_2를 구하시오.

   (1) $y(x_1, x_2) = x_1^{\frac{1}{2}} x_2^{\frac{1}{2}}$ 　제약식 $p_1 x_1 + p_2 x_2 = m$

   (2) $f(x_1, x_2) = x_1^{\frac{1}{4}} x_2^{\frac{3}{3}}$ 　제약식 $2x_1 + 4x_2 = 100$

2. '갑'은 원금 200만 원을 가지고 채권과 주식에 적절히 분배하여 투자하려고 한다. 채권에 x_1만큼 투자하고, 주식에 x_2만큼 투자한다면 1년 후의 총 기대수익 함수는 다음과 같다.

$$f(x_1, x_2) = x_1 + 2x_2 - \frac{1}{100}\left(x_1^2 + 3x_1x_2 + x_2^2\right)$$

총 기대수익 $f(x_1, x_2)$을 최대화 할 수 있도록 채권과 주식에 대한 투자금액을 각각 구하였으나, '갑'은 총 기대수익 함수가 잘못되었음을 알았다. 무엇이 문제인지 설명하시오.

3. 목적함수가 선형함수이고 제약식이 비선형인 함수의 극댓값 혹은 극솟값을 가져오는 x_1, x_2를 구하시오.

   (1) 함수가 $Q(x_1, x_2) = x_1 + x_2$이고 제약조건이 $x_1^2 + x_2 = 2$일 때 f의 극값을 구하시오.

   (2) 함수가 $C(x_1, x_2) = 4x_1 + x_2$이고 제약조건이 $x_1^2 - x_2 = 2$일 때 f의 극값을 구하시오.

4. 생산요소인 x와 y를 투입하면 $f(x, y) = -2x^2 - 4y$의 함수에 의하여 생산량이 결정된다. 생산요소 x의 가격이 단위당 10만 원, 생산요소 y의 가격이 단위당 2만 원이고, 주어진 총 예산은 310만 원이다. 이때 생산량을 극대화하는 생산요소의 투입량을 구하시오.

풀이 🔵

1.

(1) $L(x_1, x_2, \lambda) = x_1^{\frac{1}{2}} x_2^{\frac{1}{2}} + \lambda(m - p_1 x_1 - p_2 x_2)$

[일계조건]

$$L_1 = \frac{1}{2} x_1^{-\frac{1}{2}} x_2^{\frac{1}{2}} - \lambda p_1 = 0$$

$$L_2 = \frac{1}{2} x_1^{\frac{1}{2}} x_2^{-\frac{1}{2}} - \lambda p_2 = 0$$

$$L_3 = m - p_1 x_1 - p_2 x_2 = 0$$

연립방정식의 해를 구해보면

$$\frac{L_1}{L_2} = \frac{\frac{1}{2} x_1^{-\frac{1}{2}} x_2^{\frac{1}{2}}}{\frac{1}{2} x_1^{\frac{1}{2}} x_2^{-\frac{1}{2}}} = \frac{\lambda p_1}{\lambda p_2}$$

$$\frac{x_2}{x_1} = \frac{p_1}{p_2} \implies x_2 = \frac{p_1}{p_2} x_1$$

x_2를 L_3에 대입하면

$$p_1 x_1 + p_2 \left(\frac{p_1}{p_2}\right) x_1 = m$$

$$x_1^* = \frac{m}{2p_1}, \qquad x_2^* = \frac{m}{2p_2}$$

[이계조건]

$$|\overline{H}_2| = \begin{bmatrix} 0 & p_1 & p_2 \\ p_1 & \frac{1}{2}\left(-\frac{1}{2}\right) x_1^{-\frac{3}{2}} x_2^{\frac{1}{2}} & \left(\frac{1}{2}\right)\left(\frac{1}{2}\right) x_1^{-\frac{1}{2}} x_2^{-\frac{1}{2}} \\ p_2 & \left(\frac{1}{2}\right)\left(\frac{1}{2}\right) x_1^{-\frac{1}{2}} x_2^{-\frac{1}{2}} & \left(\frac{1}{2}\right)\left(-\frac{1}{2}\right) x_1^{\frac{1}{2}} x_2^{-\frac{3}{2}} \end{bmatrix} > 0$$

x_1^*과 x_2^*의 값을 투입하여 유테 헤시안 값을 구하면 양(+)이 된다.

따라서 $x_1^* = \frac{1}{2} \cdot \frac{m}{p_1}$, $x_2^* = \frac{1}{2} \cdot \frac{m}{p_2}$는 극댓값을 가져오는 값이 된다.

(2) $L(x_1, x_2, \lambda) = x_1^{0.25} x_2^{0.75} + \lambda(100 - 2x_1 - 4x_2)$

[일계조건]

$$L_1 = 0.25 x_1^{-0.75} x_2^{0.75} - 2\lambda = 0$$
$$L_2 = 0.75 x_1^{0.25} x_2^{-0.25} - 4\lambda = 0$$
$$L_3 = 100 - 2x_1 - 4x_2 = 0$$

연립방정식의 해를 구해보면

$$\frac{L_1}{L_2} = \frac{0.25 x_1^{-0.75} x_2^{0.75}}{0.75 x_1^{0.25} x_2^{-0.25}} = \frac{2\lambda}{4\lambda}$$

$$x_2 = \frac{3}{2} x_1$$

x_2를 L_3에 대입하면

$$2x_1 + 4\left(\frac{3}{2} x_1\right) = 100$$

이를 정리하면 다음과 같다.

$$x_1^* = \frac{600}{48} = \frac{25}{2}$$

$$x_2^* = \frac{300}{16} = \frac{75}{4}$$

[이계조건]

$$|\overline{H}| = \begin{bmatrix} 0 & 2 & 4 \\ 2 & (-0.75)(0.25)x_1^{-1.75}x_2^{0.75} & (0.25)(0.75)x_1^{-0.75}x_2^{-0.25} \\ 4 & (0.25)(0.75)x_1^{-0.75}x_2^{-0.25} & (-0.25)(0.75)x_1^{0.25}x_2^{-1.25} \end{bmatrix} > 0$$

x_1^*과 x_2^*의 값을 대입하여 유테 헤시안 행렬식의 값을 구하면 유테 헤시안 값은 양(+)의 값을 가진다. 따라서 $x_1^* = \frac{25}{2}$와 $x^* = \frac{75}{4}$은 극댓값을 가져오는 극점이 된다.

2. $L(x_1, x_2, \lambda) = x_1 + 2x_2 - \frac{1}{100}(x_1^2 + 3x_1 x_2 + x_2^2) + \lambda(200 - x_1 - x_2)$

[일계조건]

$$L_1 = 1 - \frac{2x_1}{100} - \frac{3x_2}{100} - \lambda = 0$$

$$L_2 = 2 - \frac{3x_1}{100} - \frac{2x_2}{100} - \lambda = 0$$

$$L_3 = 200 - x_1 - x_2 = 0$$

연립방정식을 풀어 x_1^*, x_2^*, λ^*를 구하면

$$x_1^* = 150, \quad x_2^* = 50, \quad \lambda^* = -3.5$$

따라서 채권에 150만 원을, 주식에 50만 원을 투자하는 것이 가장 '갑'의 기대수익을 높이는 방법이 될 것이다.

[이계조건]

$$|\overline{H_2}| = \begin{bmatrix} 0 & -1 & -1 \\ -1 & -\frac{2}{100} & -\frac{3}{100} \\ -1 & -\frac{3}{100} & -\frac{2}{100} \end{bmatrix} < 0$$

$|\overline{H_2}| < 0$이 성립하면 $f(x_1^*, x_2^*)$는 극솟값이 되므로 수익 극대화가 아닌 수익 극소화가 된다.

3.

(1) $L = x_1 + x_2 + \lambda(2 - x_1^2 - x_2)$

[일계조건]

$$L_1 = \frac{\partial L}{\partial x_1} = 1 - 2\lambda x_1 = 0$$

$$L_2 = \frac{\partial L}{\partial x_2} = 1 - \lambda = 0$$

$$L_3 = \frac{\partial L}{\partial \lambda} = 2 - x_1^2 - x_2 = 0$$

이 연립방정식을 풀면 $x_1^* = 0.5$, $x_2^* = 1.75$, $\lambda^* = 1$을 구할 수 있다.

[이계조건]

$$|\overline{H}| = \begin{bmatrix} 0 & 1 & 1 \\ 1 & -2 & 0 \\ 1 & 0 & 0 \end{bmatrix} = 2 > 0$$

따라서 $f(0.5, 1.75)$가 극댓값을 가져오는 극점이다.

(2) $L = 4x_1 + x_2 + \lambda(2 - x_1^2 + x_2)$

[일계조건]

$$L_1 = \frac{\partial L}{\partial x_1} = 4 - 2\lambda x_1 = 0$$

$$L_2 = \frac{\partial L}{\partial x_2} = 1 + \lambda = 0$$

$$L_3 = \frac{\partial L}{\partial \lambda} = 2 - x_1^2 + x_2 = 0$$

이 연립방정식을 풀면 $x_1^* = -2$, $x_2^* = 2$, $\lambda^* = -1$을 구할 수 있다.

[이계조건]

$$|\overline{H}| = \begin{bmatrix} 0 & 4 & 1 \\ 4 & 2 & 0 \\ 1 & 0 & 0 \end{bmatrix} = -2 < 0$$

따라서 $f(-2, 2)$가 극솟값이다.

4. $L(x,y,\lambda) = -2x^2 - 4y + \lambda(310 - 10x - 2y)$

[일계조건]

$$\frac{\partial L}{\partial x} = -4x - 10\lambda = 0,$$

$$\frac{\partial L}{\partial y} = -4 - 2\lambda = 0,$$

$$\frac{\partial L}{\partial \lambda} = 310 - 10x - 2y = 0$$

이 연립방정식을 풀면 $(x^* = 5,\ y^* = 130,\ \lambda^* = -2)$를 구할 수 있다.

[이계조건]

$$|\overline{H}| = \begin{bmatrix} 0 & 10 & 2 \\ 10 & -4 & 0 \\ 2 & 0 & 0 \end{bmatrix} = 16 > 0$$

$|\overline{H}|$이 0보다 크므로 $(x^* = 5,\ y^* = 130)$은 생산량을 극대화하는 최적 자원투입량이다.

예제

1. 어떤 독점기업의 수요곡선 $P(Q)$는 $P'(Q) < 0$이고 $P''(Q) = 0$이다. 이 독점기업은 2개의 공장을 각각 운영하고 있으며 비용함수는 $C_1(q_1) = q_1^2$와 $C_2(q_2) = 2q_2$이며 $Q = q_1 + q_2 > 1$이다.

   1) 이 기업에 대한 이윤함수 $\pi(Q) = P(Q)Q - q_1^2 - 2q_2$를 극대화하는 각 공장의 생산량 q_1과 q_2을 도출하시오.

   2) 이계조건을 활용하여 2)에서 구한 것이 극대값이 맞음을 헤시안 메트릭스를 작성해서 설명하시오.

   3) $Q = q_1 + q_2 < 1$이라면, 각 공장의 생산량은 얼마인가?

2. [2018년 행정고시] 중간재 x를 생산하는 기업 A는 다음과 같은 비용함수를 갖는 공장 1과 공장 2를 보유하고 있다.

   공장 1의 비용함수: $c_1(x_1) = x_1$

$$\text{공장 2의 비용함수: } c_2(x_2) = \frac{1}{2}x_2^2$$

이 기업이 중간재 x를 투입하여 최종재 y를 생산한다고 할 때, 다음 물음에 답하시오.

(단, x_1은 공장 1의 x생산량, x_2는 공장 2의 x생산량을 의미한다.)

1) 기업 A의 중간재 총 생산량이 다음과 같이 주어진 경우,

$$x = x_1 + x_2$$

라그랑지 함수를 이용하여 비용 극소값을 가져오는 x_1, x_2를 구하시오.

(1차 조건과 2차 조건을 이용하여 구하시오)

2) 한계비용을 이용하여 공장 1과 공장 2에서 생산하는 중간재 x의 범위를 구하시오.

(예를 들면, x의 생산량은 어느 범위까지는 공장 1 또는 공장 2에서 생산한다고 결정하면 됨)

3) 기업 A의 최종재 y에 대한 생산함수는 다음과 같다.

$$y = \sqrt{x}$$

최종재 y의 판매가격이 2일 때, 이윤을 극대화하는 y의 생산량과 이윤을 구하시오.

(단, 기업 A가 생산한 중간재 x는 y재 생산에 모두 투입되었다고 가정하자)

4) 최종재 y의 판매가격은 2로 변함이 없다고 가정하자. 공장 2에서 부분파업으로 x_2는 $\frac{1}{2}$

단위를 초과하여 투입될 수 없을 때, 이윤을 극대화하는 y의 생산량과 이윤을 구하시오.

5) 2)와 3)의 결과에 기초하여 공장 2의 부분 파업을 해소하기 위한 기업 A의 최대지불 금액을 구하시오.

풀이 ✦

1.

1) 독점기업의 이윤극대화 1차 조건을 구하기 위한 목적함수는 다음과 같다.

$$\max_{q_1, q_2} \pi(Q) = P(Q)Q - q_1^2 - 2q_2$$

[일계조건]

$$\frac{\partial \pi}{\partial q_1} = P'(Q)Q + P - 2q_1 = 0$$

$$\frac{\partial \pi}{\partial q_2} = P'(Q)Q + P - 2 = 0$$

따라서 $q_1 = 1$이고 $q_2 = Q - 1$이다.

[이계조건]

$$H = \begin{bmatrix} P''Q + 2P' - 2 & P''Q + 2P' \\ P''Q + 2P' & P''Q + 2P' \end{bmatrix}$$

$$|H_1| = (2P' - 2) < 0, \quad |H_2| = (2P' - 2)2P' - 4(p')^2 = -4P' > 0$$

3) $Q = q_1 + q_2 < 1$이라면 비용이 적게 드는 공장인 q_1에서만 생산하므로 다음과 같다.

$$q_1 = Q < 1, \qquad q_2 = 0$$

2.

1)

〈1단계〉 제약조건하의 극소화 문제

비용함수는 다음과 같은 비용극소화 문제를 통해 도출할 수 있다.

$$\min x_1 + \frac{1}{2}x_2^2$$

$$\text{subject to } x_1 + x_2 = x$$

〈2단계〉 라그랑지 함수

문제에 주어진 것처럼 x는 고정된 중간재 생산량을 의미한다. 이를 다시 정리하면 다음 라그랑지 함수로 전환된다.

$$L(x_1, x_2, \lambda) = x_1 + \frac{1}{2}x_2^2 + \lambda(x - x_1 - x_2)$$

[일계조건]

$$L_1 = 1 - \lambda = 0$$

$$L_2 = x_2 - \lambda = 0$$

$$L_3 = x - x_1 - x_2 = 0$$

연립방정식을 풀어 x_1^*, x_2^*, λ^*를 구하면

$$x_1^* = x - 1, \quad x_2^* = 1, \quad \lambda^* = 1$$

[이계조건]

$$|\overline{H}| = \begin{vmatrix} 0 & 1 & 1 \\ 1 & 0 & 0 \\ 1 & 0 & 1 \end{vmatrix} = -1 < 0$$

따라서 극솟값을 가진다. 극값을 가져오는 x의 범위는 다음과 같다.

$$x_1^* = x - 1, \quad x_2^* = 1$$

2)

〈1단계〉 두 공장의 한계비용과 비용함수

서로 다른 비용함수를 가지고 있는 경우, 기업은 두 비용함수의 한계비용이 일치하는 점(한계비용과 한계수입이 일치하는 점에서 생산량을 결정한다는 것을 명심)의 생산량을 기준점으로 비용함수를 구간별로 구해야 한다.

$$\text{공장 1의 한계비용: } MC_1(x_1) = 1$$
$$\text{공장 2의 한계비용: } MC_2(x_2) = x_2$$

두 공장의 한계비용이 같아지는 점은 $x_1 = x_2 = 1$이다. 따라서 두 공장의 생산은 다음과 같은 두 범위에 의해서 결정된다.

첫째, $0 \le x \le 1$이면, 공장 2만 생산하므로 비용함수는 다음과 같다.

$$c = c_2(x_2) = \frac{1}{2}x_2^2 = \frac{1}{2}x^2$$

따라서 $0 \le x = x_2 \le 1$이 된다.

둘째, $x \ge 1$이면, $c_1(x) = x_1 = x - 1$, $c_2(x) = \frac{1}{2}$이므로 비용함수는 다음과 같다.

$$c = c_1 + c_2 = x - 1 + \frac{1}{2} = x - \frac{1}{2}$$

〈2단계〉 두 공장의 생산 범위

결론적으로 x_1과 x_2의 범위는 다음과 같다.

$$0 \leq x \leq 1 \text{이면, } x_1 = 0, \ \ 0 \leq x_2 \leq 1$$
$$x \geq 1 \text{이면, } x_1 = x - 1, \quad x_2 = 1$$

3) 이윤함수는 다음과 같은 극대화 문제를 통해 도출할 수 있다.

$$\max \ 2x^{\frac{1}{2}} - x_1 - \frac{1}{2}x_2^2$$

[일계조건]

$$x_1 : \ x^{-\frac{1}{2}} - 1 = 0 \text{ 따라서 } (x_1 + x_2)^{-\frac{1}{2}} - 1 = 0$$

$$x_2 : \ x^{-\frac{1}{2}} - x_2 = 0 \text{ 따라서 } (x_1 + x_2)^{-\frac{1}{2}} - x_2 = 0$$

따라서 $x_2 = 1$이고 $x_1 = 0$이 된다.

[이계조건]

$$H = \begin{bmatrix} -\dfrac{1}{2} & -\dfrac{1}{2} \\ -\dfrac{1}{2} & -\dfrac{3}{2} \end{bmatrix}$$

$|H_1| = -\dfrac{1}{2} < 0$, $|H_2| = \dfrac{2}{4} > 0$이므로 생산량은 $y = 2$이고 이윤은 $\pi = 2 - \dfrac{1}{2} = \dfrac{3}{2}$이 된다.

4) 노조에 의해 공장 2에서 부분파업으로 x_2는 $\dfrac{1}{2}$단위를 초과하여 투입될 수 없는 경우 $x_2 = \dfrac{1}{2}$가 되며 이윤극대화 조건은 다음과 같다.

$$\max \ 2x^{\frac{1}{2}} - x_1 - \frac{1}{2}x_2^2$$

$$\text{제약식 } x_2 = \frac{1}{2}$$

이를 라그랑지 함수로 정리하면 다음과 같다.

$$L(x_1, x_2, \lambda) = 2x^{\frac{1}{2}} - x_1 - \frac{1}{2}x_2^2 + \lambda\left(\frac{1}{2} - x_2\right)$$

[일계조건]

$$x_1 : \left(x_1 + x_2\right)^{-\frac{1}{2}} - 1 = 0 \qquad (1)$$

$$x_2 : \left(x_1 + x_2\right)^{-\frac{1}{2}} - x_2 - \lambda = 0 \qquad (2)$$

$$\lambda : x_2 = \frac{1}{2} \qquad\qquad\qquad (3)$$

(1)과 (3)을 이용하여 정리하면 $x_1 = \dfrac{1}{2}$이고 $x_2 = \dfrac{1}{2}$이므로 $x = 1$이 된다. 이 경우 이윤은

$$\pi = 2 - \frac{1}{2} - \frac{1}{8} = \frac{11}{8}\text{이 된다.}$$

5) 공장 2의 부분 파업을 해소하기 위한 기업 A의 최대지불 금액은 파업이 없는 경우의 이윤과 파업의 경우 이윤의 차이가 기업이 지불할 의사가 있는 최대 금액이다. 따라서 그 금액은 다음과 같다.

$$\pi = \frac{3}{2} - \frac{11}{8} = \frac{1}{8}$$

예제

[2020년 행정고시] 두 재화 x_1, x_2와 두 경제주체 A, B로 구성된 순수 교환경제를 가정하자. A와 B의 효용함수는 다음과 같다.

$$U^A\left(x_1, x_2\right) = x_1 x_2^2$$

$$U^B\left(x_1, x_2\right) = x_1^2 x_2$$

A와 B의 초기 부존량 (x_1, x_2)는 각각 $e^A = (9, 3)$ 및 $e^B = (12, 6)$이다.

A와 B가 각자의 효용을 극대화하는 과정을 통해 시장은 일반균형(general equilibrium)을 달성한다. 다음 물음에 답하시오.

(1) (x_1, x_2)의 균형배분을 구하고, 일반균형에서 상대가격체계가 중요함을 설명하시오.

(2) 각 재화에 대한 초과수요함수를 도출하고, 왈라스 법칙(Walras' law)이 성립함을 보이시오.

(3) (1)과 (2)에서 도출한 결과에 기초하여 후생경제학 제1정리(The first theorem of welfare

economics)와 후생경제학 제2정리(The second theorem of welfare economics)가 성립함을 보이시오.

풀이 😊

(1) A의 라그랑지 함수는 다음과 같다.

$$L_A(x_1,\ x_2,\ \lambda)= x_1 x_2^2 + \lambda(P_1 9 + P_2 3 - P_1 x_1 - P_2 x_2)$$

[일계조건]

$$\frac{\partial L}{\partial x_1}= x_2^2 - P_1 \lambda = 0, \quad \frac{\partial L}{\partial x_2}= 2x_1 x_2 - P_2 \lambda = 0$$

$$\frac{\partial L}{\partial \lambda}= P_1 9 + P_2 3 - P_1 x_1 - P_2 x_2 = 0$$

이를 정리하면 A의 소비는 다음과 같다.

$$x_1 = \frac{9P_1 + 3P_2}{P_1}\frac{1}{3} = 3 + \frac{P_2}{P_1}, \quad x_2 = \frac{9P_1 + 3P_2}{P_2}\frac{2}{3} = \frac{6P_1}{P_2} + 2$$

재화에 대한 소비가 상대가격의 함수이다. 따라서 상대가격이 중요하다.

[이계조건]
유테 헤시안을 정의하면 다음과 같다.

$$|\overline{H}| = \begin{vmatrix} 0 & P_1 & P_2 \\ P_1 & 0 & 2x_2 \\ P_2 & 2x_2 & 2x_1 \end{vmatrix} > 0$$

마찬가지로, B의 라그랑지 함수는 다음과 같다.

$$L_A(x_1,\ x_2,\ \lambda)= x_1^2 x_2 + \lambda(12P_1 + 6P_2 - P_1 x_1 - P_2 x_2)$$

[일계조건]

$$\frac{\partial L}{\partial x_1}= 2x_1 x_2 - P_1 \lambda = 0, \quad \frac{\partial L}{\partial x_2}= x_1^2 - P_2 \lambda = 0$$

$$\frac{\partial L}{\partial \lambda}= 12P_1 + P_2 6 - P_1 x_1 - P_2 x_2 = 0$$

이를 정리하면 B의 소비는 다음과 같다.

$$x_1 = \frac{12P_1 + 6P_2}{P_1} \frac{2}{3} = 8 + \frac{4P_2}{P_1}, \quad x_2 = \frac{12P_1 + 6P_2}{P_2} \frac{1}{3} = \frac{4P_1}{P_2} + 2$$

재화에 대한 소비 혹은 재화배분이 상대가격의 함수이다. 따라서 상대가격이 중요하다.

[이계조건]
유테 헤시안을 정의하면 다음과 같다.

$$|\overline{H}| = \begin{bmatrix} 0 & P_1 & P_2 \\ P_1 & 2x_2 & 2x_1 \\ P_2 & 2x_1 & 0 \end{bmatrix} > 0$$

(2) 각 재화의 초과수요함수는 다음과 같다.

$$E_1 = \left[3 + \frac{P_2}{P_1} + 8 + \frac{4P_2}{P_1} \right] - [21] = 5\frac{P_2}{P_1} - 10$$

$$E_2 = \left[\frac{6P_1}{P_2} + 2 + \frac{4P_1}{P_2} + 2 \right] - [9] = 10\frac{P_1}{P_2} - 5$$

2개의 시장인 경우 왈라스 법칙은 한 시장의 초과수요함수가 0이면 나머지 시장의 초과수요함수도 0이 된다는 의미이다. 따라서 다음이 성립한다.

$$E_1 = 5\frac{P_2}{P_1} - 10 = 0$$

$$E_2 = 10\frac{P_1}{P_2} - 5 = 0$$

이를 만족시키는 것은 이를 만족시키는 것은 $\frac{P_1}{P_2} = \frac{1}{2}$이며, 이 경우 A의 소비는 $(5,5)$이고

B의 소비는 $(16,4)$이다.

(3) 후생경제학 제1정리와 후생경제학 제2정리의 증명
   [후생경제학의 정리]
   (후생경제학 제1정리) 완전경쟁시장에서 수요법칙에 따라 결정된 가격에 의한 균형은 파레토 효율적이다. 즉 왈라시안 균형배분은 파레토 효율적이다.
   (후생경제학 제2정리) 파레토 효율적이면 왈라시안 균형배분이다.

[왈라시안 균형배분 증명]

완전경쟁시장에서 수요법칙에 의해 결정된 가격은 $\dfrac{P_1}{P_2}=\dfrac{1}{2}$이다. 이 경우 균형은 $A\,(5,5)$와 $B\,(16,4)$이다.

[파레토 효율성 증명]

$MRS_{12}^{A}=MRS_{12}^{B}=\dfrac{P_1}{P_2}=\dfrac{1}{2}$가 만족되면 파레토 효율적이다. 이 경우 각각의 MRS는 다음과 같다.

$$MRS_{12}^{A}=\frac{x_2}{2x_1}=\frac{1}{2}, \quad x_1^{A}=x_2^{A}$$

$$MRS_{12}^{B}=\frac{2x_2}{x_1}=\frac{1}{2}, \quad x_1^{B}=4x_2^{B}$$

$x_1^{A}+x_1^{B}=21$, $x_2^{A}+x_2^{B}=9$이므로 균형은 $A\,(5,5)$와 $B\,(16,4)$이다.

[후생경제학의 1정리 증명]
완전경쟁시장에서 수요법칙에 따라 결정된 가격에 의한 균형은 파레토 효율적이다. 즉 왈라시안 균형배분은 파레토 효율적이다. 왈라시안 균형 증명에서 균형은 $A\,(5,5)$이고 $B\,(16,4)$이고, 파레토 효율성 증명에서 균형은 $A\,(5,5)$이고 $B\,(16,4)$이다. 따라서 후생경제학 제1정리가 성립한다.

[후생경제학의 제2정리 증명]
파레토 효율적이면 왈라시안 균형배분이다. 파레토 효율적인 균형은 $A\,(5,5)$와 $B\,(16,4)$이고, 왈라시안 균형배분 균형은 $A\,(5,5)$와 $B\,(16,4)$이다. 따라서 후생경제학 제2정리가 성립한다.

PART

05

적분

CHAPTER
18

부정적분

지금까지 우리는 주로 함수의 미분에 대해서 살펴보았다. 이번 장부터 소개하게 될 함수의 적분은 간단하게 생각하면 미분의 반대되는 개념이라고 할 수 있다. 일반적으로 미분과 적분을 묶어 미적분학이라는 분야에서 다루고 미적분학은 미분과 적분의 개념을 기초로 함수의 연속성 등에 관한 성질을 연구하는 수학의 한 분야인 해석학(mathematical analysis)의 기초가 된다. 본 장에서는 어떤 함수를 도함수로 하는 모든 함수를 구하는 연산인 부정적분(infinite integral)에 대해 소개한다.

18.1 부정적분

1. 부정적분의 개념

미분이 작게 잘랐을 때의 모양이라면 적분은 합쳤을 때의 모양이다. 따라서 함수의 적분은 넓이와 부피 등을 계산하는 데 많이 사용된다. 이번 장에서는 미분의 반대과정, 즉 역 연산 (inverse operation)으로써의 적분의 개념과 주어진 도함수에서 원래의 함수가 무엇이었는지 알 아내는 계산을 의미하는 부정적분(infinite integral)에 대해 알아본다. 참고로 다음 장에서 다룰 정적분(definite integral)은 주어진 함수의 그래프 아래의 면적을 계산하는 방법을 의미한다.

함수 $f(x)$가 $F(x)$의 미분으로 도함수(derivative)라면 다음과 같은 식이 성립한다.

$$\frac{dF(x)}{dx} = f(x)$$

함수 $F(x)$를 $f(x)$의 역도함수(anti-derivative) 또는 원시함수(primitive function)라고 한다. 부정적분(indefinite in tegral)은 바로 역도함수인 $F(x)$를 구하는 연산이다. 이러한 이유로 부정적분을 미분의 역 연산이라고 한다. 역 역산을 기호로 표시하면 다음과 같다.

$$\int \frac{dF(x)}{dx} dx = \int f(x)dx = F(x) + C$$

여기서 C는 적분상수(integral constant)이다. 미분 과정에서 상수는 사라지므로 부정적분에는 적분상수가 더해진다.

위 역 연산에서 함수 $F(x)$는 $f(x)$의 역도함수이지만 유일한 역도함수는 아니다. 즉, 주어진 함수의 역도함수는 일반적으로 유일하게 정해져 있지 않고 무수히 많다. 따라서 임의의 상수 C를 더한 것이 전체 역도함수를 대표하는 함수가 된다.

한편, 부정적분의 한자는 不定積分이고 영어는 indefinite integral이다. 즉, 정해지지 않은 적분을 의미한다. 이는 적분값이 정해지지 않았다는 것을 의미한다. 따라서 $f(x)$의 부정적분값은 원시함수(primitive function)인 $F(x)$와 상수인 C의 합이고, 상수인 C는 무수히 많기 때문에 적분값이 정해지지 않았다는 의미이다.

적분은 작게 잘라진 것을 합쳤을 때의 전체 모양이라고 할 수 있다. 예를 들어 일반적인 사각형의 넓이를 통하여 모양을 확인한다면 사각형의 넓이는 '밑변×높이'이다. 구체적으로 밑변이 $2cm$이고 높이가 $4cm$인 경우 사각형의 넓이는 $8cm^2$이다. 정적분은 특정한 사각형의 넓이인 $8cm^2$가 된다. 반면, 부정적분은 일반적인 사각형의 넓이 공식에 해당하는 '밑변×높이'라고 볼 수 있다.

2. 적분 기호의 의미

S자를 길게 늘어뜨린 것과 유사한 모양인 적분 기호 $\int$ 는 합친다(integral)는 의미이며 일반적으로 '인테그랄'이라고 읽는다. 뒤쪽의 dx는 앞서 미분법에서 소개한대로 x의 순간 변화량을 의미하며 여기서는 어떤 변수로 적분하는지를 나타낸다. 따라서 부정적분인 $\int f(x)dx$의 의미는 $f(x)$와 dx의 곱을 모두 합친다는 의미이다. 수학적으로 표현하면 다음과 같다.

$$\int f(x)dx \approx \lim_{\triangle x \to 0} \sum_x f(x)\triangle x$$

도형으로 이해하면 $dx(=\triangle x)$는 밑변의 길이가 되고, $f(x)$는 높이가 되는 사각형이라고 할 수 있다. 따라서 $f(x)dx$와 $f(x)\triangle x$는 사각형의 넓이가 된다. 결국 $\int f(x)dx$는 사각형의 넓이를 모두 합한 것이란 의미이다.

18.2 부정적분 기본 공식

1️⃣ 멱(power)의 법칙

$$\int x^n dx = \begin{cases} \dfrac{x^{n+1}}{n+1} + C & (n \neq -1) \\[3mm] \ln|x| + C & (n = -1) \end{cases}$$

[증명] 우선 $\int x^n dx = \dfrac{x^{n+1}}{n+1} + c (n \neq -1)$를 증명하자. x^{n+1}의 미분은 다음과 같다.

$$\left(x^{n+1}\right)' = \frac{d\left(x^{n+1}\right)}{dx} = (n+1)x^n$$

이를 정리하면 다음과 같다.

$$x^n = \frac{\left(x^{n+1}\right)'}{n+1}$$

위 식의 양변에 적분을 취하면,

$$\int x^n dx = \int \frac{\left(x^{n+1}\right)'}{n+1} dx = \frac{1}{n+1} \int \left(x^{n+1}\right)' dx$$

우측 항의 경우 미분함수에 적분을 취하였으므로 다시 원시함수가 되므로 다음의 적분 공식이 성립한다.

$$\int x^n dx = \frac{x^{n+1}}{n+1} + C$$

다음으로, $\int x^n dx = \dfrac{x^{n+1}}{n+1} = \ln|x| + C(n = -1)$을 증명하자. $\ln x$를 미분하면 다음과 같다.

$$\frac{d(\ln x)}{dx} = \frac{1}{x}$$

위 식의 양변에 적분을 취하면 다음과 같다.

$$\int \frac{d(\ln x)}{dx} dx = \int \frac{1}{x} dx$$

따라서 다음이 성립한다.

$$\ln|x| + C = \int x^{-1} dx$$

단, $\ln x$에서 x는 양(+)이므로 절대 값을 취한 $|x|$이 된다.

---

② 분수

$$\int \frac{f'(x)}{f(x)} dx = \ln|f(x)| + C$$

[증명] $y = f(x)$라고 가정하자. x와 y에 대해서 미분하면 다음과 같다.

$$\frac{dy}{dx} = \frac{df}{dx}$$

위 식을 정리하면

$$\frac{dy}{dx} = f'(x)$$

위 식을 기본 공식에 대응하면 아래와 같다.

$$\int \frac{f'(x)}{f(x)} dx = \int \frac{1}{f(x)} \cdot f'(x) dx = \int \frac{1}{f(x)} \cdot \frac{dy}{dx} dx = \int \frac{1}{y} dy = \ln|f(x)| + C$$

③ 지수함수

$$\int e^{rx}dx = \frac{1}{r}e^{rx} + C$$

[증명] 미분에 의해서 다음이 성립한다.

$$\frac{de^{rx}}{dx} = (e^{rx})' = re^{rx}$$

양변에 적분을 취하면,

$$\int (e^{rx})'dx = r\int e^{rx}dx$$

이를 다시 정리하면

$$e^{rx} = r\int e^{rx}dx$$

따라서 다음이 성립한다.

$$\int e^{rx}dx = \frac{1}{r}e^{rx} + C$$

④ 기본공식

(1) 상수곱: $\int kf(x)dx = k\int f(x)dx$ (단, k는 실수)

(2) 합과 차: $\int (f(x)\pm g(x))dx = \int f(x)dx \pm \int g(x)dx$ (단, k는 실수)

(3) 반비례함수: $\int (\frac{1}{x})dx = \ln|x| + C$

부정적분의 기본 공식 ④의 증명은 생략한다.

1. 다음의 부정적분을 구하시오.

   (1) $\displaystyle\int 4x^3 dx$

   (2) $\displaystyle\int 7 dx$

   (3) $\displaystyle\int x^{-4} dx$

   (4) $\displaystyle\int (2x^2 - 6e^{2x} - 3) dx$

   (5) $\displaystyle\int \sqrt{x}\, dx$

   (6) $\displaystyle\int \sqrt{x^3}\, dx$

   (7) $\displaystyle\int x^2 \sqrt{x}\, dx$

2. 어떤 기업의 한계수입함수와 한계비용함수가 다음과 같다.

$$MR(Q) = 60 - 4Q$$
$$MC(Q) = 20$$

   (1) 총수입함수를 구하시오. 단, $Q = 0$일 때 총수입도 0이라고 가정하자.
   (2) 총비용함수를 구하시오. 단, $Q = 0$일 때 고정비용은 300만 원이라고 가정하자.

풀이

1.

(1) $\displaystyle\int 4x^3 dx = x^4 + C$

(2) $\displaystyle\int 7 dx = 7x + C$

(3) $\displaystyle\int x^{-4} dx = -\frac{1}{3} x^{-3} + C$

(4) $\displaystyle\int (2x^2 - 6e^{2x} - 3) dx = \int 2x^2 dx - 6\int e^{2x} dx - 3\int 1 dx = \frac{2}{3} x^3 - 3e^{2x} - 3x + C$

(5) $\sqrt{x} = x^{\frac{1}{2}}$ 이므로 $\displaystyle\int x^{\frac{1}{2}} dx = \frac{2}{3} x^{\frac{3}{2}} + C$

(6) $\sqrt{x^3} = x^{\frac{3}{2}}$ 이므로 $\displaystyle\int x^{\frac{3}{2}} dx = \frac{2}{5} x^{\frac{5}{2}} + C$

(7) $\displaystyle\int x^2 \sqrt{x}\, dx = \int x^{\frac{5}{2}} dx = \frac{2}{7} x^{\frac{7}{2}} + C$

2.

(1) 한계수입함수 $MR(Q)$는 총수입함수 $TR(Q)$을 생산량 Q에 대해 미분한 결과이므로 총수입함수는 다음과 같다.

$$\int MR(Q) dQ = \int (60 - 4Q) dQ = 60Q - 2Q^2 + C$$

만일 판매량 Q가 0이라면 총수입도 0이므로 총수입함수는 $TR(Q) = 60Q - 2Q^2$이 되어야 한다.

(2) 총비용함수는 다음과 같다.

$$C(Q) = \int MC(Q) dQ = \int 20 dQ = 20Q + C$$

$Q = 0$일 때의 총비용 TC는 300이다. 따라서 총비용함수 $C(Q) = 20Q + 300$이다.

18.3 분수 적분법

분수의 적분은 다음과 같은 네 가지 유형으로 분류할 수 있다.

[유형 1] 앞서 소개한 부정적분의 기본 공식 ②를 활용한다.

$$\int \frac{f'(x)}{f(x)} dx = \ln |f(x)| + C$$

이는 $f(x) = x$이면 $f'(x) = 1$이고, $f(x) = \ln x$이면 $f'(x) = \frac{1}{x}$이므로, $\displaystyle\int \frac{1}{x} dx = \ln |x| + C$가

된다.

　[유형 2] 분모의 차수보다 분자의 차수가 더 높은 경우는 직접 나누어 준다. 예를 들면 다음과 같다.

$$\frac{2x^3 + 10x}{x^2 + 4} = 2x + \frac{2x}{x^2 + 4}$$

따라서 적분하면 다음과 같다.

$$\int \frac{2x^3 + 10x}{x^2 + 4} dx = \int \left(2x + \frac{2x}{x^2 + 4}\right) dx = x^2 + \ln|x^2 + 4| + C$$

　[유형 3] 인수분해가 가능하면 인수분해를 적극적으로 이용한다. 예를 들면 다음과 같다.

$$\frac{x - 2}{x^2 + 4\,x - 12} = \frac{x - 2}{(x + 6)(x - 2)} = \frac{1}{x + 6}$$

따라서 적분에 대입하면 다음과 같다.

$$\int \frac{x - 2}{x^2 + 4\,x - 12} dx = \int \frac{1}{x + 6} dx = \ln|x + 6| + C$$

　[유형 4] 하나의 식을 두 개의 식으로 분해한다. 예를 들면 다음과 같다.

$$\frac{2}{x^2 - 6x + 8} = \frac{2}{(x - 4)(x - 2)} = \frac{1}{x - 4} + \frac{-1}{x - 2}$$

따라서 적분에 대입하면 다음과 같다.

$$\int \frac{2}{x^2 - 6x + 8} dx = \int \frac{1}{x - 4} - \frac{1}{x - 2} dx = \ln|x - 4| - \ln|x - 2| + C$$

　하나의 식을 두 개의 식으로 분해하는 분수 적분법을 생각해 보자.

$$\int \frac{3x + 1}{x^2 + 3x + 2} dx$$

　이러한 함수는 적분의 기본 공식 및 치환 적분 등의 방법으로도 부정적분을 구하기 어렵다. 이러한 분수함수의 부정적분을 구할 때에는 주어진 분수함수를 간단한 분수로 분해한 후에 적분한다.

$$\frac{3x+1}{x^2+3x+2} = \frac{3x+1}{(x+2)(x+1)} = \frac{a}{x+2} + \frac{b}{x+1}$$

여기서 미지수인 상수 a와 b가 새로 발생하였다. 미지수는 다음과 같은 방법으로 쉽게 구할 수 있다.

$$\frac{3x+1}{x^2+3x+2} = \frac{(a+b)x+a+2b}{(x+2)(x+1)} \Rightarrow a=5, \ b=-2$$

따라서 분수함수의 적분은 다음과 같이 구할 수 있다.

$$\int \frac{3x+1}{x^2+3x+2}dx = \int (\frac{5}{x+2} - \frac{2}{x+1})dx = 5\ln|x+2| - 2\ln|x+1| + C$$

예제

1. 다음의 부정적분을 구하여라.

   (1) $\int \frac{1}{x}dx$

   (2) $\int \frac{1}{x-2}dx$

   (3) $\int \frac{1}{5x+1}dx$

   (4) $\int \frac{3x^2+2x}{x^3+x^2}dx$

   (5) $\int \frac{2x+5}{x^2+5x}dx$

   (6) $\int \frac{x^3+2x}{x^2}dx$

   (7) $\int \frac{1}{x^2+5x}dx$

2. 하나의 식을 두개의 식으로 분해하는 분수의 부정적분을 구하시오.

   (1) $\int \frac{1}{x^2+3x+2}dx$

   (2) $\int \frac{x+2}{x^2-3x+2}dx$

1.

(1) $\displaystyle\int \frac{1}{x}dx = \ln|x| + C$

(2) $\displaystyle\int \frac{1}{x-2}dx = \ln|x-2| + C$

(3) $\displaystyle\int \frac{1}{5x+1}dx = \frac{1}{5}\int \frac{5}{5x+1}dx = \frac{1}{5}\ln|5x+1| + C$

(4) $\displaystyle\int \frac{3x^2+2x}{x^3+x^2}dx = \ln|x^3+x^2| + C$

(5) $\displaystyle\int \frac{2x+5}{x^2+5x}dx = \ln|x^2+5x| + C$

(6) $\displaystyle\int \frac{x^3+2x}{x^2}dx = \int (x+\frac{2x}{x^2})dx = \frac{x^2}{2}+\ln|x^2| + C$

(7) $\displaystyle\int \frac{1}{x^2+5x}dx = \int \frac{1}{5}(\frac{1}{x}-\frac{1}{x+5})dx = \frac{1}{5}(\ln|x|-\ln|x+5|) + C$

2.

(1) $\displaystyle\int \frac{1}{x^2+3x+2}dx = \int (\frac{1}{x-1}-\frac{1}{x+2})dx = \ln|x+1|-\ln|x+2| + C$

(2) $\displaystyle\int \frac{x+2}{x^2-3x+2}dx = \int (\frac{4}{x-2}-\frac{3}{x-1})dx = 4\ln|x-2|-3\ln|x-1| + C$

18.4 치환 적분법

치환 적분법(integration by substitution)이란 피적분 함수의 일부를 치환(substitution)하여 단순한 형태의 적분으로 만든 후 앞서 소개한 부정적분의 기본 공식을 이용하는 것이다. 결국, 치환 적분법은 복잡한 적분 문제를 새로운 변수로 치환하여 계산을 단순하게 만드는 방법을 의미한다.

치환 적분을 하는 경우, 우리가 고민해야 할 사항은 '피적분 함수의 어느 부분을 치환해야 하는가'이다. 어느 부분을 치환해야 하는가라는 질문에 답하기 위해 다음의 합성함수를 생각해 보자.

원자재 t를 투입하여 중간재 x를 만들고 t를 다시 투입하여 최종재 y를 만드는 다음과 같은 두 함수를 생각해 보자.

$$x = G(t)$$
$$y = F(x)$$

$y = F(x)$는 합성함수의 형태인 $y = F(G(t))$가 될 수 있으므로 다음의 부정적분이 가능하다.

$$F(x) = \int \frac{dF(x)}{dt} dt$$

$F(x)$를 t에 대하여 한 번에 미분하기는 쉽지 않다. 이 경우 x를 $G(t)$로 치환하여 적분을 하면 다음과 같다.

$$F(x) = \int \frac{dF(x)}{dt} dt = \int \frac{dF(x)}{dG} \frac{dG}{dt} dt = \int f(x)g(t)dt$$

여기서 $\dfrac{dF(x)}{dx} = f(x)$이고 $\dfrac{dG}{dt} = g(t)$이다. 이처럼 합성함수인 경우 중간재 생산함수에 해당하는 함수를 치환하여 적분하는 것이 편리하다.

간단한 예를 들어보자. $y = x$는 합성함수가 아니고, $y = \dfrac{1}{2x}$는 $(x \to 2x \to \dfrac{1}{2x} = y)$인 합성함수가 될 수 있으므로 $t = 2x$로 치환하고, $y = (2x+3)^2$도 $(x \to (2x+3) \to (2x+3)^2 = y)$인 합성함수이므로 $t = 2x+3$로 치환할 수 있다.

함수 $y = \dfrac{(2x-1)}{(x^2-x+1)}$도 $(x \to (x^2-x+1) \to \dfrac{(2x-1)}{(x^2-x+1)} = y)$인 합성함수이므로 $t = x^2 - x + 1$로 치환 가능하다. 이 문제를 치환 적분을 사용하여 풀어보자.

$$\int \frac{2x-1}{x^2-x+1} dx$$

$x^2 - x + 1 = t$라고 치환하면 $(2x-1)dx = dt$가 된다. 따라서 치환된 t를 사용하여 함수를 다시 쓰면 다음과 같다.

$$\int \frac{2x-1}{x^2-x+1} dx = \int \frac{\left(\dfrac{dt}{dx}\right)}{t} dx = \int \frac{1}{t} dt = \ln|t| + C = \ln|x^2-x+1| + C$$

다음 부정적분을 구하시오.

(1) $\displaystyle\int x\sqrt{x^2+2}\,dx$

(2) $\displaystyle\int \frac{2x}{\sqrt{x^2+3}}\,dx$

(3) $\displaystyle\int 2x\sqrt{x+3}\,dx$

(4) $\displaystyle\int 2xe^{x^2}dx$

(5) $\displaystyle\int \frac{e^x}{e^x+2}\,dx$

(6) $\displaystyle\int \frac{(\ln x)^2}{2x}\,dx$

(7) $\displaystyle\int \frac{2}{x\ln x}\,dx$

풀이 ⊗

(1) $x^2+2=t$로 치환하면 $2x\,dx=dt$가 된다.

$$\int x\sqrt{x^2+2}\,dx=\int \sqrt{t}\cdot\frac{1}{2}dt=\frac{1}{2}\int t^{\frac{1}{2}}dt=\frac{1}{2}\cdot\frac{2}{3}t^{\frac{3}{2}}+c=\frac{1}{3}(x^2+2)^{\frac{3}{2}}+C$$

(2) $x^2+3=t$로 치환하면 $2x\,dx=dt$가 된다.

$$\int \frac{2x}{\sqrt{x^2+3}}\,dx=\int \frac{1}{\sqrt{t}}dt=\int t^{-\frac{1}{2}}dt=2t^{\frac{1}{2}}+c=2\sqrt{t}+c=2\sqrt{x^2+3}+C$$

(3) $x+3=t$로 치환하면 $1\,dx=dt$가 되어, $2=2\dfrac{dt}{dx}$가 되고 $x=t-3$이 된다.

$$\int 2x\sqrt{x+3}\,dx=\int (2t-6)\sqrt{t}\,dt=\int\left(2t^{\frac{3}{2}}-6t^{\frac{1}{2}}\right)dt=2\cdot\frac{2}{5}t^{\frac{5}{2}}-6\cdot\frac{2}{3}t^{\frac{3}{2}}+C$$

$$=\frac{4}{5}(x+3)^{\frac{5}{2}}-4(x+3)^{\frac{3}{2}}+C$$

(4) $x^2 = t$로 치환하면 $\dfrac{dt}{dx} = 2x$가 된다.

$$\int 2xe^{x^2}dx = \int \frac{dt}{dx}e^t dx = \int e^t dt = e^t + c = e^{x^2} + C$$

(5) $e^x + 2 = t$로 놓으면 $\dfrac{dt}{dx} = e^x$

$$\int \frac{e^x}{e^x + 2}dx = \int \frac{1}{t}dt = \ln|t| + c = \ln(e^x + 2) + c \quad \because \text{단, } e^x + 2 > 0$$

(6) $\ln x = t$로 놓으면 $\dfrac{dt}{dx} = \dfrac{1}{x}$가 된다.

$$\int \frac{(\ln x)^2}{2x}dx = \int \frac{1}{2}t^2 dt = \frac{1}{2}\int t^2 dt = \frac{1}{2} \cdot \frac{1}{3}t^3 + c = \frac{1}{6}(\ln x)^3 + C$$

(7) $\ln x = t$로 놓으면 $\dfrac{dt}{dx} = \dfrac{1}{x}$가 된다.

$$\int \frac{2}{x\ln x}dx = \int \frac{2}{t}dt = 2\ln|t| + c = 2\ln|\ln x| + C$$

18.5 부분 적분법

피적분 함수가 곱셈, 로그, 혹은 지수 등의 형태를 취할 때에는 적분 공식의 적용이 어렵다. 이러한 경우 가장 많이 사용되는 것이 다음과 같은 부분 적분법(integration by parts)이다.

$$\int f(x)g'(x)dx = f(x)g(x) - \int g(x)f'(x)dx + C$$

이를 증명해 보자. 먼저, $f(x)g(x)$미분은 다음과 같다.

$$[f(x)g(x)]' = f(x)g'(x) + g(x)f'(x)$$

위 식 양변에 적분을 취하면 다음과 같다.

$$f(x)g(x) = \int f(x)g'(x)dx + \int g(x)f'(x)dx + C$$

따라서 우측 첫 번째 항을 중심으로 정리하면 다음과 같은 부분 적분법이 성립한다.

$$\int f(x)g'(x)dx = f(x)g(x) - \int g(x)f'(x)dx + C$$

한편, 수학 문제의 해(solution)를 구하기 위해서 때로는 공식을 도표로 만들어 적용하는 것이 편리한 경우가 있다. 여기서는 다음과 같은 표를 사용하여 부분 적분을 쉽게 해결할 수 있을 것이다.

아래의 그림은 $\int AB\, dx$의 부분 적분을 위해서 만든 것이다. A를 미분한 것이 C이고 B를 적분한 것이 D이다. 이 경우 부분 적분은 다음과 같다.

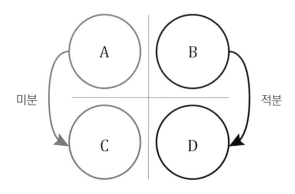

대각선의 곱인 AD에서 마지막 행의 곱인 CD에 적분을 취하여 빼주면 된다. 따라서 다음과 같은 공식이 적용된다.

$$\int AB\,dx = AD - \int CD\,dx$$

$\int \ln x\, dx$와 같은 예를 들어보자. $\ln x$를 미분한 것을 C의 자리에 적고, 1을 적분한 x를 D의 자리에 쓰면 다음과 같이 부분 적분을 해결할 수 있다.

$\ln x$	1
$\dfrac{1}{x}$	x

$$\int \ln x dx = (\ln x)(x) - \int (x)(\frac{1}{x})dx = x\ln x - x + c$$

1. 다음의 부정적분을 구하여라.

   (1) $\int (\ln x)^2 dx$

   (2) $\int 3x^2 e^x dx$

   (3) $\int 3x^2 \ln x dx$

2. 다음의 부정적분을 치환과 부분 적분을 이용하여 구하시오.

   (1) $\int e^{3x} dx$

   (2) $\int e^{-2x} dx$

   (3) $\int x e^{3x} dx$

   (4) $\int x e^{-x} dx$

풀이

1.

(1) $\int (\ln x)^2 dx$

$\ln x$	$\ln x$
$\dfrac{1}{x}$	$x\ln x - x$

따라서 $\int (\ln x)^2 dx = x(\ln x)^2 - x\ln x - \int (\ln x - 1)dx$

$$= x(\ln x)^2 - x\ln x - \int \ln x\, dx + x$$

$$= x(\ln x)^2 - x\ln x - (x\ln x - x) + x + C$$

$$= x(\ln x)^2 - 2x\ln x + 2x + C$$

(2) $\displaystyle\int 3x^2 e^x dx$

$3x^2$	e^x
$6x$	e^x

따라서 $\displaystyle\int 3x^2 e^x dx = 3x^2 e^x - \int 6x e^x dx$,

다시 $\displaystyle\int 6x e^x dx$에 부분 적분을 적용하면 다음과 같다.

$6x$	e^x
6	e^x

$$\int 6x e^x dx = 6x e^x - \int 6 e^x dx = 6x e^x - 6e^x + C$$

결론적으로 $\displaystyle\int 3x^2 e^x dx = 3x^2 e^x - 6x e^x + 6e^x + C = (3x^2 - 6x + 6)e^x + C$

부정적분의 경우 적분상수(C) 앞의 부호는 일반적으로 $(+)$로 한다. c의 값이 미정이므로 부호가 무엇이든 상관없지만 일반적으로 $(+)$를 쓴다.

(3) $\displaystyle\int 3x^2 \ln x\, dx$

$$f(x) = \ln x,\ g'(x) = 3x^2 \text{으로 놓으면 } f'(x) = \frac{1}{x},\ g(x) = x^3$$

$\ln x$	$3x^2$
$\dfrac{1}{x}$	x^3

따라서 $\displaystyle\int 3x^2 \ln x\, dx = x^3 \ln x - \int \frac{1}{x} \cdot x^3 dx = x^3 \ln x - \frac{1}{3}x^3 + C = (\ln x - \frac{1}{3})x^3 + C$

2.

(1) $3x = u$로 $dx = \dfrac{1}{3}du$놓으면

따라서 $\displaystyle\int e^{3x}dx = \int e^u(\dfrac{1}{3})du = \dfrac{1}{3}\int e^u du = \dfrac{1}{3}e^u + c = \dfrac{1}{3}e^{3x} + C$

(2) $-2x = u$로 놓으면 $dx = -\dfrac{1}{2}du$

따라서 $\displaystyle\int e^{-2x}dx = \int e^u(\dfrac{1}{3})du = -\dfrac{1}{2}\int e^u du = -\dfrac{1}{2}e^{-2x} + C$

(3) x를 미분하면 1이고 e^{3x}을 적분하면 $\dfrac{1}{3}e^{3x}$이다. 따라서 다음과 같이 표로 만들 수 있다.

x	e^{3x}
1	$\dfrac{1}{3}e^{3x}$

부분 적분 공식을 이용하면 다음과 같다.

$$\int xe^{3x}dx = x \cdot \dfrac{1}{3}e^{3x} - \int \dfrac{1}{3}e^{3x}dx$$

$$= \dfrac{1}{3}xe^{3x} - \dfrac{1}{9}e^{3x} + c = \left(\dfrac{1}{3}x - \dfrac{1}{9}\right)e^{3x} + C$$

(4) x를 미분하면 1이고 e^{-x}을 적분하면 $-e^{-x}$이다. 따라서 다음과 같이 표로 만들 수 있다.

x	e^{-x}
1	$-e^{-x}$

부분 적분 공식을 이용하면 다음과 같다.

$$\int xe^{-x}dx = -xe^{-x} - \int(-e^{-x})dx + c = -(1+x)e^{-x} + C$$

CHAPTER
19

정적분

본 장에서는 닫힌구간에서의 함수의 그래프 혹은 좌표축 따위로 둘러싸인 도형의 넓이를 구하는 계산인 정적분(definite integral)의 개념과 기본 공식 등에 대해 살펴보고 미적분학의 기본 정리에 대해 소개한다.

19.1 정적분

1. 정적분의 개념

정적분(definite integral)의 개념을 간단하게 설명하면 주어진 함수의 그래프 아래의 면적을 계산하는 방법이다.

함수 $f(x)$가 폐구간 $[a,b]$에서 연속일 때, 구간 $[a,b]$를 n등분하여 각 점의 x좌표를 $x_0(=a), x_1, \cdots, x_n(=b)$라고 하고, $\dfrac{b-a}{n} = \triangle x$라고 할 때, $\displaystyle\lim_{\triangle x \to 0} \sum_{i=1}^{n} f(x_i)\triangle x$를 $f(x)$의 a에서 b까지의 정적분(definite integral)이라 하고 다음과 같이 표기한다.

$$\int_a^b f(x)dx = \lim_{\triangle x \to 0} \sum_{i=1}^{n} f(x_i)\triangle x$$

여기서 $\sum_{i=1}^{n} f(x_i)\triangle x$의 의미는 '밑변이 $\triangle x$이고 높이가 $f(x_i)$인 n개 직사각형의 넓이를 모두 더한 합'이다. 따라서 정적분인 $\int_a^b f(x)dx$는 'x축과 양쪽 직선인 $x=a$, $x=b$와 높이인 $y=f(x)$의 그래프에 의해 둘러싸인 도형의 넓이, 즉 그래프 아래의 면적'을 의미한다. 이런 특징 때문에 정적분은 면적, 부피, 곡선의 길이, 표면적 등을 구하는 데 사용되고 있다.

2. 정적분의 계산

함수 $f(x)$의 부정적분 중 하나를 $F(x)$라고 하면 정적분은 다음과 같이 계산된다.

$$\int_a^b f(x)dx = F(b) - F(a)$$

여기서 a를 적분 하한(lower limit of integration), b를 적분 상한(upper limit of integration)이라 한다. 정적분은 앞 장에서 소개한 부정적분과는 달리 하나의 값으로 계산되어 명확하게 답이 나오는 개념이다.

19.2 정적분 기본 공식

정적분을 계산함에 있어서 다음의 정적분 기본 공식을 이용하면 편리하다(증명 생략).

(1) $\int_a^b f(x)dx = -\int_b^a f(x)dx$

(2) $\int_a^a f(x)dx = 0$

(3) $\int_a^d f(x)dx = \int_a^b f(x)dx + \int_b^c f(x)dx + \int_c^d f(x)dx \,(a < b < c < d)$

(4) $\int_a^b -f(x)dx = -\int_a^b f(x)dx$

(5) $\int_a^b kf(x)dx = k\int_a^b f(x)dx$ (단, k는 실수)

(6) $\int_a^b [f(x)+g(x)]dx = \int_a^b f(x)dx + \int_a^b g(x)dx$

(7) $\displaystyle\int_a^b f(x)g'(x) = f(x)g(x)\big|_a^b - \int_a^b f'(x)g(x)dx$

19.3 미적분학의 기본 정리

미적분학의 기본 정리(fundamental theorem of calculus)는 미분과 적분이 서로 역연산 관계임을 알려주는 정리이다.

첫 번째 정리는 미분과 적분이 서로 역연산 관계임을 알려준다(증명 생략).

미적분학의 기본 정리 1

함수 $f(x)$가 정의역 $[a, b]$에서 연속이면, 다음과 같이 정적분으로 정의된 함수는 $[a, b]$에서 연속이며 (a, b)에서 미분가능하고 이때 $g'(x) = f(x)$이다.

$$g(x) = \int_a^x f(t)dt \quad (a \le x \le b)$$

두 번째 정리는 정적분의 계산에 부정적분으로 얻은 역도함수를 활용할 수 있음을 알려준다(증명 생략).

미적분학의 기본 정리 2

함수 $f(x)$의 역도함수를 $F(x)$라고 가정하면, $F'(x) = f(x)$이고 $\int f(x)dx = F(x) + C$이다. 만약 정의역이 $[a, b]$일 때 $y = f(x)$의 그래프를 X축 사이의 면적은 $F(b) - F(a)$이다. 즉, 정적분의 값은 정의역의 두 경계점에서 역도함숫값의 차이에 해당한다. 이를 기호로 표현하면 다음과 같다.

$$\int_a^b f(t)dt = F(b) - F(a)$$

19.4 넓이, 부피, 운동 거리와 정적분

① 넓이

구간 $[a,b]$에서 함수 $f(x)$와 $g(x)$가 연속이고 아래 그림과 같다고 하자. 이때 $y = f(x)$, $y = g(x)$, $x = a$, $x = b$로 둘러싸인 도형의 넓이는 다음과 같다.

$$A = \int_a^b (f(x) - g(x))dx$$

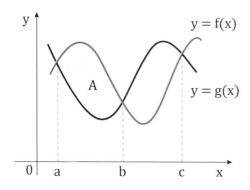

$f(x)$와 $g(x)$는 일종의 선분이 되고, 구간 $[a,b]$에서 선분인 두 함수 $f(x)$와 $g(x)$가 연속이 되므로 선분을 모두 합치면 넓이가 된다.

② 부피

구간 $[a,b]$에서 단면의 넓이인 함수 $f(x)$가 연속이라고 하자. 입체의 부피 V는 다음과 같다.

$$V = \int_a^b f(x)dx$$

함수 $f(x)$는 넓이가 되고, 함수 $f(x)$ 구간 $[a,b]$에서 변하므로, 넓이를 다 합치면 부피가 된다.

③ 거리

시속을 $v(t)$라고 했을 때, 시간 $t=a$에서 $t=b$까지 움직인 거리는 다음과 같다.

$$s = \int_a^b v(t)dt$$

$v(t)$는 속력이고 dt는 시간이므로 $v(t)dt$는 움직인 거리이다. 따라서 s는 움직인 거리를 모두 합한 총거리(total distance)이다.

예제

다음을 계산하시오.

(1) $\displaystyle\int_0^2 2\sqrt{2x}\,dx$

(2) $\displaystyle\int_1^3 (x-2)dx + \int_3^4 (x-2)dx$

(3) $\displaystyle\int_0^1 x^2(x^3+1)^{20}dx$

(4) $\displaystyle\int_1^4 (e^{3x}+3e^x)dx$

(5) $\displaystyle\int_0^1 x^2 e^{2x}dx$

(6) $\displaystyle\int_{-2}^{e-3} \frac{2}{x+3}dx$

(7) $\displaystyle\int_1^e \ln x\,dx$

(1) $\displaystyle\int_0^2 2\sqrt{2x}\,dx = 2\sqrt{2}\cdot\frac{2}{3}\cdot x^{\frac{3}{2}}\Big|_0^2 = 2\sqrt{2}\cdot\frac{2}{3}\cdot 2^{\frac{3}{2}} = 8\cdot\frac{2}{3} = \frac{16}{3}$

(2) $\displaystyle\int_1^3 (x-2)dx + \int_3^4 (x-2)dx = \int_1^4 (x-2)dx = \frac{1}{2}x^2 - 2x\Big|_1^4 = \frac{1}{2}\cdot 4^2 - 8 - \frac{1}{2} + 2 = \frac{3}{2}$

(3) 우선 $u = x^3 + 1$이라 놓으면 $du = 3x^2 dx$가 되므로, 이를 이용하면 다음과 같다.

$$\int_0^1 x^2(x^3+1)^{20}dx = \int_0^1 \left(\frac{1}{3}\frac{du}{dx}\right)u^{20}dx = \int_1^2 \frac{1}{3}u^{20}du = \frac{1}{3}\frac{u^{21}}{21}\bigg|_1^2 = \frac{(2)^{21}-1}{63}$$

정적분에서 적분의 범위가 dx에서 du로 바뀌므로 정적분의 적분 범위도 x에서 u로 바뀌어야 한다. 여기서 $x = 0$일 때 $u = 1$, $x = 1$일 때 $u = 2$로 전환되므로 정적분의 범위도 위처럼 바뀐다.

(4) $\displaystyle\int_1^4 e^{3x} + 3e^x dx = \int_1^4 e^{3x}dx + \int_1^4 3e^x dx = \frac{1}{3}e^{3x} + 3e^x\Big|_1^4 = \frac{1}{3}e^{12} + 3e^4 - \frac{1}{3}e^3 - 3e$

(5) $\displaystyle\int_0^1 x^2 e^{2x}dx$는 x^2를 미분하면 $2x$이고, e^{2x}를 적분하면 $\dfrac{e^{2x}}{2}$가 되므로 다음과 같이 표를 만들 수 있다.

x^2	e^{2x}
$2x$	$\dfrac{e^{2x}}{2}$

부분 적분 공식을 이용하면 다음과 같다.

$$\int_0^1 x^2 e^{2x}dx = x^2\frac{e^{2x}}{2}\bigg|_0^1 - \int_0^1 2x\frac{e^{2x}}{2}dx = \frac{e^2}{2} - \int_0^1 xe^{2x}dx$$

이번에는 x를 미분하면 1이고, e^{2x}를 적분하면 $\dfrac{e^{2x}}{2}$가 되므로 다음과 같이 표를 만들 수 있다.

x	e^{2x}
1	$\dfrac{e^{2x}}{2}$

부분 적분 공식을 이용하면 다음과 같다.

$$\int_0^1 xe^{2x}dx = (x)\left(\frac{e^{2x}}{2}\right)\Big|_0^1 - \int_0^1 \frac{e^{2x}}{2}(1)dx = \frac{1}{2}xe^{2x}\Big|_0^1 - \frac{1}{4}e^{2x}\Big|_0^1$$

따라서 다음과 같다.

$$\int_0^1 x^2 e^{2x}dx = \frac{e^2}{2} - \frac{1}{2}xe^{2x}\Big|_0^1 + \frac{1}{4}e^{2x}\Big|_0^1 = \frac{e^2}{2} - \frac{e^2}{2} + \frac{e^2}{4} - \frac{1}{4} = \frac{e^2}{4} - \frac{1}{4}$$

(6) $\displaystyle\int_{-2}^{e-3} \frac{2}{x+3}dx = 2\ln|x+3|\,\Big|_{-2}^{e-3} = 2\ln e - 2\ln 1 = 2 - 0 = 2$

(7) $\ln x$를 미분하면 $\dfrac{1}{x}$이고 1을 적분하면 x이 된다. 따라서 표를 이용하여 정적분을 하면 다음과 같다.

$\ln x$	1
$\dfrac{1}{x}$	x

$$\int_1^e \ln x\, dx = x\ln x\,\big|_1^e - \int_1^e 1\, dx = x\ln x\,\big|_1^e - x\,\big|_1^e = e - e + 1 = 1$$

19.5 이상적분

이상적분(improper integral)이란 정적분의 개념을 확장한 것으로서 (i) 적분 구간의 끝점 중 하나가 무한대이거나 (ii) 적분 구간은 유한한데 그 구간 안에서 피적분 함수가 무한대의 값을 갖는 적분을 의미한다.

정적분 $\int_a^b f(x)dx$가 이상적분이 되는 경우는 일반적으로 다음 두 가지의 경우이다.

(1) 정적분의 상한 또는 하한 중 적어도 하나가 무한대인 $+\infty$ 또는 $-\infty$인 경우이다.

$$\int_a^\infty f(x)dx \ \text{또는} \ \int_a^b f(x)dx$$

이러한 경우 극한의 개념을 이용한다. 예를 들면 다음과 같다.

$$\int_a^\infty f(x)dx = \lim_{b \to \infty} \int_a^b f(x)dx$$

(2) 피적분 함수의 정의역 원소인 x가 어느 한 점에서 정의되지 않는 경우이다. 아래와 같은 분수의 적분에서 발생한다.

$$\int_0^5 \frac{1}{x-3}dx$$

(2)와 같은 경우는 $x=3$에서 함수가 정의되지 않는다. 이 경우 적분의 구간을 나누어서 다시 정리하면 된다. 예를 들면 다음과 같다.

$$\int_0^5 \frac{1}{x-3}dx = \int_0^3 \frac{1}{x-3}dx + \int_3^5 \frac{1}{x-3}dx$$

만약 기존의 방식으로 적분을 계산하면 다음과 같다.

$$\int_1^5 \frac{1}{x-3}dx = \ln|x-3| \ \bigg|_1^5 = \ln(5-3) - \ln|1-3| = \ln 2 - \ln(-2)$$

그러나 적분의 구간 중 $x=3$에서는 분수가 정의되지 않으므로 위에서 계산은 틀린 값이다. 즉, 피적분 함수인 $\frac{1}{x-3}$이 주어진 구간 $1 < x < 5$에서 연속이지 않으므로 다른 방법에 의해서 적분을 해야 한다. 그래프를 생각해 보면 $\frac{1}{x-3}$는 x가 3인 경우 발산(diverge)하며 연속적이지 않게 된다. 바로 이런 경우의 적분을 이상적분이라고 한다.

다음의 이상적분이 계산되는지 확인하시오.

(1) $\displaystyle\int_4^\infty x^{-\frac{1}{2}}dx$

(2) $\displaystyle\int_{-\infty}^0 e^x dx$

(3) $\displaystyle\int_0^1 \frac{1}{x}dx$

(4) $\displaystyle\int_0^5 \frac{1}{x-3}dx$

(5) $\displaystyle\int_{-3}^2 \frac{1}{x}dx$

풀이 ⊗

(1) $\displaystyle\int_4^\infty x^{-\frac{1}{2}}dx=\lim_{t\to\infty}\int_4^t x^{-\frac{1}{2}}dx=\lim_{t\to\infty}\left[2t^{\frac{1}{2}}\right]-4=+\infty$

따라서 $\displaystyle\int_4^\infty x^{-\frac{1}{2}}dx$의 값은 발산하므로 존재하지 않는다.

(2) $\displaystyle\int_{-\infty}^0 e^x dx=\lim_{t\to-\infty}\int_t^0 e^x dx=1-\lim_{t\to-\infty}\left(e^t\right)=1$

(3) $\displaystyle\int_0^1 \frac{1}{x}dx=\lim_{a\to 0}\ln|x|\,\big|_a^1=\ln 1-\lim_{a\to 0}\ln|a|=0-(-\infty)$ 따라서 발산한다.

(4) $\displaystyle\int_0^5 \frac{1}{x-3}dx=\int_0^3 \frac{1}{x-3}dx+\int_3^5 \frac{1}{x-3}dx$

우측 첫 번째 항을 정리하면 다음과 같다.

$$\int_0^3 \frac{1}{x-3}dx=\lim_{a\to 3-}\ln|x-3|\,\bigg|_0^a$$

마찬가지로 우측 두 번째 항을 정리하면 다음과 같다.

$$\int_3^5 \frac{1}{x-3}dx = \lim_{a \to 3+} \ln|x-3| \Big|_a^5 = -(-\infty) = \infty$$

우측 두 개항 모두 수렴할 때만 수렴한다고 말할 수 있다. 만약 둘 중에 하나라도 발산하면 발산한다고 말한다. 따라서 위 이상적분은 발산한다.

(5) $\displaystyle\int_{-3}^2 \frac{1}{x}dx = \int_{-3}^0 \frac{1}{x}dx + \int_0^2 \frac{1}{x}dx$

우변 첫 번째 적분과 두 번째 적분은 다음과 같다.

$$\int_{-3}^0 \frac{1}{x}dx = \lim_{a \to 0-} \int_{-3}^a \frac{1}{x}dx = \lim_{a \to 0-} \ln|x| \Big|_{-3}^a$$

$$\int_0^2 \frac{1}{x}dx = \lim_{a \to 0+} \int_a^2 \frac{1}{x}dx = \lim_{a \to 0+} \ln|x| \Big|_a^2 = -(-\infty) = \infty$$

따라서 발산한다.

CHAPTER
20

적분의 응용

본 장에서는 적분의 개념이 응용된 경제학의 주요 개념 몇 가지를 소개한다.

20.1 소비자 잉여

소비자 잉여(consumer surplus)는 소비자가 한 재화를 소비하기 위해 지불하고자 하는 최대 금액과 실제로 지불하는 금액 간의 차이다. 따라서 소비자 잉여는 주어진 수요곡선 $D(x)$와 소비 구간 $[0, x^*]$까지 적분한 값에서 실제 지불한 금액을 뺀 값이다. 이를 식으로 나타내면 다음과 같다.

$$CS = \int_0^{x^*} D(x)dx - p^* x^*$$

이를 그래프로 나타내면 다음과 같다.

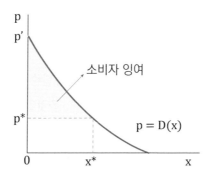

변화하는 구간이 $[p^*, p']$인 경우 함수는 $D = g(p)$가 되며, 이 경우 소비자 잉여를 식으로 나타내면 다음과 같다.

$$CS = \int_{p'}^{p^*} g(p)dp$$

20.2 생산자 잉여

생산자 잉여(producer surplus)는 어떤 재화를 일정량만큼 판매한 판매 수입에서 생산하는 데에 들어간 총비용을 뺀 값이다. 공급곡선은 한계비용이므로 한계비용을 적분하면 총 가변 비용이 된다(아래 참조). 따라서 판매 수입에서 공급곡선 $S(x)$를 적분한 값을 뺀 값이라 할 수 있다. 이를 식과 그래프로 나타내면 다음과 같다.

$$PS = p^* x^* - \int_0^{x^*} S(x)dx$$

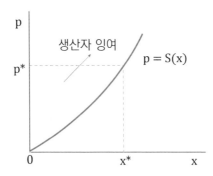

'공급곡선은 한계비용이므로 한계비용을 적분하면 총 가변 비용이 된다.'와 관련하여, 수요 곡선과 공급곡선을 생산자의 이윤함수에서 도출해 보자. 생산자의 이윤함수는 다음과 같다.

$$\pi = pD(x) - C(x) \qquad (1)$$

여기서 π, $D(x)$, $C(x)$는 이윤함수, 수요함수, 비용함수이다.

생산자의 이윤함수에 수요함수가 들어가는 이유는 무엇일까? 공급자의 판매량에 판매 가격을 곱하면 판매수입이 된다. 판매량은 공급자가 생산한 생산량이 아니고 수요자가 소비한 수요량이다. 생산량이 수요량을 초과하면 초과분은 재고가 된다. 이런 이유로 생산량이 아닌 판매량 혹은 수요량인 수요함수가 사용된다. 이제 이윤 극대화 1차 조건을 도출하기 위해 식 (1)을 미분해보자.

$$pMU(x) = MC(x) \qquad (2)$$

식 (2)를 보면, 한계효용 가치인 $pMU(x)$와 한계비용인 $MC(x)$가 같아지는 점에서 판매량 혹은 소비량이 결정된다. 식 (2)의 좌측 $MU(x)$는 x의 소비량이 증가할수록 감소하고, 식 (2)의 우측 $MC(x)$는 x의 생산량이 증가할수록 증가한다. 이는 $MC(x)$는 공급함수이고 $MU(x)$는 수요함수이기 때문이다.

20.3 한계저축성향과 한계소비성향

소득이 증가하는 경우 소비되지 않고 저축되는 비율을 한계저축성향(marginal propensity to save; MPS)이라고 한다. 소비자는 증가한 소득을 소비하거나 저축하기 때문에 다음이 성립한다.

한계저축성향(MPS) $= 1 -$ 한계소비성향(marginal propensity to consume; MPC)

예를 들어, $Y = 0$일 때 $S = 2$이고 한계저축성향 $S(Y)'$은 소득 Y의 함수로 다음과 같다고 가정하자.

$$S(Y)' = 0.5 - 0.9\,Y^{-0.1}$$

이 경우 적분을 이용하여 저축함수를 구하면 다음과 같다.

$$S(Y) = \int 0.5 - 0.9\,Y^{-0.1} dY = 0.5\,Y - Y^{0.9} + C$$

예제

1. 볼펜을 소비하는 소비자의 수요함수가 $p = 200 - Q$라고 하자. 볼펜 80만큼 소비할 때 가격은 120이다. 이때 소비자 잉여를 구하시오.

2. 어떤 제품을 x만큼 생산하는 기업의 공급곡선이 $S = 4x$라고 하자. 제품을 x^*만큼 생산할 때 단위당 가격은 20이라고 한다. 이때 기업의 생산자 잉여를 구하시오.

3. 수요함수가 $D(p) = 50 - 2p$로 주어져 있다.

(1) $p = 20$이라 할 때 소비자 잉여를 가격 p로 적분하여 구하시오.

(2) $p = 15$일 때 소비자 잉여가 얼마인지 가격 p로 적분하여 구하시오.

(3) 가격이 20에서 15로 하락했을 때 소비자 잉여는 얼마나 증가했는가?

풀이 ✍

1. 소비자 잉여는 수요함수의 적분에서 총 지출액을 뺀 값이다.

$$CS = \int_0^{80} (200 - Q)dQ - 120 \cdot 80$$

$$= 200Q - \frac{1}{2}Q^2 \Big|_0^{80} - 9600 = 3200$$

2. 생산자 잉여는 수입에서 공급곡선을 적분한 값을 뺀 값이다.

$$PS = 20 \times 5 - \int_0^5 4x\,dx$$

$$= 100 - 2x^2 \Big|_0^5 = 100 - 50 = 50$$

혹은

$$PS = \int_0^{20} \frac{p}{4} dp = 50$$

3.

(1) 수요가 0일 때의 가격을 구해보면 $50 - 2p = 0$에서 $p = 25$임을 알 수 있다. 따라서 소비자 잉여는 다음과 같이 구할 수 있다.

$$\int_{20}^{25} (50 - 2p)dp = \left(50p - p^2\right) \Big|_{20}^{25} = 25$$

(2)

$$\int_{15}^{25} (50 - 2p)dp = \left(50p - p^2\right) \Big|_{15}^{25} = 100$$

(3) 앞에서 구한 결과를 이용하면 $100 - 25 = 75$임을 쉽게 알 수 있지만, 아래와 같은 식을 통해서도 알 수 있다.

$$\int_{\text{하락한 가격}}^{\text{원래 가격}} D(p)dp = \int_{15}^{20} (50 - 2p)dp = 75$$

20.4 투자와 자본

유량(stock)의 개념인 투자(I)와 저량(flow)의 개념인 자본(K)은 시간 t에 대해 다음과 같은 관계를 가진다.

$$\frac{dk}{dt} = I(t)$$

이를 부정적분으로 표기하면 다음과 같다.

$$K(t) = \int I(t)dt$$

예를 들어 $I(t) = t^{\frac{1}{2}}$이고 초기자본이 $K(t = 0) = k_0$라면 $K(t)$는 다음과 같다.

$$K(t) = \int t^{\frac{1}{2}} dt = \frac{2}{3} t^{\frac{3}{2}} + K_0$$

정적분의 개념으로 투자와 자본의 관계를 살펴보자. 기간이 0기부터 t기까지라면 투자(I)와 자본(K)의 관계는 다음과 같다.

$$\int_0^t I(t)dt = K(t) - K(0)$$

이를 다시 정리하면 다음과 같다.

$$K(t) = \int_0^t I(t)dt + K(0)$$

20.5 미래가치의 현재가치

주어진 x 기간 동안 연속인 수익함수 $f(t)$가 주어진 경우, x년 동안 벌어들인 총수익의 현재가치(present value; PV)는 얼마인지 알아보자. 각 시점 t기의 미래가치인 함수 $f(t)$를 현재가치로 표시하기 위해서는 이자율 r을 이용하여 구할 수 있다. 예를 들면, t기 시점의 총수익은 $f(t)$이고 이는 미래가치이다. 미래가치를 e^{-rt}로 할인(discount)하면 현재가치는 다음과 같다.

$$현재가치 = PV = f(t)e^{-rt}$$

따라서 x년간 총수익의 현재가치는 다음과 같이 각 시점 수익 현재가치의 합이 된다.

$$총\ 수익의\ 현재가치 = \int_0^x f(t)e^{-rt}dt$$

예제

1. 순투자 $I(t) = 5t^{\frac{2}{3}}$이고 $K(t=0) = 5$인 경우 0기부터 5기를 거치면서 형성된 총 누적 자본 $K(t=5)$는 얼마인가?

2. 1980년 S기업은 석유가격의 폭등으로 중동지역에 진출하여 석유파동을 극복하기로 하였다. 중동지역에 진출하는 경우 S기업은 10년간 매년 5천만 원의 이익을 창출하나, 비용은 매년 2천만 원이 발생한다. 이 경우 S기업 순이익의 현재가치는 얼마인가? (단, 연간 이자율은 10%이며 매년 기대되는 순이익은 1년에 걸쳐 지속적으로 발생한다.)

3. 매년 1억 원의 이윤이 10년간 연속적으로 발생하고 이자율이 1%인 채권의 현재가치는 얼마인가?

4. 매년 10억 원의 이자를 영구적으로 지급하는 국채의 현재가치는 얼마인가?

1. 자본 K는 정적분을 이용해 구하면 다음과 같다.

$$K(t=5) = \int_0^t I(t)dt + K(0) = \int_0^5 5t^{\frac{2}{3}}dt + 5 = 5\left(\frac{3}{5}\right)t^{\frac{5}{3}}\Big|_0^5 + 5 = 3\left(5^{\frac{5}{3}}\right) + 5$$

2. 10년간 S기업 순이익의 현재가치는 다음과 같다.

$$\int_0^{10}(5-2)e^{-0.1t}dt = 3\left(\frac{-1}{0.1}\right)e^{-0.1t}\Big|_0^{10} = -30(e^{-1}-1) = 30(1-e^{-1}) > 0$$

따라서 S기업은 중동지역에 진출하는 것이 좋다.

3. 다음과 같은 정적분에 의해 구할 수 있다.

$$\int_0^{10}(1)e^{-0.01t}dt = \left(\frac{-1}{0.01}\right)e^{-0.01t}\Big|_0^{10} = \frac{-1}{0.01}(e^{-0.1}-1) = 100(1-e^{-0.1})$$

4. 이상적분은 다음과 같이 구할 수 있다.

$$\int_0^{\infty}(10)e^{-rt}dt = \lim_{a\to\infty}\int_0^a(10)e^{-rt}dt = \lim_{a\to\infty}\left[10\frac{-1}{r}\left(e^{-rt}\right)\right]\Big|_0^a = \lim_{a\to\infty}\frac{-10}{r}(e^{-ra}-1) = \frac{10}{r}$$

영구 국채의 경우 현재 가격은 $\frac{10}{r}$이 된다.

20.6 로렌츠 곡선과 지니 계수

로렌츠 곡선(Lorenz curve)은 소득분포의 불평등한 정도를 나타내는 개념으로, 인구의 백분율을 가로축에 표시하고 소득의 누적 백분율을 세로축에 표시해 각각의 점을 연결한 소득분포 곡선이다. 누적 인구수와 누적 소득액이 같은 비율로 증가하는 45° 대각선은 소득이 고르게 분포되어 있는 완전 평등 상태를 나타낸다. 로렌츠 곡선이 45° 대각선 아래에 그림과 같이 표기된다면 소득분포가 불평등하다는 것을 보여준다.

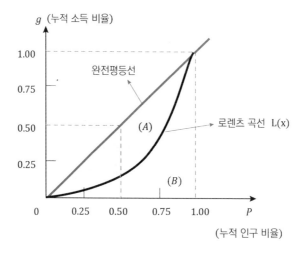

로렌츠 곡선과 함께 많이 쓰이는 용어는 다음과 같이 정의되는 지니 계수(Gini coefficient)이다. 지니 계수는 $(A+B)$에서 A가 차지하는 비중을 말한다. 지니 계수는 0과 1사이의 값을 가지며 값이 클수록 소득분배가 불평등하다는 것을 보여준다.

$$G = \frac{\text{로렌츠 곡선과 완전평등선 사이의 면적}}{\text{완전평등선 아래의 면적}} = \frac{A}{A+B}$$

$$= \frac{\frac{1}{2} - \int_0^1 L(x)dx}{\frac{1}{2}} = 1 - 2\int_0^1 L(x)dx$$

예를 들어, 로렌츠 곡선이 $L(x) = x^2$인 국가의 지니 계수를 구해보면 다음과 같다.

$$\int_0^1 L(x)dx = \int_0^1 (x^2)dx = \frac{1}{3}$$

$$G = 1 - 2\int_0^1 L(x)dx = 1 - \frac{2}{3} = \frac{1}{3}$$

따라서, 이 국가의 지니 계수는 $\frac{1}{3}$이다.

20.7 연속확률변수와 확률밀도함수

확률변수(random variable)는 발생 가능한 사건에 숫자가 부여된 것이며, 확률분포(proba-bility distribution)는 확률변수가 가지고 있는 발생 가능한 확률을 말한다. 예를 들면 정상적인 주사위를 던져서 나오는 숫자의 경우 확률변수는 1부터 6이며 확률분포 $P(x)$는 다음과 같이 표기한다.

$$P(x = i) = \frac{1}{6}, \quad i = 1, 2, \cdots, 6$$

연속확률변수는 주사위와 달리 발생가능한 수가 무한히 많은 연속인 경우의 변수이며 연속 확률변수의 발생 가능한 확률이 연속확률분포(continuous probability distribution)이고 이를 확률밀도함수(probability density function)로 표기한다.

확률밀도함수를 갖는 연속확률변수의 경우 한 점에서의 확률은 항상 0이 된다. 따라서 주어진 구간에서의 확률로 표기한다. 예를 들어 거리 혹은 시간과 같이 연속적인 실수 값을 가지는 연속확률변수 x의 확률밀도함수를 $f(x)$라고 하면 a가 x와 b 사이의 값을 가질 확률인 누적분포함수(cumulative distribution function)인 $P(x)$는 다음과 같이 표기한다.

$$P(a \leq x \leq b) = \int_a^b f(x)dx$$

💡 생각 열기

지수분포와 포아송분포

지수분포(exponential distribution)는 어떤 사건이 발생하고 다시 발생할 때까지 걸리는 시간에 대한 분포로 연속형 분포이고, 포아송분포(poisson distribution)는 단위시간에 어떤 사건이 발생한 횟수에 대한 분포로 이산형 분포이다. 따라서 개념적으로 지수분포와 포아송분포는 관련이 있다.

지수분포와 포아송분포를 따르는 확률변수의 기댓값은 서로 역수이므로 지수분포와 포아송분포는 역수 관계를 가진다고 볼 수 있다. 예를 들어, 1시간 동안 병원에 온 환자의 수인 확률변수 x가 포아송분포를 따른다고 하면 환자가 병원에서 온 환자들이 대기하는 시간인 연속확률변수 y는 지수분포를 따른다. 만약 1시간 동안 평균 6명의 환자가 왔다면 포아송분포의 기대값 $E(x)$는 6명이 되고, 방문한 환자가 평균적으로 $\frac{1}{6}$

시간 대기한다면 지수분포의 기대값 $E(y)$는 $\dfrac{1}{6}$시간이 된다.

두 함수의 확률밀도함수를 살펴보자. 먼저 지수분포의 확률밀도함수는 다음과 같다.

$$f(x) = \lambda e^{-\lambda x}$$

지수분포의 기대치와 분산은 다음과 같다.

$$E(x) = \frac{1}{\lambda}, \qquad V(x) = \frac{1}{\lambda^2}$$

다음으로 포아송분포의 확률밀도함수는 다음과 같다.

$$f(x) = \frac{\lambda^x e^{-\lambda}}{x!}$$

포아송분포의 기대치(expected value)와 분산(variance)은 다음과 같다.

$$E(x) = V(x) = \lambda$$

예제

1. 어떤 기업이 생산하는 전구의 수명 t는 평균 1,000시간이고 다음과 같은 지수분포를 따른다.

$$f(t) = \frac{1}{1,000} e^{-\frac{t}{1,000}} \quad (t \geq 0)$$

   전구의 수명 검사를 위해 추출한 전구 1개의 수명이 1,000시간 이내일 확률을 구하시오.

2. A은행 지점 창구에서 고객이 기다리는 시간 t는 평균적으로 10분인 다음과 같은 지수분포를 따른다.

$$f(t) = \lambda e^{-\lambda t}$$

   어떤 고객이 기다리는 시간이 5분 이내일 확률을 구하시오. (단, 지수분포에서 평균은 $\dfrac{1}{\lambda}$이다.)

3. A은행 지점 창구에서 고객 수 x는 평균적으로 10분마다 5명인 포아송분포를 따른다. 포아송분포의 평균이 λ인 확률밀도함수는 다음과 같다. (단, 포아송분포의 기대치는 $E(x) = \lambda$이다.)

$$P(X=x)=\frac{\lambda^x e^{-\lambda}}{x!}$$

(1) 매 10분 동안 한 사람도 오지 않을 확률을 구하라.

(2) 매 20분마다 1명 이하의 고객이 올 확률을 구하라.

4. A 교수가 타이핑 시, 오타 x는 평균적으로 10분당 3개인 포아송분포를 따른다. 포아송분포의 평균이 λ인 확률밀도함수는 다음과 같다.

$$P(X=x)=\frac{\lambda^x e^{-\lambda}}{x!}$$

오타가 10분당 3개 이상 나올 확률은 얼마인가?

풀이 ☺

1.
$$P(t \leq 1{,}000)=\int_0^{1{,}000}\frac{1}{1{,}000}e^{-\frac{t}{1{,}000}}dt$$

$$=-e^{-\frac{t}{1{,}000}}\bigg|_0^{1{,}000}=-e^{-1}+1$$

혹은 계산을 간단하게 하기 위해 치환을 사용하면 다음과 같다.

$$\frac{t}{1{,}000}=q$$

$$\frac{1}{1{,}000}dt=dq$$

따라서 누적분포함수는 다음과 같이 변환된다.

$$P(t \leq 1{,}000)=\int_0^{1{,}000}\frac{1}{1{,}000}e^{-\frac{t}{1{,}000}}dt=\int_0^{1{,}000}\frac{dq}{dt}e^{-q}dt$$

$$=\int_0^1 e^{-q}dq=-e^{-q}\bigg|_0^1=-e^{-1}+1$$

2. 평균이 10분이므로 λ는 $\dfrac{1}{10}$이다. 따라서 기다리는 시간이 5분 이내일 확률은 다음과 같다.

$$P(t \leq 5) = \int_0^5 \frac{1}{10} e^{-\frac{1}{10}t} dt$$

$$= -e^{-\frac{1}{10}t} \Big|_0^5 = -e^{-\frac{1}{2}} + 1$$

3.
(1) 매 10분 동안 한 사람도 오지 않을 확률은 다음과 같다.

$$P(X=0) = \frac{5^0 e^{-5}}{0!} = e^{-5}$$

(2) 20분이면 평균적으로 10명의 고객이 은행을 방문한다. 따라서 평균 λ = 10이다. 이 경우 포아송분포는 다음과 같다.

$$P(X \leq 1) = P(X=0) + P(X=1)$$

$$= \frac{10^0 e^{-10}}{0!} + \frac{10^1 e^{-10}}{1!} = 11e^{-10}$$

4. 오타가 3개 이상일 확률은 다음과 같다.

$$P(x \geq 3) = 1 - P(X=0) - P(X=1) - P(X=2)$$

$$= 1 - \frac{3^0 e^{-3}}{0!} - \frac{3^1 e^{-3}}{1!} - \frac{3^2 e^{-3}}{2!}$$

찾아보기

저자 소개

구영완   교수는 고려대학교에서 학사(사학)와 석사(경제학)를 마치고, 미국 뉴욕주립대(State University of New York at Buffalo)에서 경제학 박사학위를 받았다. 포스코경영연구소, 삼성금융연구소, 국방대학교 등을 거쳐 현재 충북대학교 경제학과 교수로 재직 중이다.

에너지경제연구(2019, 2018), Defense and Peace Economics(2012), Hitotsubashi Journal of Economics(2008), Journal of Macroeconomics(2007), The Korea Economic Review(2005, 2003), Korea and the World Economy(2016, 2015) 등 학술지에 연구 논문을 게재하였다. 또한, 한국자원경제학회에서 2018년 늘푸른 학술상을, The Korea and World Economy에서 2016년 Best Paper Award Year 2016을 수상하였다.

박기홍   교수는 육군사관학교를 졸업하고 고려대학교에서 경제학 석사학위, 미국 애리조나 대학교(University of Arizona)에서 경제학 석사 및 박사학위를 받았다. 육군3사관학교 경제학과 교수를 거쳐 현재 충북대학교 경제학과 교수로 재직 중이다.

Singapore Economic Review, Portuguese Economic Journal, Asian-Pacific Economic Literature, Asian Women, Journal of Asian and African Studies, African and Asian Studies, Asia-Pacific Social Science Review 등 다양한 학술지에 연구 논문을 게재하였다. 또한, 충북대학교에서 2023년 학술연구분야 최우수 교원으로 'CBNU GALAXIA'를 수상하였으며, 2024년도 경남대학교 산업경영연구소(지역산업연구) 최우수논문상을 수상하였다.

핵심 경제수학 노트

초판발행	2025년 4월 30일
지은이	구영완·박기홍
펴낸이	안종만·안상준
편 집	조보나
기획/마케팅	김한유
표지디자인	BEN STORY
제 작	고철민·김원표
펴낸곳	(주) **박영사**
	서울특별시 금천구 가산디지털2로 53, 210호(가산동, 한라시그마밸리)
	등록 1959. 3. 11. 제300-1959-1호(倫)
전 화	02)733-6771
f a x	02)736-4818
e-mail	pys@pybook.co.kr
homepage	www.pybook.co.kr
ISBN	979-11-303-2245-2 93320

정 가   25,000원